ソーシャルワーク記録 改訂版 ……… 理論と技法 ………

副田あけみ　小嶋章吾　編著

誠信書房

はじめに

　社会福祉サービスの利用システムが，措置から契約へと大きく転換してから，はや20年近くになりました。少子高齢化は一層進み，「地域包括ケアシステム構築」や「地域共生社会の実現」が，国の政策として強調されるようになりました。

　こうしたなか，ソーシャルワーカーには，多様な専門機関や専門職と，また，地域のさまざまな団体や住民，事業所などとの協働がますます求められるようになっています。同時に，利用者の主体性や資源・ストレングス（強み）を尊重した支援のありようも，一層問われるようになってきました。さらに，利用者・家族だけでなく一般市民を含む社会全体への，サービス提供に関するアカウンタビリティ（説明責任）も，以前にも増して強調されるようになってきています。

　多機関・多職種，地域資源などとの協働は，情報共有の範囲やそのあり方，記録様式の開発や統一，記録共有の方法，記録管理や開示の手順などを，改めて見直す必要性をもたらしています。利用者の主体性や資源・ストレングスを尊重する視点の強調，また，アカウンタビリティの強調は，記録様式の項目や記録法（記録文の書き方，正確さ，タイムリーさ，など）の再考を促しているといってよいでしょう。ソーシャルワーク実践やその教育において，ソーシャルワーク記録の重要性は，以前にも増して強くなっていると私たちは考えています。

　こうした認識に基づいて，私たちは，このたび，『ソーシャルワーク記録——理論と技法』（2006年）の改訂版を刊行することにしました。本書の構成は，「演習編」や「付録」を省いたことを除けば，以前のものと大きくは変わりませんが，執筆者には，上記のような認識に立って記述することを依頼しています。また，執筆陣の約半数は入れ替わりました。

　本書は，「Ⅰ　理論編」と「Ⅱ　実践編：各機関のソーシャルワーク記録」の2部構成です。

　「Ⅰ　理論編」には，「第1章　ソーシャルワーク記録とは何か」「第2章　記録の課題」「第3章　記録の種類と取り扱い」の三つの章を置いています。これらの章では，ソーシャルワーク記録の目的とクライエントにとっての意味，記録の研究史，今日的

課題，記録の種類や留意点などをわかりやすく解説しています。第3章の最後の節では，これらの解説を踏まえながら，ソーシャルワーク実践過程に沿った「生活支援記録法」を説明しています。「Ⅰ　理論編」には，ソーシャルワーク記録に関するコラムを四つ挿入しました。

「Ⅱ　実践編：各機関のソーシャルワーク記録」には，「第4章　機関・施設における相談援助記録」「第5章　集団・地域援助記録」「第6章　運営管理記録」の三つの章を置いています。各種の施設・機関が取り扱っている相談援助記録，集団・地域援助記録，運営管理記録について，その種類と記録作成の技法を，様式を示しながら解説しています。

前著では，各節とも，フェイスシート，アセスメント・プランニングシート，プロセス（経過記録）シート，その他のシートの一部を取り上げて説明するにとどまっていましたが，本書では，頁数が許す限り多く取り上げてもらいました。それぞれの施設・機関などでの記録様式や記録作業の全体像を理解していただくことが大切と考えたからです。

ソーシャルワークを学ぶ人々，新人あるいは中堅のソーシャルワーカー，そして，施設・機関の管理職の方々が，本書を通してソーシャルワーク記録に関する理解と自信をさらに深められることを，編者として切に望んでおります。

2018年9月

編著者　副田あけみ（関東学院大学）
小嶋章吾（国際医療福祉大学）

目　次

はじめに　i

Ⅰ　理論編

第1章　ソーシャルワーク記録とは何か　2

第1節　記録の定義と種類　2
　1．記録のとらえ方　2
　2．記録の目的と内容など　6

第2節　クライエントにとっての記録　7
　1．記録の潜在的機能　7
　2．新しい記録様式と情報共有の持つ意味　9
　3．謙虚に記録を　10

第3節　ソーシャルワーク記録研究小史　10
　1．ソーシャルワーク記録研究における先駆者　10
　2．海外文献の影響　11
　3．記録に関する研究課題　11

第2章　記録の課題　15

第1節　個人情報とプライバシーの尊重　15
　1．個人情報とは　16
　2．秘密保持義務とプライバシーの尊重　16
　3．プライバシーの尊重　17
　4．個人情報保護のガイドライン　18
　《コラム1：ケース記録の開示訴訟》　19

第2節　記録の開示と共有　20
　1．記録の開示　21
　2．ソーシャルワーク記録における記録開示の課題　23

3．記録の共有　24
　　　　《コラム2：個人情報保護制度下の記録》　25
　第3節　ソーシャルワーク記録の電子化　26
　　1．進化する情報化社会　26
　　2．情報化社会における記録の変化　27
　　3．記録の電子化に必要なこと　28
　　4．ソーシャルワーク記録の位置づけ　29
　　5．ソーシャルワーク記録の電子化の課題　30
　　6．今後に向けて　31
　　　　《コラム3：電子記録のユーザビリティ》　32
　第4節　ケースカンファレンスと記録　33
　　1．資料を事前に準備する場合のカンファレンス　33
　　2．当日記録を共有しながら話し合うカンファレンス　34
　　3．まとめ　36
　　　　《コラム4：その場にいる人全員で共有しながら記録をとること》　36
　第5節　評価と記録　37
　　1．評価の種類　37
　　2．個別援助実践評価と記録　38
　　3．プログラム評価と記録　40

第3章　記録の種類と取り扱い　　　　42

　第1節　記録の種類　42
　　1．公式記録　42
　　2．非公式記録　46
　第2節　記録の文体と書式　47
　　1．記録の文体　47
　　2．記録の書式　49
　第3節　記録の構造化　51
　　1．記録の構造　51
　　2．情報の種類と記録様式　52
　　3．記録の構造化　54
　第4節　記録の留意点　60

1．記録上の留意点　60

　　2．記録の保管　62

　　3．記録のためにソーシャルワーカーに求められる能力　63

　第5節　実践過程に沿った記録　64

　　1．実践過程に沿った記録　65

　　2．開始期の記録（相談依頼票）　66

　　3．開始期の記録（フェイスシート）　69

　　4．アセスメント・プランニングシートの提案　72

　　5．展開期の記録（経過記録用紙）　74

　　6．ジェノグラムとエコマップ　77

　　　　　Ⅱ　実践編：各機関のソーシャルワーク記録

第4章　機関・施設における相談援助記録　…………………………… 80

　第1節　児童家庭支援センター　80

　　1．児童家庭支援センターと記録　80

　　2．開始期の記録（その1）──インテーク　82

　　3．開始期の記録（その2）──アセスメント　85

　　4．展開期の記録──プランニング・支援経過・モニタリング　89

　第2節　地域包括支援センター　93

　　1．地域包括支援センターの役割　93

　　2．地域包括支援センターの記録　93

　　3．これからの地域包括支援センター　100

　第3節　居宅介護支援事業所　100

　　1．指定居宅介護支援事業所および介護支援専門員　100

　　2．居宅介護支援における記録　101

　　3．居宅介護支援における記録の実際　104

　第4節　福祉事務所　112

　　1．福祉事務所における記録　112

　　2．生活保護の経過記録（ケース記録）　114

　第5節　介護老人保健施設　120

　　1．記録の種類　120

2．支援相談員のソーシャルワーク記録　122
3．各種記録の説明　123

第6節　障害者施設　133
1．障害者施設を取り巻く制度の動向　133
2．障害者施設における記録の目的　134
3．障害者福祉サービス利用上の記録　136
4．これからの障害者施設　145

第5章　集団・地域援助記録　146

第1節　精神科病院のグループワーク　146
1．精神科病院におけるグループワークの記録　146
2．グループワークの記録　150

第2節　社会福祉協議会のコミュニティワーク　153
1．地域福祉を取り巻く背景　153
2．社会福祉協議会とコミュニティソーシャルワーク　154
3．社会福祉協議会における記録　155
4．コミュニティワークの記録様式について　156

第6章　運営管理記録　163

第1節　業務管理記録　163
1．業務管理記録の種類　163
2．業務管理記録の具体例　164

第2節　ケースカンファレンスの進め方と記録　169
1．ケースカンファレンスの記録　169

第3節　教育訓練用記録　177
1．教育訓練用記録の種類　177
2．ソーシャルワーク記録の教育法　183

引用・参考文献　188
索引　197

Ⅰ　理論編

第1章 ソーシャルワーク記録とは何か

第1節 記録の定義と種類

　ソーシャルワーク記録とは，ソーシャルワーカーが行う一連の支援活動（支援の対象・内容・過程・結果等）と，それに関連する事項について記述した文書です。

　ソーシャルワーク記録は，支援記録と運営管理記録に大きく分けることができます。支援記録には，①相談援助記録（個人・家族への支援の記録），②集団援助記録（集団援助活動の記録），③地域援助記録（地域援助活動の記録）が，運営管理記録には，④会議記録（ケースカンファレンスや委員会等の記録），⑤業務管理記録（日誌や日報，登録台帳等の記録），⑦教育訓練用記録（事例検討会やスーパービジョンのための記録）が含まれます。

　ソーシャルワーク記録の種類はこのように多様にありますが，記録とは何か，目的は何か，書き方はどのようにするのがよいか，といった議論は，もっぱら①相談援助記録，従来の用語でいえばケース記録を中心に行われてきました。

1．記録のとらえ方

　わが国でいち早く記録について体系的書物を著したのは，社会福祉理論や地域福祉論などで著名な岡村重夫です。岡村（1965）は，ケース記録の書き方について原則を解説したもので，ケース記録とは何かについて明確には述べていません。しかし，岡村は次のようにケース記録を書く必要性と，書くことの意味を述べています。

　　ケースワーカーは，社会制度を効果的に活用できるよう援助するだけでなく，ワーカー・クライエント関係という専門的援助関係を利用して相手の自主性を育て，社会的に成長していくよう援助する。このデリケートで複雑な過程を実践するには「正しいケース評価」が必要で，そのためには「ケースの開始から終結にいたるまでの援助過程を再現するようなケース記録」が要求される。また，すぐ

れた記録を書くためには，注意力・選択力が必要であり，「記録の仕方を工夫し練習することが，ワーカーの観察力と判断力を高める」[1]。

　岡村の著書は，記録は処遇を助けるためのものという信念をもつハミルトン（Hamilton, G.）の文献を解説したものですが，ケーグル（Kagle, J. D., 1991）によれば，アメリカでも1930年代以降50年代半ばごろまでは，ハミルトンの影響が強かったようです。面接内容を叙述し，的確に「診断」した結果を記述する。この面接記録をもとにスーパービジョンを受け，「処遇」の助けとするとともに，専門家としての力量を高めていく。つまり，記録は一義的には専門職が専門性を向上させるためのものという暗黙の了解が，ソーシャルワーカーやソーシャルワーク研究者のあいだにあったといえます。

　しかし，1960，70年代になると大きな変化が起きます。種々の福祉サービスが生み出されていくなかで，サービス提供組織は政府や資金提供団体等からの資金獲得のために，質の良いサービス提供とサービスの有効性を示すことが要求されるようになりました。つまり，かつての「診断・処遇記録」ではなく，サービス活動の内容とその影響・成果を示す記録が求められたのです。また，連邦プライバシー法（1974年）によって，情報収集とその伝達方法などに制限が加えられるとともに，クライエントが自分自身の記録を読むことができるようになったことも（記録へのアクセス権の保障），記録内容や記述方法に大きな影響を与えました。

　このころからソーシャルワーク記録は，ケースワーカーが処遇や専門性向上のために，スーパーバイザーや他の専門職に見せることを意識して記述する文書ではなく，広く資金提供団体や政府，国民一般，そしてクライエントや家族に対し，支援活動の内容とその影響・成果を示すもの，つまり説明責任（アカウンタビイリティ）を果たすための道具としてとらえられるようになりました。

　この変化にともない，標準化された記録様式が多く開発されました。1981年には，全米ソーシャルワーカー協会が資金を提供し，PIE（Personal-in-Environment System），すなわち，クライエントの社会生活機能における問題の型やその困難度，継続期間，クライエントの対処技術などを分類し，コード化して記入するという，従来のものとはまったく異なる記録方法と様式の開発が着手されました（表1-1参照）。

1）　岡村（1965, pp. 3-4, p. 11）よりも10年早い段階で，仲村優一が生活保護ケース記録の書き方のガイドラインを示していたが，それはソーシャルワーク記録全体に普遍化して議論されるには至らなかった。仲村（1956）を参照のこと。

表1-1　PIE（Person-in-Environment System）のFactor Ⅰ：社会生活機能の問題

（Karls & Wandrei, 1994＝宮岡，2001，p.69 Factor Ⅰの一部）

1．家族における役割	コード	型	困難度	継続期間	対処技能	推薦する介入
□　親	11					
□　配偶者	12					
□　子ども	13					

「型」

社会的相互関係の問題の型：10，権力：20，両面感情：30，責任：40，依存：50，喪失：60，孤立：70，犠牲：80，混合……

「困難度」

困難度指数：1，問題なし：2，低度：3，中等度：4，高度……

（注）「継続期間」，「対処技能」，「推薦する介入」も，いずれも用意されたコードのなかから該当のものを選び，コード番号を用紙に記入していく。

　これは，どのような実践の現場でも活用できる記録システムを目指したものです。こうした標準化した記録方法と様式開発を加速したのが，コンピューターの発展でした。

　1990年代には，保険会社の経営するマネージドケア（管理型医療）が盛んになり[2]，医師をはじめとする援助職は，その専門的判断や行為に関する説明責任を一層強く求められることになります。また，患者／利用者から，医師やカウンセラーなどの専門職が訴えられることも多くなり，記録は「リスク回避の手段」としても認識される傾向が強くなってきました[3]。

　わが国では，岡村以後，記録に関する研究関心は1980年代まで低調でした。収容・保護を中心とする施設福祉中心の時代が長く続いたため，ソーシャルワーク記録への関心は薄かったのでしょう。ソーシャルワークの実践者や教育者は岡村の文献をもとに，ソーシャルワーク記録を，より良い処遇を行うために，またソーシャルワーカーの専門性を向上させていくために，必要なものとしてとらえていました。

　しかし，1990年代末から進められた，社会福祉基礎構造改革による措置制度から契約制度へという変革が，利用者や政府，社会全体に対するサービス提供過程と結果に関する説明責任を，機関・施設に求めることになりました。介護保険に代表されるように，サービス利用資格やニーズの的確な判定，ケアプランの作成，モニタリングな

2）　アメリカで発達したマネージドケアの定義は多々あるが，生命保険協会（2000年 p.7）では，医師や病院等の医療供給者側に偏在していた「医療に関する情報」や，医療の提供に関する権限の一部を保険者（医療費支払い側）に移し，「医療費抑制」や「医療の質の管理」についてのイニシアティブを保険者に与える，という考え方ないし概念を指す，と規定している。

3）　マネージドケアがもたらした援助職の説明責任の強調や，リスク回避としての記録のありようについては，八木（2015）が詳しい。

ど，サービス提供過程とその影響・成果を的確に記録し，その実績を報告，開示することが必要とされるようになったわけです。これにともない，記録する様式の開発や記録管理の仕組みが急速に進展しました。この動きには，いうまでもなくコンピュータの発展が寄与しています。

契約制度への移行，苦情相談窓口の設置などにより，利用者や家族の権利意識も次第に高まり，利用者や家族がサービスの質や相談対応への疑問，不満，苦情などを提示することが増えてきました。また，福祉施設や介護サービス事業所などの人手不足，研修不足などにより，いわゆるヒヤリハットや介護事故，不適切介護や虐待などの発生するおそれも高まり，利用者や家族から訴えられる機会も増えています。こうした利用者・家族のクレームに適切に対応するために，また，ヒヤリハットや介護事故，不適切介護や虐待といった「リスク」そのものの防止，対応のためにも，日頃から援助職の支援やサービス提供過程を的確に記録に残しておくことが必要となってきました。

他方で，平成17年度から施行された個人情報保護法による個人情報の保護管理や，開示請求の問題は，個人・家族に関する支援記録（に記載された情報）は，相談支援やサービス提供を行った専門職やその所属機関のものではなく，利用者／クライエントのものである，という見方を社会福祉の実践者や教育者にもたらしました。

2010年代になって，国は地方自治体に，地域包括ケアシステムや，地域共生社会の構築の推進を強く求める政策を展開しています。地域包括ケアシステムの推進については，医療と介護の一体的提供や，地域住民および地域のインフォーマル資源による生活支援サービスの創出・提供を求めています。また，地域共生社会構築については，いわゆる「支援困難事例」，つまり，多様な問題・ニーズを抱える「複合問題事例」に対する，分野を超えた多様な専門機関の協働による支援や，そうした事例の早期発見・孤立予防に資する，地域での支え合い活動の創出・活発化を推奨しています。

これらはいずれも，多様な分野のフォーマル機関や多職種の協働，また，専門機関としてのフォーマル機関と地域のインフォーマル機関との協働，さらに，専門職と住民との協働などをこれまで以上に必要とするはずです。もちろん，それらの協働には，当事者との協働も含まれます。こうしたなかで，何を何のために記録するのか，何をどこまで，誰とどのような方法で共有するのか，記録の管理と開示はどのようにするのか。こうしたことを，多様な機関・組織のネットワークレベルで，また，それぞれの機関や組織のレベルで，さらには各職場のレベルで改めて検討し，基本的なルールや認識を共有する必要性が強くなってきています。共有の方法としては，病院

の電子カルテにとどまらず，クラウドやスマートフォンなどの活用など，多様な方法の開発・実施が進んでいます。

2．記録の目的と内容など

　相談援助記録のとらえ方が，ソーシャルワーカーの専門性向上のための「診断・処遇記録」から，ソーシャルワーク・サービスを提供する組織としての説明責任や，クレーム対応のための記録手段へと変化したといっても，相談援助記録の目的が，クライエントの利益や権利擁護を目指し，より適切な支援活動を実施することに変わりはありません。

　より適切な支援活動のためには，クライエントとの情報共有は欠かせませんし，他機関・他職種とも，必要に応じて情報共有しなければなりません。また，ソーシャルワーカーが，ソーシャルワーク過程を振り返りながら内省することも必要です。こうしたことのために，相談援助記録は不可欠です。相談援助記録が的確に書かれていれば，それは，説明責任やクレーム対応のための記録としても有効であるはずです。

　しかし，クライエントの利益や権利擁護を目指して，適切な支援活動を行っていくために，記録にとどめておくことが望ましいと考えられる情報が，必ずしも説明責任やクレーム対応の手段とはならないと考えられることがあるため，何を記録として残すかの判断が難しくなる場合があります。

　たとえば，クライエントに関する権利侵害状況の訴えや相談通報があったとき，クライエントから，あるいは第三者から提供されたそれらの情報が十分とはいえず，事実確認ができていない場合でも，問題・ニーズのアセスメントのためには重要な情報であると判断すれば，「事実確認の必要性あり」とか，「要追加情報」といった但し書きを入れるなどして，その情報を記録にとどめることが望まれます。その記載がなければ，その事柄についての事実確認の必要性が，同僚や上司，他機関の関係者に伝わりません。

　また，クライエントが語った家族や関係者に関する未確認情報も，それらが問題状況の理解や支援計画に役立つかもしれないと判断すれば，ソーシャルワーカーはそれを記録にとどめることが望まれます。問題状況にあってもクライエントができていることや悪くない点など，クライエントのストレングスについても話し合って記録にとどめておくことは，クライエントとともに支援計画を立てていく際に役立つ可能性があります。

　他方，サービス提供過程と結果に関する説明責任やクレーム対応の手段となる記録

としては，根拠に基づいた専門家としての判断を記録することが重要になりますから，確認のできていない事実，あるいは十分な情報がなく不確かな情報については，記録にとどめないという判断もありえます。また，クライエントが語った家族や関係者に関する情報も，クライエントの支援に直接関係するという根拠があるものでなければ記録しない，支援計画の糸口や手立てになるかどうかわからないストレングスについては，記録の必要性なし，と判断する可能性はあります[4]。

　何を記録にとどめ，何をとどめないか，その判断基準を一律にいうことは困難です。ソーシャルワーカーの所属機関の主たる目的や機能，対象者の問題の種類や緊急度・深刻度などによって異なると考えるほうが妥当でしょう。しかし，その判断基準を一人ひとりのソーシャルワーカーに任せるのは危険ですし，ワーカーにとって負担が大きくなってしまいます。今日，どの機関も種々の記録様式を用意しています。そうした記録様式にどのように，何を記載するのか，各機関が組織として，また職場チームとして，方針や基準を職員の話し合いのうえで決めておくことが望まれます。それを推進するためにも，ソーシャルワークの職能団体が，機関の目的や対象者の問題などに合わせた記録内容に関するガイドラインなどを提示することも求められます。

第2節　クライエントにとっての記録

1．記録の潜在的機能

　記録はクライエントにより良い支援を行っていくためのもの，とソーシャルワーカーが認識していても，その記録がクライエントに対して否定的な働きをしてしまうおそれがあります。ソーシャルワーカーとして働いた経験を持つマーゴリン（Margolin, L.）は，相談援助記録がクライエントに対して持つ逆機能を指摘しました。彼の著作，『ソーシャルワークの社会的構築――優しさの名のもとに』（2003）から，その指摘のいくつかを紹介し，注意を喚起したいと思います。

　ソーシャルワーカーやソーシャルワーク研究者のあいだには，ソーシャルワークはクライエントの利益のために行われる「善き行い」である，という「信念」がある。また，「善き行い」のために，種々の方法や技術という「戦略」をつくりだし，使っている。しかし，こうした「信念」や「戦略」は，実際には，クライエントではなくソーシャルワークの利益に合致するものになっており，クライエントに対して権力作用と

4）　説明責任とリスク対応の手段として記録をとらえた場合の記載ポイントについては，八木（2015）を参考にした。

して働いている。彼は，ケース記録やソーシャルワークのテキストに書かれた内容から，こうした点を指摘しました。

マーゴリンによれば，ソーシャルワーカーがあるやり方でクライエントについて記述するとき，その他の無数にある可能なやり方は排除され，その記述内容が一つの「事実」になります。一定の知識と判断によって取捨選択し，ソーシャルワーカーの言葉で記述した内容や，標準化された記録用紙につけられたチェック内容は，ワーカーの解釈や価値観を反映しているにもかかわらず，公式文書に記載された確かな「事実」として権威を持ったものになります。クライエントの利益のために行っている，という「信念」があるため，クライエントがちょっと違っていると思っても，よほどのことがない限り訂正を求めることはせず，これを承認することになります[5]。これが記録の権力作用です。

クライエントが記録を読む権利や訂正を求める権利を社会的に得た後も，事情はあまり変わらないとマーゴリンは言います。彼によれば，そうした権利があるということをクライエントに知らせる努力が，ほとんどなされないためです。また，記録を共有する際には，ソーシャルワーカーが解釈し，記載した「事実」への協力を得るようなかたちで，「事実」がクライエントに知らされる，ということもあります。

イギリスで行われた記録共有政策に関する調査によれば[6]，ソーシャルワーカーたちは，クライエントにファイルを開示することは，「業務の負担になる」「他機関との関係が悪化する」「利用者の関心に合わない」「共有記録の簡潔な記録ではスーパービジョンに役立たない」「無難な事実の列記に偏り，ケース評価の視点がもてなくなる」「クライエントにもワーカーにとっても不適切な影響を及ぼす」といった否定的な見解を多く表明したとのことです。この結果を見ると，マーゴリンが指摘することも起こりうることと思われます。

クライエントは自分の記録を見て不快に思ったときでも，怒るより退屈や無関心を示すと，マーゴリンは言います。クライエントが支援やサービスの継続を希望するのなら，記録に対しても明確な抵抗は，よほどの内容でない限り示すことができないということでしょう。また，中身を見る前に，公式文書としてのケースファイルに記載された文字情報から，威圧的な印象を受けるクライエントも少なくないと思われます[7]。

5）所属組織やソーシャルワーカーが，記録を説明責任やリスク対応の手段としてのみ位置づけるならば，所属組織やソーシャルワーカーの利益に合致するかどうかの視点から取捨選択される情報は，さらに多くなるおそれがあるといえるのではないだろうか。

6）記録共有政策とは，1987年の個人ファイルアクセス法を指す（福永，1997, pp. 33-34）。

2．新しい記録様式と情報共有の持つ意味

　記録へのアクセス権が認められた後，従来とは異なり，叙述方式ではない記述の仕方が開発されました。クライエントの個々の行動や特性などをそれぞれ判定し，コード化したうえで，必要な支援活動を選択するという，記録システムとしてのPIEはその代表です（表1-1参照）。マーゴリンにいわせると，この「新言語」による記録は，クライエントに対し「十分な知識がない者が読むものではない」と宣言し，ソーシャルワークには「特殊性と熟慮」があると信じさせるという，「神秘化」作用を果たすものです。

　また，説明責任が強調されることによって，支援活動の影響・成果を測定するスケールやチェックリストも開発されました。これらは目標を特定行動の達成で表し，その達成度を評価します。そのため，クライエントの測定可能な行動に焦点を当てることがソーシャルワークの関心の的になりました。マーゴリンによれば，クライエントは全存在としての人としてではなく，「身体」として「捕捉」されるだけ，というわけです。そして，ソーシャルワーカー自身も視点や関心の焦点を縛られるとともに，達成できるかできないかだけが目につくようになり，ワーカーとしての「自己判定から逃れにくく」なってしまうのです。

　マーゴリンは，記録を介した多職種や多機関の情報共有についても，次のように言っています。

　　ソーシャルワーカーは，クライエントの利益のためにということで，他機関や他職種とクライエントに関する情報交換や情報共有を行う。個人としてのソーシャルワーカーの見解は他の専門職や他機関の見解と結合され，ワーカーの権力は「匿名化」し，ワーカーは他の専門職や他機関をも代表する存在として，クライエントの前に現れる。クライエントの知らないところで，クライエントに対する「監視網」がはりめぐらされる。

7）　高齢者虐待事例対応のための安心づくり安全探しアプローチ（AAA）では，クライエントや家族に面接しながら，①クライエントの面前で記録様式（タイムシート，安心づくりシート）を記入する，②ジェノグラムやエコマップは文字だけでなくイラストで表す，③「こんな感じでよいですか」と確認しながら書いたり，応じてくれるときには自分で書いてもらう，といった方法を提案している（副田ら，2012）。こうした方法は，クライエントの不安の緩和や，専門職への違和感，異議申し立てのしやすさに寄与すると考えられる。

この「善意」の記録共有ネットワークに，クライエントが抵抗することは，たしかに難しいことです[8]。

3．謙虚に記録を

マーゴリンは，クライエントにとってのソーシャルワーク記録の必要性と意義については触れていません。それは自明のことであるが，それだけだとは思わないほうがよい，という警告を発した彼の記録批判を，そう理解したいと思います。

クライエントにより適切な支援活動を行っていくために，また，サービス提供過程と結果に関する説明責任を果たしていくために，記録様式やチェックリスト，ICT（情報通信技術：Information and Technology）などを活用して，適切で的確な記録を作成し保管していくことが，ますます重要になってきています。さらに，多機関，多職種で支援を行うことが増え，クライエントや家族とだけでなく，多機関，多職種とも記録をもとにした情報共有がますます欠かせなくなってきています。

しかし，ソーシャルワーカーが「クライエントのために」という意識で記録したことや，その共有がいつもクライエントの利益に沿うものとは限らない，この点を折に触れて思い出す必要があります。ソーシャルワークという支援活動に求められる謙虚さは，記録にも求められるということではないでしょうか。

第3節　ソーシャルワーク記録研究小史

1．ソーシャルワーク記録研究における先駆者

「ソーシャルワーク記録」は，決してはなばなしく目を引くわけではないものの，常に研究者の一定の関心を引く対象であったといえます。日本におけるソーシャルワーク記録に関する研究を遡っていけば，一つのルーツとして岡村重夫の著作『ケースワーク記録法——その原則と応用』（岡村，1965）にたどり着くことは，ほぼ異論のないことでしょう。この本は，1946年刊行のハミルトンの著作 *Principles of Social*

---

[8] 前述した安心づくり安全探しアプローチでは，クライエント・家族が参加するケースカンファレンスの場合，「AAA多機関ケースカンファレンスシート（本人・家族同席版）」を全員で見ながら，シートに記載された項目の順に，参加者が順次，事実や意見，判断等を述べ，ファシリテーターもしくは書記がそれらをシートに書き込んでいくという方法を提案している（ホワイトボードの活用もあり）。このやり方は，クライエントの不安を緩和し，異議を申し立てやすくするだけでなく，クライエントをはじめ参加者全員に，人が話している間に自分の意見や考えを振り返ったりまとめたりする時間を提供することで，参加者間の対話を進展させることができる。記載が終わったシート（もしくはホワイトボードの写真）は，そのまま記録として残すことができるので，ソーシャルワーカーの資源（時間）節約にも貢献する。

Case Recording の解説書ですが，全編がこの本を下敷きとしているわけではなく，それとは別に短縮記録法に関する内容を一つの章として付け加えて構成されています。内容を見ると，なぜケース記録は必要か，フェイスシートや共同記録の活用，文体を含む記録様式などについて書かれていて，今日までに出版されてきた多くのソーシャルワークのテキストで触れられている，記録についての基本的内容の多くを，すでに含んだ構成になっていることがわかります。また，この本では，ハミルトンの「よく訓練されたワーカーによる優れた記録は，診断と評価を通じて情報を識別・選択し，圧縮・集約することで作成される」という考え方が，随所に読みとれる点も特徴といえます。

2．海外文献の影響

　日本のソーシャルワーク研究自体がそうであるのと同じく，記録の研究も海外文献の影響を抜きにしては語れません。1985年刊行の『ソーシャルワーク研究』に掲載された久保の論文では，ソーシャルワークの記録に関する英米の文献として，ハミルトン（1946）の *Principles of Social Case Recording*，ティムズ（Timms, 1972）の *Recording in Social Work*，ケーグル（Kagle, 1984）の *Social Work Records* の3冊について，目次を引用する形式をとって内容が紹介されています。当時，記録に関する文献がきわめて少ない状況であるなか，これらの記録に関する単行本が大変重要な参考資料として位置づけられていたことがわかります（久保，1985，pp. 83-84）。広く知られているように，ティムズやケーグルの著作は，それぞれ邦訳が出版されました[9]。こうした記録に関する海外の良書の紹介は，記録の目的，内容，活用法，文体・様式といった不可欠の要素を具体的に示し，記録の課題を検討するうえでの基盤形成に大きく貢献しました。

3．記録に関する研究課題

　ソーシャルワーク記録研究では，海外文献の影響を受けながら，その時代ごとにさまざまな切り口でテーマ設定がされてきました。ここでは，日本における岡村（1965）以降の記録研究の展開を，便宜的に二つの軸に沿って整理してみたいと思います。

　一つ目の軸は，「ソーシャルワーク記録の基本の問い直し」です。1985年，『ソー

9）　ただしケーグルについては，翻訳されたのは，Second Edition（1991年）である。

シャルワーク研究』（11巻2号）の「ソーシャルワークと記録」という特集では，先に引用した久保の論文，記録の構造と様式に関する佐藤の論文（佐藤，1985)[10]などが掲載されています。これらは，日本において記録についての文献が豊富になかった時代，海外文献の知見を消化しつつ，ソーシャルワーク記録の内容や課題を問い直し，その後の研究展開につなげていこうとする文献であるといえます。こうした「ソーシャルワークの記録とは何か」をその時代に応じて問い直す取り組みは，記録研究の根幹であったといえるでしょう。

2005年，『ソーシャルワーク研究』（31巻3号）では，「ソーシャルワーカーの実践と記録――当事者へのまなざし」というタイトルで，再び記録を中心とした特集を組みました。この号では，実践記録の現状と課題についての論文（根本，2005)[11]，視覚に訴える記録についての論文（大瀧，2005)[12]などが掲載されています。ソーシャルワーカーが利用者と向き合い，自分自身の実践の質を高めるために，記録にはどのような課題がありどのような役割を果たすべきかを，改めて検討する特集であったととらえることができます。

また，情報処理・情報通信技術の発達と普及に対応した記録の検討も，この軸に沿った課題としてとらえることができます。情報処理・情報通信技術の発展は，記録の性質上大きな意味を持っています。新しいツールの活用自体ももちろん重要なのですが，それらの普及に伴って実践現場の業務のありようが変化するため，それに応じて「共有のあり方」や「管理と秘密保持」といった記録の基本を，再検討していく必要に迫られるからです。1980年代にはコンピューターの活用が意識されていましたが[13]，1990年代半ば以降は携帯電話が，2008年に日本でiPhone3Gが発売されたころからはスマートフォンなどが急速に普及してきました[14]。そうした技術の発展が社会のありようや人の生活，それらとかかわるソーシャルワークや記録にどのような影響を与えるのか，研究者も強く意識してきました。

---

10) ソーシャルワークにおける記録の構造について整理したうえで，問題志向記録について焦点化して論じている。
11) ソーシャルワーク記録よりも広範囲にわたる，福祉実践の記録を「実践記録」とし，その課題について具体例を紹介しながら論じている。
12) 当事者と問題意識を共有するための手段として記録の視覚化の意義について論じている。
13) たとえば，「ソーシャルワークと記録」を特集した『ソーシャルワーク研究』の山崎（1985）による巻頭言では，コンピューター活用のメリットについて言及されている。
14) 総務省（2015）『平成27年版　情報通信白書』（p.14）によれば，携帯電話とPHSの契約数は1990年代半ばから増加傾向をたどり，2000年には固定電話サービスの契約数を抜いて普及した。また総務省（2017）『平成29年版　情報通信白書』（p.2）によれば，2007年に米国でiPhoneが発売されて以降，スマートフォンは，国内外で急速に普及したとされる。

二つ目の軸は，「ソーシャルワーク理論の変化に対応した記録の検討」です。ソーシャルワーク記録の研究は，当然のことながら「ソーシャルワーク」自体の研究動向と連動して展開されてきました。岩間（2005, pp.54-57）によると，アメリカにおいて1955年に全米ソーシャルワーカー協会が結成されたのを契機として，ソーシャルワークの統合化への動きにはずみがつき，1990年代にはジェネラリスト・ソーシャルワークの成立へと至ったとされています。日本におけるソーシャルワーク記録の研究は，主にケースワーク記録の先駆的文献に学ぶことからスタートしましたが，ソーシャルワークの統合化に沿って，今日に至るジェネラリスト・ソーシャルワークの枠組みに基づく研究へと発展してきました。

　2015年，『ソーシャルワーク研究』（41巻1号）の「ソーシャルワークの観察と記録」という特集では，アセスメントと記録について述べられた論文[15]，マクロソーシャルワークと記録について述べられた論文[16]などが掲載されています。また，ソーシャルワーク統合化の動向に沿ったテーマだけでなく，「ナラティヴ・アプローチ」といった，ソーシャルワークのモデルの発展に対応した記録についての研究も発表されています[17]。岡村（1965）の著作では，ケースワーカーによる優れた「診断」が記録にとって重要であるとされていたことを考えれば，この50年間におけるソーシャルワークとその記録の枠組みの変化の大きさを改めて感じさせられます。さらに，今日のソーシャルワークの種々のテキストでは，人と環境の「交互作用」という視点を重視することから，エコマップなどのマッピング技法を記録の一部として紹介する構成が広く見られることも，ケースワーク記録の時代の文献には見られなかった側面です。

　以上，ソーシャルワーク記録に関する研究課題を二つの軸に沿って大まかな整理を試みました。もちろん，記録の研究課題は多様で，ここで触れたような枠組みに位置づけられるものだけにとどまりません。他にも重要な研究課題がいくつもあり，整理・指摘されてきました（小嶋，2010）[18]。特に近年，ソーシャルワークにおいては，チームアプローチを重視する傾向を背景とした，関連領域（特に医療）の専門職との

---

15) 八木（2015）。バイオサイコソーシャルアセスメントと，MSE（精神的現症検査）に基づく情報収集による実践の標準化，説明責任を果たすのに有効な書式としてのSOAP（主観的情報，客観的情報，アセスメント，プランからなる4部構成の記録の書き方。本書第3章3節も参照）について論じている。
16) 川島（2015）。マクロソーシャルワークの概念整理と，資源マップ，ネットワーク分析，事例記録等を含むマクロソーシャルワークの記録について論じている。
17) 荒井（2015）。ナラティヴ・アプローチ，観察と記録の具体例等について論じている。
18) 記録についての課題として，小嶋（2010）は「記録の有効な活用」「記録媒体の拡大に伴う記録の取り扱い」「クライエントへの記録の開示」「クライエントとの記録の共有」「チームワークおよびネットワークと記録の共有」「プライバシーの保護」「記録技能の習得」を挙げている。

連携における記録様式のあり方や，福祉サービス制度の変化に対応する記録のあり方，といったテーマへの関心が高まっています。ソーシャルワーク理論の変化や，実践を取り巻く社会システムの変化を踏まえた記録研究の進展が，常に必要とされているといえます。

第2章 記録の課題

第1節　個人情報とプライバシーの尊重

　2003年に公布された,個人情報の保護に関する法律（個人情報保護法）が,2015年に改正され,2017年5月30日より全面施行されました。旧法と個人情報の取扱ルールが変わり,個人情報の保護が個人の権利として取り扱われることを重視するとともに,その権利を守りつつ個人が特定できないよう加工することで,利活用可能とすることができることを目指しています。

　　この法律は,高度情報通信社会の進展に伴い個人情報の利用が著しく拡大していることに鑑み,個人情報の適正な取扱いに関し,基本理念及び政府による基本方針の作成その他の個人情報の保護に関する施策の基本となる事項を定め,国及び地方公共団体の責務等を明らかにするとともに,個人情報を取り扱う事業者の遵守すべき義務等を定めることにより,個人情報の適正かつ効果的な活用が新たな産業の創出並びに活力ある経済社会及び豊かな国民生活の実現に資するものであることその他の個人情報の有用性に配慮しつつ,個人の権利利益を保護することを目的とする。（第1条）

　権利保護重視の考え方に基づき,旧法では対象外であった5,000人分以下の個人情報を取り扱う小規模事業所も対象となり,小規模な介護・福祉事業所も法が適用されることになりました。ソーシャルワーク実践においては,事業所の大小にかかわらず,クライエントの生活や家族の情報など他人が容易に知ることができない個人情報を取り扱うため,厚生労働省による改正法を踏まえて改正された「医療・介護関係事業者における個人情報の適切な取扱いのためのガイダンス」（2017年4月14日通知,5月30日適用）に準ずる必要があります。

1．個人情報とは

　個人情報保護法では、「『個人情報』とは、生存する個人に関する情報であって、当該情報に含まれる氏名、生年月日その他の記述等により特定の個人を識別することができるもの」（第2条第1項の1）および「個人識別符号が含まれるもの」（第2条第1項の2）と定義されています。個人識別符号は改正法により新たに定義されたものであり、顔や指紋などの個人の身体の一部の特徴を変換した身体的情報や、運転免許証や健康保険法に基づく被保険者証や基礎年金番号等であり、「個人情報保護に関する法律施行令（2016年8月15日公布　以下「施行令」という）」にて定められています。

　また、新たに「要配慮個人情報」という概念が以下のように定められました。

　　　「要配慮個人情報」とは、本人の人種、信条、社会的身分、病歴、犯罪の経歴、犯罪により害を被った事実その他本人に対する不当な差別、偏見その他の不利益が生じないようにその取扱いに特に配慮を要するものとして政令で定める記述等が含まれる個人情報をいう。（個人情報保護法第2条第3項）

　具体的な要配慮個人情報の記述内容については、施行令に、心身機能の障害、医師等による健康診断・その他検査の結果などと定められています[1]。「要配慮個人情報」は、ソーシャルワーク実践において欠かせない情報であり記録される情報です。改正法ではこれまでより明確に定義され、その取扱についてクライエントの権利利益の保護が求められています。具体的には、情報を取得する際には原則として事前同意が必要（法第17条第2項）であり、オプトアウト[2]による第三者提供の対象外（法第23条第2項）と定められています。

2．秘密保持義務とプライバシーの尊重

　秘密保持義務とは、クライエントの同意なく個人情報や、ソーシャルワーカーとの

---

[1] 個人情報の保護に関する法律施行令（平成15年政令第507号）第2条第1項から第5項では、①心身機能の障害があること、②健康診断その他検査結果、③診療および調剤剤記録、④刑事事件の手続きに関する情報、⑤少年の保護事件の手続きに関する情報が記載されている。

[2] オプトイン（本人の同意による情報提供）に対して、オプトアウトは「本人の求めに応じて利用を停止する」こととしている情報（利用停止を求めなければ、提供に同意したものとみなされる）のこと。あらかじめ本人に通知するなど条件が定められている。

面接内容，支援の内容およびその記録を開示しないことを意味します。ソーシャルワーカーは，クライエントよりセンシティブで個人的な情報を取得する立場にあり，秘密保持義務が保証されることで，信頼関係を築き効果的なソーシャルワーク実践が展開可能となります。また，法的には「社会福祉士及び介護福祉士法」や「精神保健福祉士法」に「正当な理由がなく，その業務に関して知り得た人の秘密を漏らしてはならない」と秘密保持義務が条文化されています。なお，この条文では社会福祉士や精神保健福祉士でなくなった後においても同様とされています。

　また，社会福祉士の倫理綱領（社団法人日本社会福祉士会，2009，p.79）においては，利用者に対する倫理責任として「社会福祉士は，利用者や関係者から情報を得る場合，業務上必要な範囲にとどめ，その秘密を保持する。秘密の保持は，業務を退いた後も同様とする」と規定されています。さらに，情報の取得に当たっては，業務上必要な範囲にとどめることを基本としていることから，記録内容も同様ととらえ厳重な管理が求められています。

　しかし，虐待が疑われる場合など秘密を保持することによってクライエントの利益を損なうことが予測される場面では，専門職として第三者への情報提供が必要と判断される場面もあります。このような場合は，クライエントと十分な協議を重ね慎重に取り扱うことが求められています。

3．プライバシーの尊重

　プライバシーの考え方は，時代の変化を反映し変化を遂げています。もともとは，「ひとりで居させてもらう権利（right to be let alone）」として発達してきましたが，情報化社会の到来により莫大な個人情報が収集・蓄積が可能となったことで，プライバシー侵害の危機が高まり「個人情報の自己コントロール権」という考え方に発展してきました。国際的には，OECD（経済協力開発機構）が「プライバシー保護と個人データの国際流通についてのガイドラインに関する理事会勧告」を採択し，8原則を示しています。

　ソーシャルワーク実践におけるプライバシーの尊重については，こうした変化を踏まえ理解することが求められます。つまり「ひとりで居させてもらう権利」と「個人情報の自己コントロール権」の両者を実践することです。社会福祉士の倫理綱領・社会福祉士の行動規範において，「利用者が自らのプライバシー権を自覚するように働きかけなければならない」，「問題解決を支援する目的であっても，利用者が了解しない場合は，個人情報を使用してはならない」（社団法人日本社会福祉士会，2009，

pp.76-78）と示され，プライバシーの自己コントロール権の自覚を促すことが求められています。

4．個人情報保護のガイドライン

　個人情報保護法では「個人情報取扱事業者の義務」を掲げています（第15条～第35条）。これまで取り扱う個人情報が5,000件以下の事業所は小規模取扱事業者として同法の適応を除外されていましたが，2015年の改正により法令上の義務を負うこととなりました。ソーシャルワーク機関・事業所およびソーシャルワーカーにも適用されるものとして以下にまとめました。

1）利用目的の特定（第15条），利用目的による制限（第16条）
　利用目的をできる限り特定しなければならない。
　クライエントの同意を得ないで利用目的の達成に必要な範囲を超えて取り扱ってはならない。

2）適正な取得（第17条），取得に際しての利用目的の通知等（第18条）
　個人情報は適正に取得しなければならない。また，「要配慮個人情報」の取得に当たっては原則として本人の同意が必要である。

3）データ内容の正確性の確保等（第19条）
　個人データの内容は，正確かつ最新の内容に保つとともに，必要がなくなったときは消去に努めなければならない。

4）安全管理措置（第20条）
　クライエントの個人情報について，安全管理のために必要な措置を講ずること。

5）第三者提供の制限（第23条），第三者提供に係る記録の作成等（第25条）
　原則としてクライエントの同意なく，クライエントの個人データを第三者に提供してはならない。また，第三者に提供した場合，その記録を作成しなければならない。

6）保有個人データに関する事項の公表等（第27条）
　クライエントの個人情報を取り扱う事業者情報および保有個人データの利用目的をクライエントに公表しなければならない。

7）開示（第28条），手続（第32条），手数料（第33条）
　クライエントより保有する個人データの開示を求められたときは，事業所で定めた方法により応じなければならない。なお，全部または一部を開示しない場合は，その理由を説明するよう努めること。

8）訂正（第29条），利用停止（第30条），理由の説明（第31条）

個人データの内容が事実ではないときに訂正，追加・削除を求められたときは，必要な調査を行い結果に基づき応じなければならない。利用目的外の使用や不正に取得された情報であることを理由に利用の停止を求めたときに応じなければならない。

なお，訂正，追加・削除，利用停止に応じられない場合は，その理由を説明するよう努めること。

9）苦情の処理（第35条）

個人情報の取扱いに関する，苦情を受け付けるための体制の整備に努めなければならない。

なお，「医療・介護関係事業者における個人情報の適切な取扱いのためのガイダンス」には，病院，診療所，介護サービス事業所などが行う個人情報の適正な取り扱いについて具体的な留意点・事例などが示されています。

《コラム1：ケース記録の開示訴訟》

個人情報保護法施行前の1995（平成7）年，カウンセラーが面接により知り得た相談者の私的事柄等を無断で書籍に記述したことにつき，守秘義務違反として債務不履行責任が認められる判決が出されました。裁判所はカウンセラーと相談者との間には，医師と患者との間の治療契約に類似した，いわば「心理治療契約」ともいうべき契約が成立したと認定し，当然にカウンセラーは相談者に対して守秘義務を負うと判断しました（『判例時報』1550号，pp. 40-44）。

同じく1995（平成7）年レントゲン撮影の際に身体に障害のある女性に対してわいせつ行為をしたことにつき，病院の使用者責任が認められる判決が出されました。事件場所は密室で目撃者はおらず，レントゲン技師もわいせつ行為を否定したのですが，被害者である女性が院内の心理判定員に相談をしており，その際，女性から「忘れないうちに書き留めてほしい」と言われてとった記録が裁判で証拠として提出され，わいせつ行為が認められました（『判例タイムズ』876号，pp. 295-303）。

この二つの判例は，ソーシャルワーク記録を考える上でおおいに参考になると思われます。前者の判例からは，ソーシャルワーカーと相談者との間にも「相談援助契約」ともいえる契約が存在し，ソーシャルワーカーが相談事例を外部に発表する際は，本人が特定されないような配慮が求められ，それが不十分であった場合には，守秘義務違反として損害賠償の対象とされる可能性があることを学ぶことができます。

後者の判例からは，ソーシャルワーカーの記録が裁判で証拠として提出されることがあり，証拠として採用されるに足るだけの記録をとっておくことの必要性を学ぶことができます。医療機関の記録が裁判に提出される機会は少なくなく，当然そのなかにはソーシャルワーカーの相談記録も含まれることはあり得ます。

> また，後者の判例では，記録をとった心理判定員は裁判でも証言をしており，裁判所はその証言に対して「障害児教育に関する専門教育課程を修了し，心理判定員としての職務に誠実に当たっている様子が窺える供述姿勢であった」と判断しており，記録内容だけではなく，一人の専門職として評価されていることがわかります。
>
> 個人情報保護法は2015年に改正があり，個人情報の定義が一部修正され，今までは「個人情報」といえるかどうか微妙だったものについても個人情報に含まれることになりました。
>
> 法律がどのように改正されても，後者の判例で専門職として高く評価された心理判定員のように，記録だけではなく，ソーシャルワーカーとしてのあり方を常に問う姿勢で日々業務に向かいたいものです。

第2節　記録の開示と共有

　前節でも述べたように，ソーシャルワーカーには，クライエントに対して「プライバシーの自己コントロール権」の自覚を促すよう働きかけることが求められています。記録の開示と共有についても，「クライエントにコントロール権がある」ことを踏まえ理解する必要があります。つまり，クライエントは自分の記録について，「閲覧すること（開示を求めること）」ができ，記録内容が事実ではないとき，「訂正，追加および削除してもらうこと（修正等を求めること）」，さらに，「利用目的外での使用をさせないこと（利用の停止を求めること）」ができます。特に，クライエントが，修正を求める権利や利用の停止を求める権利を認識することは，記録の開示と共有についてのコントロール権を自覚することにつながります。なお，本節においては，記録の開示と共有について，以下のように定義しています。

1）記録の開示とは

　記録の開示とは，ソーシャルワーク記録について，クライエントまたは第三者からの請求（求め）に応じて，閲覧させたり，情報提供したりすることです。ソーシャルワーカーから積極的にする開示ではなく，クライエントがプライバシー権や，情報のコントロール権を行使するための手続きによる開示です。

2）記録の共有とは

　記録の共有とは，クライエントの問題解決のために，クライエントや，ソーシャルワーカーの所属組織内の他職種，所属組織外の関係機関・関係職種と，記録情報を共有することです。ソーシャルワーカーにより，クライエントのプライバシーや情報の

コントロール権を保障しながら，目標達成のために積極的な記録情報の活用を図るための情報共有です。

1．記録の開示

記録の開示について，社会福祉士の倫理綱領・行動規範において以下のように規定されています。

> 社会福祉士は，利用者から記録の開示の要求があった場合，本人に記録を開示する。(社会福祉士の倫理綱領倫理基準Ⅰ．利用者に対する倫理責任9．記録の開示)
>
> 社会福祉士は，利用者の記録を開示する場合，かならず本人の了解を得なければならない。(社会福祉士の行動規範Ⅰ．利用者に対する倫理責任9．記録の開示9-1)
>
> 社会福祉士は，利用者の支援の目的のためにのみ，個人情報を使用しなければならない。(社会福祉士の行動規範Ⅰ．利用者に対する倫理責任9．記録の開示9-2)
>
> 社会福祉士は，利用者が記録の閲覧を希望した場合，特別な理由なくそれを拒んではならない。(社会福祉士の行動規範Ⅰ．利用者に対する倫理責任9．記録の開示9-3)

小嶋(2006)は，ソーシャルワークの記録(ケース記録に限定)の開示対象について，クライエントに対する開示を意味する場合と，第三者への開示を意味する場合があるとしています。ここではこの二つについてそれぞれ説明します。

1) クライエントに対する開示

クライエントに対する記録の開示については，先に引用したように「利用者から記録の開示の要求があった場合，本人に開示する」と定められています。クライエントは，自分自身のことがどのように記録されているのか，その記録内容によってどのようにサービス内容が決まったのかを知る権利があります。また，意図しないサービスの提供を受けることとなった場合，サービス決定の根拠となった記録内容を確認することができます。倫理綱領では「記録の開示の要求」や「閲覧を希望した場合」とのみ表現されていますが，クライエントは，「訂正，追加および削除」や「利用の停止」も求めることができると考えられるため，記録を開示することにより，クライエント

が適切なサービスを受けることにつながります。

　しかし，ソーシャルワーク記録には，クライエント以外から入手した情報も記載されていることがあり，開示をためらう場面もあります。個人情報保護法では開示することにより以下の三項目に該当する場合は，全部または一部を開示しないことができるとされています。

　　(1) 本人又は第三者の生命，身体，財産その他の権利利益を害するおそれがある場合。
　　(2) 当該個人情報取扱事業者の業務の適正な実施に著しい支障を及ぼすおそれがある場合。
　　(3) 他の法令に違反することとなる場合。

（個人情報保護法第28条第2項）

　これは，前述した社会福祉士の行動規範における「特別な理由」により閲覧を拒むことができる条件となります。加えて，「その記録に他者が特定できるような記載がある場合には特別な配慮が必要」（社団法人日本社会福祉士会，2009）としています。

2）第三者に対する開示

　記録を第三者に対して開示するためには，事前に本人の同意を得ることが原則となっています。社会福祉士の倫理綱領・行動規範では「利用者の記録を開示する場合，かならず本人の了解を得なければならない」と示され，個人情報保護法においても「あらかじめ本人の同意を得ないで，個人データを第三者に提供してはならない」としています。しかし，ソーシャルワークは，ソーシャルワーカーとクライエントの関係だけではなく，所属組織内の他職種や，所属組織外の関係機関・職種との連携が不可欠であり，そのためにクライエントの情報を有効的に活用することが求められます。あらかじめ本人の同意が得られない場合なども想定されます。個人情報保護法では，第三者提供について，表2-1のように，第一に同意を必要としない適用除外事由，第二に要配慮個人情報を除くオプトアウト方式による第三者提供，第三に提供者が第三者に該当しない場合の三つの例外が設けられています。このうち，第二例外については，厳格化を目的に2015年9月成立，2017年5月施行の改正個人情報保護法では改正されていますが，改正の意図は名簿業者による個人データの不正流出対策であり，ソーシャルワーク実践において直接的な影響を受ける内容ではありません。しかし，「医療・介護関係事業者における個人情報の適切な取扱いのためのガイダンス」（厚生

表2-1　第三者に情報提供について本人の同意を要しない場合（個人情報保護法第23条より）

同意を必要としない適用除外事由 （法第23条第1項関係）	(1)法令に基づく場合 (2)人の生命，身体又は財産の保護のために必要がある場合であって，本人の同意を得ることが困難であるとき。 (3)公衆衛生の向上又は児童の健全な育成の推進のために特に必要がある場合であって，本人の同意を得ることが困難であるとき。 (4)国の機関若しくは地方公共団体又はその委託を受けた者が法令の定める事務を遂行することに対して協力する必要がある場合であって，本人の同意を得ることにより当該事務の遂行に支障を及ぼすおそれがあるとき。
要配慮個人情報を除くオプトアウト方式による第三者提供 （法第23条第2項関係）	あらかじめ以下の内容を利用者に通知，または容易に知り得る状態に置くこと。 (1)第三者への提供を利用目的とすること。 (2)第三者に提供される個人データの項目 (3)第三者への提供の方法 (4)本人の求めに応じて当該本人が識別される個人データの第三者への提供を停止すること。 (5)本人の求めを受け付ける方法
提供者が第三者に該当しない場合 （法第23条第5項関係）	(1)個人情報取扱事業者が利用目的の達成に必要な範囲内において個人データの取扱いの全部又は一部を委託することに伴って当該個人データが提供される場合 (2)合併その他の事由による事業の承継に伴って個人データが提供される場合 (3)特定の者との間で共同して利用される個人データが当該特定の者に提供される場合であって，その旨並びに共同して利用される個人データの項目，共同して利用する者の範囲，利用する者の利用目的及び当該個人データの管理について責任を有する者の氏名又は名称について，あらかじめ，本人に通知し，又は本人が容易に知り得る状態に置いているとき。

労働省，2017）では，「本人の同意が得られていると考えられる場合」として，第三者へ個人情報を提供してよいと判断される場合が示されています。

　また，個人情報保護法によると第三者に個人情報を提供した場合には，①提供年月日や②提供先の氏名などを記録し一定期間保存することとなっています。このように個人情報保護法では，本人の権利利益の保護という観点から，提供側の制限を示すことによって，情報をコントロールする権利の考え方を取り入れています。

2．ソーシャルワーク記録における記録開示の課題

　社会福祉士の倫理綱領や行動規範，個人情報保護法も，記録の開示についてはクライエントなどからの求めに対して開示することが前提です。そして，倫理綱領・行動規範には「利用者が自らのプライバシー権を自覚するように働きかけなければならな

い」と示され，プライバシーの自己コントロール権の自覚を促すことが求められています。

　ソーシャルワーク記録には，クライエント自身から提供される情報と，アセスメントのために関係する職種・機関によって提供される情報があり，クライエントとの関係において必要以上に情報開示を行うことのないように扱いながら，支援機関との連携を図らなければなりません。それは，クライエントの抱える問題を解決するためであり，その主体はクライエント自身だとすれば，ソーシャルワーク記録そのものはクライエントのものであると考えられます。開示請求による記録の開示ではなく，クライエント自身がソーシャルワーク記録に積極的にアクセスし，課題解決のために活用することが大切です。そのために「記録の開示」はもちろん，その記録を積極的に活用するための，「記録の共有」が重要となります。

3．記録の共有

　ソーシャルワーク記録の共有については，①クライエントとの共有，②所属組織内の他職種との共有，③所属組織外の関係職種・機関との共有の三つの場合が考えられます。

1）クライエントとの共有

　クライエントとの共有は，クライエントが記録に積極的にアクセスし閲覧するだけではなく，その記録情報を活用し主体的に問題解決に取り組むために大切だと考えられます。記録をソーシャルワーカーだけで記載するのではなく，クライエントも記載することにより，自分自身の問題を整理し解決の方向性を見出すことが期待されます。近年は，スマートフォンの普及などにより記録にICTの活用を目指す方向性にあります。ICT化によりクライエントも容易に記録にアクセスすることが可能となり，さらに共同して記録を作成することも考えられるようになってきています。ICT化を図るときに，部分的にでもクライエントの記録への参加を検討してみてはいかがでしょうか。

　たとえば，SNS（ソーシャル・ネットワーク・サービス）のような，情報交換を可能としながら，更新履歴の確認も容易なツールを利用することで，一部の情報の交換や，支援の進捗状況を記録として双方で確認することが可能となります。さしあたっては，現在も情報交換をしながら支援を展開している場面の記録に限り，クライエントの参加を検討できると考えられます。

2）ソーシャルワーカーの所属組織内の他職種との共有

ソーシャルワーカーの所属組織内の他職種との共有は，互いが組織としてクライエントの支援を展開しているチームのメンバーであるため，日常的に行われています。クライエントは，ソーシャルワーカーが組織内で情報を共有していることについて意識していないかもしれません。しかし，あらかじめ組織内のどの職種にどのような情報を，どのような方法で共有しているかについては，クライエントに対して知らせておくことが必要です。そのことで，クライエントから，「他職種には伝えてほしくない」という申し出があれば尊重することが可能となります。ただし，情報の共有が必要と判断される場合には，クライエントが同意できる情報の範囲や表現方法などを話し合い理解を求める必要があります。

3）所属組織外の関係機関・職種との共有

所属組織外の関係機関・職種との共有とは，情報共有のための様式（ネットワークシートや連絡票，報告書など）による記録を，共有することです。あらかじめクライエントの同意を必要としますが，記載内容をクライエントと共有（①）することで同意を得られるとともに，クライエントが主体的にサービスを利用し，問題解決と向き合うきっかけとなります。しかし，所属組織外の関係機関・職種とは，記録だけの共有ではなく，口頭などによる情報共有も行われることがあり，その内容が記録される場合があります。そのため，記録の共有について同意を得るだけではなく，クライエントの問題解決のために，どの組織や職種と連携して支援を実施するのかを説明し，その連携先とどのような情報を共有するのか同意を得ておく必要があります。所属組織外から情報提供を受けた場合は，提供先の情報および取得の経緯，年月日などの情報を記録することが求められます。

《コラム2：個人情報保護制度下の記録》

ソーシャルワーク記録は，ソーシャルワーカー自身の記録であり，クライエントが読むことを前提としていませんでした。しかし，個人情報保護の法的枠組みが整い，クライエントからの「開示等の請求等（開示，訂正，利用停止の請求）」に応じることが求められるようになってきました。こうした背景のなかで，ソーシャルワーク記録のあり方が改めて問われることとなっています。

「記録は誰のものか」という問に対して，記録はクライエントの課題解決のための支援過程が記載されたものであることから「クライエントのもの」と答えることができます。また，記録をソーシャルワーカーがクライエントに関する情報を収集し，専門的判断をす

るために必要なツールと考えると「ソーシャルワーカーのもの」とも考えられます[※]。しかし専門的援助関係により作成される記録は，クライエントのための情報であり，クライエントが記録にアクセスする権利は保証されるべきと筆者は考えます。権利の保証というとハードルが高いですが，ソーシャルワークの支援と記録を一体的にとらえ，クライエントも積極的に記録に参加していく記録のあり方を模索していくことが必要です。参加や共有の記録としてSNSの活用も一つの方法だと思います。

　もう一つは，説明責任（アカウンタビリティ）のための，ツールとしての記録のあり方が求められてきました。ソーシャルワーカーによる支援は適切であったのか，その判断や評価は間違っていなかったのか，その判断や評価の根拠となる「事実」が記載されていることが，重要となります。ソーシャルワーク実践の根拠が措置制度から利用契約へと変化したことで，サービス利用においては，クライエントによる自己決定が尊重され，サービス提供側にはその責任が伴う「利用契約」が締結されています。契約に反する場合や，トラブルについて，提供側の支援内容が事実に基づく適切なものとして認められない場合には，提供側は責任を負うことになります。支援の重要な証拠として，専門職の責務を果たした証拠としての記録のあり方が求められています。

　このように，個人情報保護制度が整備されたことにより，ソーシャルワーク記録は，クライエントから開示を求められ，さらにその記録内容にはソーシャルワーク支援の適切性が求められるようになりました。いつ開示を求められてもいいように，支援の過程を丁寧にすることが大切です。また，ソーシャルワーカーの所属組織には，ガイドラインやマニュアルなどを作成し指導管理する役割が求められます。

※厚生労働省「医療・介護関係事業者における個人情報の適切な取扱いのためのガイダンス」（2017年4月29日）では，記録には患者についてのデータとともに医師が行った判断や評価が書かれていることから「診療録等に記載されている情報の中には，患者と医師等双方の個人情報という二面性を持っている部分もあることに留意が必要である」としている。

第3節　ソーシャルワーク記録の電子化

1．進化する情報化社会

　今日，記録の電子化をめぐる社会の動きは日々進化しており，大きな転換期を迎えています。たとえばIoT（Internet of Things）はいろいろなモノがインターネットを介してつながるサービスで，タブレットやスマートフォンなどで情報を入手することができます。またAI（Artificial Intelligence）と呼ばれる人工知能は，第4次産業革命をけん引するともいわれ，大きな社会的関心事となっています。

　いわば，記録の電子化は時代の要請でもあり，その影響は社会福祉領域にも及んで

きています。高齢者への介護サービスを提供する、介護保険分野の関連部門では、記録の電子化は日常化しています。しかし規模も大小さまざまな社会福祉領域の施設や機関、事業所などの現状を見ると、電子化への理解やコスト、作業負担等多くの課題を抱えています。

　本節ではそのような社会的背景のなかで、ソーシャルワーク記録の電子化にどのように取り組むとよいのか、先行している医療機関の例を参考にしながら、電子化されたソーシャルワーク記録のあり方を考えてみます。

　なお、記録の電子化といった場合に、すでに紙記録としてある記録をスキャンして電子化する「記録の電子化」と、記録作成の当初から電子媒体を通して記録を作成する「電子記録」の二つの意味が含まれています。本節では、両者に共通する「電子化された記録」としての、ソーシャルワーク記録を中心に述べます。

2．情報化社会における記録の変化

　近年、資源の要素としてヒト（人的資源），モノ（物的資源），カネ（経済的資源）の3要素に加えて、ジョウホウ（情報資源）が加えられ、重視されるようになってきました。これは1960年代から始まったといわれる、インターネットの普及が大きく影響しています。記録の作成についても、それまでは、紙媒体による手書きやタイプを用いていた記録が、1970年代後半には、パーソナルコンピュータの登場に伴い、大きく変化することになりました。企業などにおいては、文書の電子化をすることにより業務コストの削減、企業競争力の強化、リスクの管理、環境問題への対応などが期待されるといわれています（「文書の電磁的保存等に関する検討委員会報告書」財団法人日本情報処理開発協会，2005）。

　記録の電子化促進の背景としては、2000年11月にIT基本法（高度情報通信ネットワーク社会形成基本法）が制定され「5年以内に世界最先端のIT国家となる」ことを目標として「e-Japan戦略」，「u-Japan政策」が策定されたことが挙げられます。高度情報通信ネットワーク社会はユビキタスネットワーク社会ともいわれ，「いつでも・どこでも・何でも・誰でも」簡単にネットワークが利用できることを目指しています。そして2005年4月にはe-文書法（電子文書法）が施行されました。この法律は「民間事業者等が行う書面の保存等における情報通信の技術の利用に関する法律」（通則法）と，「民間事業者等が行う書面の保存等における情報通信の技術の利用に関する法律の施行に伴う関係法律の整備等に関する法律」（整備法）の二つの法律によって構成されています。経済産業省は「電子化文書は共有や検索、回覧などが容易なた

め，紙文書と比較して組織の業務を円滑に遂行でき，事務効率を大幅に向上できるというメリットがある」としており，これらの法律が記録の電子化を急速に推し進める原動力にもなっています（経済産業省，2017）。総務省は，2016年10月にクラウド型医療情報連携基盤（EHR）高度化補助事業など，クラウドを利用した医療情報の一元管理のシステム構築を目指した実証実験を始めました（総務省，2016）。このような動向は保健・医療・福祉の領域にも大きく影響しています。ことに医療領域では，電子化の動きに目覚ましいものがあります。100歳以上の高齢者が67,824人と報道され（日本経済新聞，2017年9月15日），2025年には，65歳以上の認知症高齢者が700万人と見込まれています（内閣府，2016）。一方で，毎年1兆円を超える社会保障費の膨張や人手不足は，社会システムの変革を急務とします。厚生労働省は2017年に，地域住民が役割を持ちながら，互いに支えあうことのできるコミュニティをめざした「地域共生社会」づくりを提唱しました。「地域課題の解決力の強化」，「地域丸ごとのつながりの強化」，「地域を基盤とする包括的支援の強化」，「専門人材の機能強化・最大活用」といった，四つの柱となる改革によって，他人事になりがちな地域づくりを「我が事」としてとらえる地域共生社会を実現しようとしています。これはすなわち，「住まい」「医療」「介護」「予防」「生活支援」のサービスを一体となって提供できるシステムづくりであって，そのためには保健，医療，介護領域の専門職チームやさまざまな生活支援者が連携を行い，情報（記録）をシームレスに共有することが必要となります。

3．記録の電子化に必要なこと

電子化記録を構成するためには，いくつかの必要条件があります。たとえば，①内容：意味のある文字や図形，②構造：文字の配列配置などのルール，③文脈：作成日付，著者，署名，状態などから判断される属性，④媒体，装置：本体，OS，AP，ドライバー，ディスプレイ，プリンターなど，⑤品質要求：見読性，完全性，機密性，検索性，真正性，識別性など，⑥努力基準：ログ，アクセス，バックアップ，セキュリティ対策，スキャナー取り扱い，システム運用管理，などです（西川，2011，pp.76-82）。

また，医療現場では信憑性のある情報を多職種間で共有するために，4階層モデルとして次のような検討が行われています。それは正確なデータを蓄積する「正確性」，個々のデータ相互が時系列で連続的に意味のある，比較可能な状態で蓄積される「連続性」，長期にわたる個々のデータ相互の関係が，多施設かつ多職種にまたがって

「つながり」を持って記述され，それが一目でわかる「通覧性」，医療の目的・目標を多職種がそれぞれの立場から電子カルテに明確に記述でき，それに対して多職種が現在までに患者に行った医療とその結果が明確に記述されることにより，過去から現在までの医療行為の「事実」と「評価」と「未来に向かっての期待」を電子カルテから把握できる「物語性」の4階層をどのように確保するかといったことです（石川ら，2012）。このような医療現場における記録（電子カルテ）の「正確性」「連続性」「通覧性」「物語性」の4階層モデルは，ソーシャルワーク記録の電子化を検討する際のキーワードとなります。

4．ソーシャルワーク記録の位置づけ

　ソーシャルワーク実践において「記録のない実践は実践とは言わない」とか「記録は選抜された事実である」などと表現されるように，これまでも記録の重要性が指摘されてきました。

　1953年に全国組織化された日本で最初のソーシャルワーカーの職能団体である日本医療社会福祉協会の記録に関する記述を見てみましょう。2002年の「医療ソーシャルワーカー業務指針」には記録に関して次のように記述されています。

⑴　問題点を明確にし，専門的援助を行うために患者ごとに記録を作成すること。
⑵　記録をもとに医師等への報告，連絡を行うとともに，必要に応じ，在宅ケア，社会復帰の支援等のため，地域の関係機関，関係職種等への情報提供を行うこと。その場合，⑶（医療ソーシャルワーカー業務指針　三　業務の方法等（3）プライバシーの保護：筆者）で述べたとおり，プライバシーの保護に十分留意する必要がある。
⑶　記録をもとに，業務分析，業務評価を行うこと。
　　　　　　　　　（厚生労働省健康局，2002，三　業務の方法等（7）記録の作成等）

　当時は紙媒体による記録が中心で，電子媒体を視野に入れてはいるものの，保管管理など，多くは医療ソーシャルワーカーに委ねられていました。しかし記録の電子化は「見える化」を促進させることでもあり，記録の作成，保管，管理といった一連の作業に対してソーシャルワーカー個人，部署・部門，組織の責任を一層明確にします。
　ソーシャルワーク記録の電子化に関する幾多の研究や報告も見られます。一例としてクライエントの基礎項目のデータベース化（橘高，1997），記録のアセスメント・

ツールとしてコンピュータも用いたもの（中村，2002），電子記録に向けたソーシャルワーク記録のあり方（浅野，2005），ソーシャルワークと施設管理を視野に入れたデータベースの開発（樋渡ら，2008），ソーシャルワーカーに限定した記録システムの構築（間嶋，2014），などが挙げられます。いずれもソーシャルワーク記録の電子化に伴う記録の有効活用について触れられています。これらの知見はソーシャルワーク記録の電子化の作業を進める際にその方向性を示唆するものとなるでしょう。

5．ソーシャルワーク記録の電子化の課題

ここでは，ソーシャルワーク記録の電子化に向けてシステムデザインと，情報の扱い方の二つの点を見ておきます。

1）記録の電子化のシステムデザイン

ソーシャルワーク記録を電子化するためには，そこで扱う情報のシステムデザインが必要になります。すなわち「ソーシャルワーク記録の目的」を明確にし，ソーシャルワーカーが，どのような場面で，どのような仕事に対して，何の効果を期待して，どのような方法で，情報を活用するのかを明らかにすることです（坪上，2003，p.4）。たとえば，ワークフロー図の作成や，画面レベルや帳票の単位の明確化，分散したデータの一元化，データの可視化，データを処理して活用しやすくする，通知などにより利用者に働きかける，プロセスを自動化するといったことなどです（澤，2017）。

2）開いた情報・閉じた情報

多職種が情報を共有することにより，迅速で的確な方針を決定するといった，情報システムの構築（開いた情報）と，単一職種が情報を収集・整理し必要な事柄だけを抽出する（閉じた情報）といった，二つの側面を考えていく必要があります。多職種が共有する情報は，領域を超えたシームレスなものですが，情報を共有するにあたっては，医療ソーシャルワーカー（MSW）の持つクライエントの生活情報の，何を，どこまで，提示するのか，といった点を検討することが必要となります。たとえば，基本属性や本人のニーズ，取り組み課題などは「開いた情報」といえるでしょう。多職種と情報を共有する場合は原則として，クライエントの了解が不可欠となります。

一方，ソーシャルワーカーだけに限定した，単一職種のみの情報の例としては，クライエントのプライバシーに直接的に触れるものや，面接で得られた情報で，クライエントにとって他者に知られたくない生育史や家族関係，経済状況および関連する援助プロセスなどが該当します。

多職種に読まれることを前提とした記録と，ソーシャルワーカーに限定して，多職種は自由に閲覧できない記録というように，記録を弁別することに関しては，慎重な検討が必要です（石川，2016）[3]。

6．今後に向けて

どこでも，いつでも，何でも，誰でもというシームレスな情報を，多職種と共有するための，電子記録を媒体としたソーシャルワーク記録と，ソーシャルワーカーだけの単一職種に限定した，情報の蓄積や整理およびデータベース化などの，ソーシャルワーク記録といった，二つの記録のあるべき姿を記録の原点に据えるとともに，職場の実情に合わせた記録のシステムを構築することが大切です。

また，それらの記録は，クライエントの記録の開示請求に応えられるものでなければなりません。さらに，記録作成にクライエントも参加するといった視点も重要です。

患者の知る権利は，記録にたどり着けることでもあります。ソーシャルワーク実践が法律的な問題に発展する場合も想定されます。ソーシャルワーク記録の開示が求められ，ソーシャルワーカーとしての説明責任を果たすことが必要となります（八木，2015）。

紙媒体の記録から電子記録への移行は社会的要請でもあり，積極的に検討すべきことだといえます。多職種の連携に向けて検討された開いた記録と，ソーシャルワーカーに限定した閉じた記録のいずれも視野に入れながら，それぞれの項目や内容を吟味してより良いソーシャルワーク記録のあり方を考えていくようにすることが必要です。

ソーシャルワーク記録の電子化を進めるうえで大切なことは，クライエントの利益（ニーズの充足）のために必要な情報，専門職として伝えたい情報，多職種・多機関から求められる情報を，クライエントの了解のもとに共有するといった，積極的な姿勢です。

3）「多職種での連携を行う際には，全ての職種が閲覧または記述する必要はありません。そのため，医療・健康に関わる情報は，少なくとも連携をする際に関係する多職種が閲覧・共有すべき情報（Out-Box）と，例えば医師のみが閲覧すべき情報や本人が知られたくない情報（In-Box）とを切り分け，連携システム内でしっかりと閲覧できる権限を分けることも，患者の情報を守るために重要な視点です」（石川，2016）

《コラム3：電子記録のユーザビリティ》

　介護保険施行前の平成10年より，筆者は医療ソーシャルワーカー（以下「MSW」）記録の電子化に取り組みました。その当時はMSW記録の電子化についての事例は少なかったため，試行錯誤を繰り返していました。介護保険に対応するため，当時推奨されていたケアマネジャーが使用する五つのアセスメントツールと整合性を図り，記録項目を設定しました。しかし，結果的に無駄な記録項目が多くなり，業務内容や支援過程と乖離し，1年で改良をしなければならない状況になってしまいました。クライエント支援のための記録ではなく，情報収集のための記録になっていたことが原因です。

　改良のポイントは，第一に，MSWの支援過程の各段階における必要な項目や様式を検討し，支援過程に合わせた記録システムとすること。第二に，支援記録と業務管理記録を関連づけることで日常負担の軽減を図ること。第三に，他職種との情報共有や外部への情報提供のためのカンファレンス資料を視野に入れること，の3点でした。こうして改良されたMSW記録システムを「Record of Socialwork」と名づけ，インターネット上で公開してきました。

　当時を振り返ると，「どのように記録を電子化するのか」といった電子化すること自体が第一の課題でした（電子化できるかできないか）。しかし，現在はインターネットやスマートフォンが普及し，高度な端末を常に持ち歩く環境となり，記録の電子化は当たり前のこととして認識されるようになってきました。紙媒体の記録にできることは，電子化不可能なものはなく，加えて「音声」「動画」などの記録も実現可能となりました。

　このような環境において記録の電子化を検討する課題は，前述した3点に加え，ユーザビリティ（使いやすさ）の向上が重要なポイントとなります。紙の記録よりも使いにくいシステムであれば，日々の業務負担が増大し，結果として支援も記録も質の低下を招きます。そのため，画面レイアウトや操作性，データ表示，入力支援などのユーザーインターフェイスの改善が必要となります。

　まず，支援過程やソーシャルワーク業務を見直しながら，どこでどのように記録するかを検討することです。支援と同時に携帯端末で記録するのか，部屋に戻って机上で記録するのかによって画面レイアウトは変わり，使いやすさや効率化に影響します。

　次に，業務における行動パターンを分析し，電子記録における動線をシンプルにすることです。効率良くデータが表示され，入力支援が展開されればストレスなく使用することができます。たとえば，画面に古いデータから表示される設定では，その日の入力は画面をスクロールして最後のページを表示させなければならないが，新しいデータから表示させれば，すぐに入力画面となるためスクロールの手間が不要となります。最後に，すでに完成している電子記録システムを導入する場合については，記録システムに合わせた，業務における行動パターンを見直すことも必要です。

　電子記録は紙の記録と同じ内容が記録されますが，使い勝手はまったく違うものです。キーボードや画面タッチで入力することと，ペンを使って記録することは大きな違いとなります。しかし，電子記録は，入力されたデータの2次利用（経過記録が日報や月報に自動的に記録されるなど）による業務負担の軽減も可能となります。電子記録の導入時に，

> 入力するデータ項目に紙の記録と同じ項目をそのまま取り入れることだけでなく，ユーザビリティにも配慮することが重要です。

第4節　ケースカンファレンスと記録

　多機関・多職種が連携して支援にあたる際に，そのチームが協議する場となる，いわば多機関・多職種連携が形をとって見える場が，「ケースカンファレンス」ということになります。事例について論じるのではなく，ケアについて論じるのだ，ということに焦点を当てる際には，「ケアカンファレンス」と呼ばれることもあるでしょう[4]。ここではケアも含めて総合的な支援事例についての話し合いを行う場という意味で，「ケースカンファレンス」と呼ぶこととします。本章では，あくまで実務レベルの会議を想定して論じていきます。

　複数の関係機関が集まって，ある利用者へのケアをめぐって話し合うカンファレンスですが，その進め方によってカンファレンスの位置づけも，記録のあり方も大きく変わってきます。ここでは，資料を事前に準備する場合と，しない場合とに分けて説明していきたいと思います。

1．資料を事前に準備する場合のカンファレンス

　参加者が，それぞれ自分の機関における，支援の経緯に関する情報を整理した資料を，あらかじめ作って持ち寄り，それに基づいて協議するカンファレンスのやり方です。特に初回のケース会議では，関係機関の担当者各々が資料を事前に準備してくることが多いかもしれません。認知症介護研究・研修センターが開発した，「ひもときシート」（認知症介護研究・研修センター）などを使って詳しく事例理解を掘り下げるようなやり方もあるでしょう。

　この方式でのカンファレンスのメリットは，資料を作成する際に改めて担当者が記録を総覧し，事例についての理解を深め，アセスメントをやり直す良い機会になるこ

4）「ケア会議」という用語を使うと，個別ケースに対するケアを検討する「個別ケア会議」から，組織としての運営管理の場や，地域全体のケアや福祉計画を話し合う場のことまで含める「地域ケア会議」まで，幅広い概念を指してしまうことがあり，議論が混乱しやすくなる。ここでは個別事例への支援に関する話し合いに特化しているという意味でケースカンファレンスの言葉を用いる。

とと，会議で共有される情報量が多くなることでしょう。ただし，会議で扱われる情報量が多いということは，必然的に資料作成者以外にとっては，初めて聞かされる話が多いということになります。情報の多さに圧倒されて集中力が途絶えてしまうと，会議で行われているリアルタイムの対話に注意を払うより，手元資料の内容に注意を向けがちになってしまうというデメリットが生じます。さらに，資料は個人情報を多く含んだものになりますので，しばしば会議終了後には回収されます。参加者は必要な情報は手元にメモを取るかもしれませんが，何を重視してメモを取るかは，参加者個人の判断に委ねられることになります。正式な議事録が回らなければ，同じ情報を基盤として共有することすらできないかもしれません。これまでの状況のアセスメントに時間をかけた挙句，今後の見通しを共有する時間が持てないまま時間切れになることもあります。そうすると同じ会議に参加し，同じ情報を聞いていても，その後の支援方針についての考えが人によって異なるということすら生じうるのです。

2．当日記録を共有しながら話し合うカンファレンス

　最近では，会議のファシリテーションに模造紙やホワイトボードを活用しながら話し合う方法も広まりを見せています。なかには，模造紙やホワイトボードに物事を書きとめる際も，図や意味のまとまりに合わせた図案（グラフィック）を工夫する手法まで開発されてきました（ファシリテーション・グラフィック）。イメージ図は想像力を喚起し，創造性を高めますから，新たなプロジェクトを始めるような会議や閉塞的な状況を打開するための会議，人材育成のための研修などでは，こうしたグラフィックの活用は有用でしょう。

　とはいえケースカンファレンスでは，ケースの基本情報や現在までの支援経過，見立てなどの基本情報を正確に共有しなくてはいけません。これらはグラフィカルなイメージでは共有できませんので，ホワイトボードなどに記載される情報も必然的に文字情報が多くなります。文字をたくさん書き込むことのできる大きさのホワイトボードを使ったり，壁に貼ることのできる模造紙[5]などを複数使ったりして，必要な情報をいつも視覚的にも確認できるようにすると話し合いはより円滑に進みます。

　当日記録を共有しながら話し合うときには，会場設営から配慮が必要です。進行役の背後にホワイトボードが設置されてしまうと，進行役は何が書かれているか確認す

　5）　たとえばセーラー万年筆社の「どこでもシート」は静電気で壁に貼ることができる簡易ホワイトボードとして使える。また，住友3M社の「ポストイット　イーゼルパッド」は足台がついた大きな糊付き「ふせん」として，さまざまなところに貼ったりはがしたりでき便利である。

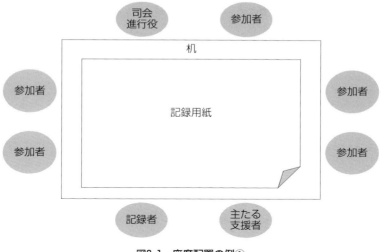

図2-1　座席配置の例①

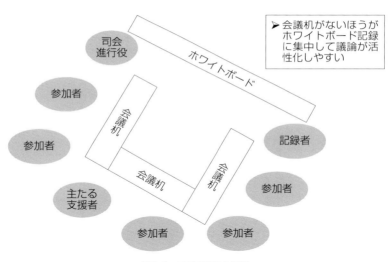

図2-2　座席配置の例②

ることなしに議題を進めてしまい，結果的に話し合いの内容と記録内容とにズレが生じることがあるからです。机の上に大きな紙を広げて共有記録を書き込んでいく場合には図2-1のように全員で机を取り囲むように座りましょう。ホワイトボードを使う場合には図2-2のようにホワイトボードを含めて円座になるように座ります。参加者の前に机があれば個人記録を取る際には便利ですが，机がないほうが議論は活性化しやすいです。

　話されたことを記録するには時間がかかるため，ときには記録を待って議論を止める必要も生じます。限られた時間で扱われる情報には限界がありますから，記録しな

がら話し合う方式は過去の情報を細かく共有するには不向きです。しかしながら記録を待っている間に，参加者は黙って考え，振り返る時間が生まれますので，今後の可能性や方向性について自由な発想を広げやすくなります。不安な状況のなかで今後の見通しを見出し，支援方針を共有していくような話し合いの場面にこそ，こうしたやり方が向いているでしょう。特に，ご本人やご家族が参加する場合には，緊張や不安から混乱してしまう方もいます。記録をしながら話し合うことで，本人も家族も随時振り返ることのできる安心感が持てるでしょう。

　どのように話し合いの内容を，その場で記録していくことができるでしょうか。代表的なものとしては，野中猛が開発した「野中式事例検討会」方式（野中・上原，2013）や，児童虐待対応で用いられている「サインズオブセーフティ」などがあります。これらでは「生活時間」や「良いこと」など，話し合うテーマがある程度決められていますので，会議の前にあらかじめホワイトボードに見出しだけ書き込んでおくと，それに沿って進行しやすくなるでしょう。

3．まとめ

　ケースカンファレンスの記録では，カンファレンスで共有された情報と，支援方針が適切にまとめられたものが，共有されることが重要です。あらかじめ紙にまとめた記録に基づいて話し合うにせよ，その場でホワイトボード等に記録しながら進めるにせよ，メリットとデメリットがあります。ファシリテーターはその日のケースカンファレンスの目的に沿った適切な方法を選ぶとともに，当日の議事録が関係者間でしっかり共有されるように取り決めておくことが求められるでしょう。

《コラム4：その場にいる人全員で共有しながら記録をとること》

　ソーシャルワークの現場において，ケア会議の内容をホワイトボードなどに書きながら進行していく，というやり方に不慣れな方もいらっしゃるでしょう。しかし，一度その有用性を実感された方には，その意義をご理解いただけることでしょう。野中式ケア会議，サインズ・オブ・セーフティ・アプローチにおけるミーティングなど，記録を共有しながら話し合うことを前提とした会議の進め方は，日本のソーシャルワーク現場でも徐々に広まってきました。

　しかし，漠然とただメモをとるだけでは，会議のファシリテーションの役には立ちません。本文中にも記載しましたが，記録をその場の真ん中に置き，司会進行役と書記が十分

> 　にコミュニケーションをとりながら進めることが大切です。
> 　　メモにとるのは，基本的に参加者の言葉です。参加者の言葉を耳で聴き，それを自分の手を通して書き綴るためには，一旦脳で反芻するプロセスが挟まれます。そして自分の文字を自分で見たとき，今度は文字を読むという形で，脳で反芻するプロセスが生じます。発言を①耳で聴き，②書くために脳で反芻し，③読んだことで脳で反芻するのです。つまり単に耳で一生懸命聴くより3倍考える機会が増えます。それだけしっかり考えられるため，より深く発言者の立場を考える機会が生まれます。さらに，会議のところどころで板書を口頭で読み上げると，参加者にとっても①自分が語ったり他人が語ったりしたことを，②板書に並記されているのを読み，③改めて記録者の口を通して聴くことで，状況を客観的に考え直すことができるのです。つまり問題を外在化して多角的な視点から扱いやすくなります。
> 　　口頭のやり取りだけでは，誰かの発言に誰かが即時に応じる，という形で進みますので，どうしてもその場には「進行役や参加者の発言に対して，参加者が応答しなければならない」という意識が流れます。いわば，「発言」に対する「応答」が全員に迫られているような感じになります。こういう迫られる感じがある場面では会話のテンポはだんだんに速くなることがあります。速いテンポについていけたり，大きな声で割って入れる人だけが，積極的に発言でき，熟慮したい人や複数の人の前で何かを話すのが苦手な人は，どんどん会議の場面から気持ちが引いてしまいます。それはとてももったいないことです。そこに板書を挟みこみ「板書を一緒に眺め，あえて声に出して読む」形をうまく活用することによって，進行役（書記を含む）・困っている状況・参加者という三項関係を作れます。即応答しなければならないという圧力が減ります。難しい状況でも対立的な雰囲気をやわらげられますし，参加者全員で同じ板書を見つめるという分かち合う関係になり，一緒に考えを深める時間ができます。こうした省察的（リフレクティヴ）な話し合いは，相互の関係性をより良いものとし，短い時間であっても濃密な支援の対話につなげていくことができるでしょう。

第 5 節　評価と記録

1．評価の種類

　社会福祉における評価は，何を評価するかということによって，個別援助実践評価，プログラム評価，第三者評価の3種類に分けることができます。このうち，ソーシャルワークに直接関連するのが，個別援助実践評価とプログラム評価です。

　個別援助実践評価は，個別事例に対するソーシャルワーク実践を評価するもの，プログラム評価は，ソーシャルワーク実践を含むサービス事業全体をプログラムとして評価するものです（渡部, 2005, p.20）[6]。わが国では，従来，政策主体（行政府）も

6）　第三者評価は，組織の一定水準充足度を，中立的な立場の第三者が評価するもの。

表2-2　ソーシャルワークに関連する評価の種類・次元・方法（著者作成）

種　　類	焦点（次元）	方法の例
①個別援助実践評価	a　過程評価	ケーススタディ，利用者評価等
	b　成果評価	シングル・システム・デザイン，目標達成スケール等
②プログラム評価	a　過程評価	ケーススタディ，利用者評価等
	b　成果評価	実験デザイン，準実験デザイン，グループ比較デザイン等
	c　効率評価	

実施主体（機関・施設や実践者）も研究者も，評価というものをあまり重視してきませんでした。しかし，契約によるサービス利用の時代になり，説明責任が求められるようになった今日，機関・施設や実践者は，個別援助実践評価やプログラム評価を試みていく必要があります。

　過程評価，成果評価，効率評価（費用便益評価）というのは，何を評価の焦点（次元）とするかによる分類です。過程評価と成果評価は，個別援助実践評価，プログラム評価のいずれにも適用できますが，効率評価はプログラム評価のみに当てはまります。評価の方法は，表2-2に示したようなものがあります。その方法は，既存のソーシャルワーク記録を活用する，評価にあたり新たにデータを作成する，などいろいろです。表に掲げた方法を用いた評価は，同時にソーシャルワークに関する調査研究ということができます[7]。

2．個別援助実践評価と記録

　個別援助実践の過程評価の方法として，ケーススタディ（事例研究）を，成果評価の方法としてシングル・システム・デザイン（以下，SSD）を取り上げ，記録との関連について述べます[8]。

　個別援助実践のケーススタディは，これまで一般的に，ソーシャルワーカーの教育・研修のために行われてきました。しかし今後は，クライエントに対する説明責任という目的のために，支援過程が一定の段階に達したらクライエントとともに実施してみることを考えてよいのではないでしょうか[9]。①支援プランやその立て方は適切

---

[7]　渡部（2005），p.20。なお，利用者評価は，利用者の満足度や意見によって実践やプログラムを評価するもの。ロッシ（Rossi, P. H.）によれば，プログラム評価にはa，b，cの前程として，「（プログラムのための）ニーズアセスメント」と「（プログラムの）デザインと理論のアセスメント」の評価がある。この二つにaを合わせたものを「形成的評価」と呼ぶ（Rossi et al., 2004）。
[8]　成果評価の方法としての目標達成スケールについては，ケーグル（Kagle, 1995）を参照のこと。
[9]　もちろん，どのような事例についてもできるというものではない。

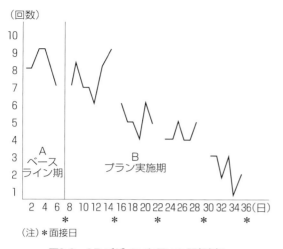
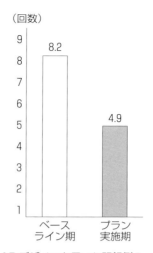

図2-3 ABデザインを用いた記録例1
（副田，2005，p.101）

図2-4 ABデザインを用いた記録例2
（副田，2005，p.101）

であったか（情報収集やアセスメントは適切だったか，目標やプラン内容は適切だったか，その決め方は適切だったか），②プランは計画どおり実施されたか（実施状況はどのようであったか，実施を後押しした要因，抑制した要因は何か），③目標は達成されたか（結果はどうであったか，目標に合った結果だったか）。こうしたことを，既存の記録に記載されている情報をもとに検討します。過程評価の対象になるということで，ソーシャルワーカーにとって反省すべきことをあらかじめ記録に残さない，ということを行ったとしたら，それはワーカーとしての倫理違反です。

　成果評価方法としてのSSDは，客観性を持った評価研究法として，アメリカで1970年代以降注目されてきたものです。①クライエントの変えたい行動や態度，人との関係，などの目標を特定化する，②クライエントの変化を頻度や密度で測定できるよう目標を操作的に定義する，③介入前のベースライン期に目標に関する情報収集を実施する，④介入支援が行われている間，一定に決められた時限に操作的に定義した目標を測定する，⑤介入終了後も一定期間，同じように測定する，⑥ベースライン期と介入期，介入終了期について測定結果をグラフで示し，ビジュアルな形で介入の効果を示す，というのが一般的なSSDのやり方です（図2-3，図2-4，具体的な記入例は副田〈2005〉を参照）。④，⑤の段階で測定した結果を記録に残すことで，⑥でのグラフ作成が可能となりますから，測定用紙や測定結果を記す用紙の開発も必要です。SSDは，認知行動療法や来談者中心療法，グループワークによる回想法といった特定の1種類の介入方法をとった場合の成果評価に有効性を発揮します。しかし，現実には，多様なサービスや支援方法を用いた実践が多いため，SSDを用いた成果評価への

関心は，わが国では特定の領域以外では強いとはいえません。

3．プログラム評価と記録

ここでは，プログラムの過程評価方法としてのケーススタディを取り上げ，成果評価については若干触れるにとどめます[10]。

プログラムの過程評価は，シュペート（Spath, R.）とパイン（Pine, B. A.）によると（Spath & Pine, 2004），①プログラムが計画どおり実施されたかどうか，②実施を促進したり阻害した要因は何か，③プログラムを再設計する必要があるかどうか，といった点を，プログラム実施状況や，実施過程における画期的な出来事，実施組織の構造，外部組織との関係，計画モデルと実施状況の一致度，想定外の出来事や結果，などを調べることで明らかにするものです。

そのための情報は，ソーシャルワーク記録を含む既存の文書，サービス実施者や関係者などへのインタビュー，サービス提供場面での参与観察，チームミーティングやケアカンファレンスへの参加など，多様な方法を用いて収集します。こうした方法はその採用の仕方により，実施スタッフとの良い関係の構築や，実施スタッフのエンパワメントに貢献します。

プログラムの多様な構成要素を操作的に定義し，支援効果を測定する道具をワーカーら実施スタッフとともに作成して，彼らにその記録をつけてもらえば，ケーススタディによる成果評価も可能になります。彼らにとっては，評価研究への参加とともに記録も作成できるということになります。

ただし，既存のソーシャルワーク記録などをもとに成果評価を行うことについては，議論が分かれています。ケーグルらは，既存の記録は，情報の主観性や選択性など信頼性や妥当性に欠ける点があるため，サービスの効果や個別事情にとっての成果を問う評価研究には不適切であるとしています。

この意見に従えば，プログラムの成果評価を正しく行うには，無作為配置による対象群を用いた実験デザインや準実験デザインが必要となってきます[11]。もっとも厳格な実験デザインが，ランダム化比較試験（RCT：Randomized Controlled Trial）です。これは，新たに企画した介入アプローチやプログラムを実施するグループ（実験

---

10) 効率評価の良い例は，ケント・コミュニティ・ケア・プログラムの評価研究である。チャリス（Challis, D.）とデイヴィス（Davies, B.）を参照のこと（Challis & Davies, 1986）。
11) 実験デザイン，準実験デザインについては副田（2006），pp.213-4，平山ら（2002），pp.40-44などを，RCTについては秋山（2011）などを参照のこと。

グループ）と，従来のもののみを実施するグループ（コントロールグループ）の二つのどちらにも対象者が入る方法でグループを分けるというものです。ベースライン測定で両者に有意差のないことを確認したうえで，介入アプローチやプログラムを一定期間実施し，数値で表された結果を統計学的に解析し，両者の有意差を見きわめるという方法をとります。

　この方法は，時間や費用がかかるだけではありません。実施期間中，実験グループに新たに提供する介入アプローチやプログラム以外には，両グループをまったく同じに扱わなければなりません。ソーシャルワークの対象となる人々は，多様な問題・ニーズを抱えていることが多く，多様な支援・サービスを必要としてくることも少なくありませんが，実施期間中に，他の介入支援やサービス提供を行なうことはできませんから，倫理上の問題が発生するおそれも出てきます。

　他方，既存の臨床情報（相談援助記録に記載の情報）をもとに成果評価を行うことを提唱しているのがエプスタイン（Epstein, A.）らです。彼らは，実践に基づいた調査研究（Practice-Based Research）を主張し，臨床情報は量的データベースに変換可能であり，介入効果を近似的に測定することができる，と述べています。

　日本のソーシャルワーカーの多くは，特定の介入方法やプログラムを用いた支援よりも，ジェネラリスト・ソーシャルワークによる総合的なニーズアセスメントと包括的なサービスの提供を行う傾向が強いため，そのアセスメントやプランニングなど，ソーシャルワーク実践に関する情報を量的データベースに変換できたとしても，特定の介入アプローチやサービスの効果を，近似的に測定することは難しいように思われます。

　しかし，類似の問題・ニーズを抱える複数の支援対象者について，それぞれの支援の短期目標を具体的な行為レベルで設定し，その行為群の観察結果を随時記録していくとともに，ソーシャルワーカーの支援内容も，行為レベルで記録していく。そして，短期目標が実現したといえる段階で，相談援助記録に記載のある支援内容を点検する。類似の短期目標を持ち，こうした点検が可能な事例が一定の量以上になれば，どのようなパターンや組み合わせの支援内容が，その目標の実現に効果的であったかを推定するができるかもしれません。

　いずれにせよ，ソーシャルワークの説明責任が求められる以上，ソーシャルワーク記録を活用した成果評価の工夫が求められます。

第3章
記録の種類と取り扱い

第1節　記録の種類

　ソーシャルワーク記録は，公式記録と非公式記録に大別できます。公式記録は，公開された記録で，支援記録，運営管理記録，事例記録，その他に分類できます。非公式記録は，公開されない個人的な記録で，援助者による実践記録や当事者による記録などです。ここでは，それぞれの記録の特徴と，記録をするうえでの注意点について述べます。

1．公式記録
1）支援記録

　支援記録とは，クライエントへの支援に直接活用することを目的とした，クライエントごとに作成された記録です。クライエントが個人や家族である場合は，ケース記録と呼ばれることもあります。以前は処遇記録とも呼ばれてきましたが，現在ではクライエントとして，グループ，組織，地域社会までを対象とする必要があること，処遇より支援という言葉が定着してきたことなどから，ここでは，このような記録を支援記録といいます。

　支援記録の様式は，その内容により，①フェイスシート（基本事項用紙），②アセスメントシート（事前評価用紙），③プランニングシート（支援計画用紙），④プロセスシート（支援過程用紙），⑤モニタリングシート（経過観察用紙），⑥エバリュエーションシート（事後評価用紙），⑦クロージングシート（終結時用紙）に分けられます。以下に，それぞれについて説明します。

①フェイスシート

　インテーク面接によって得られた情報（個人の基本的属性や援助の開始時の状況）を記入します。

②アセスメントシート

　事前にどのような援助を実施するかの評価を行うものです。そのために，クライエントの生活のさまざまな側面やその環境条件，ニーズ，解決すべき課題などを記入し，事前評価をまとめます。

③プランニングシート

　アセスメント結果をもとに，長期目標・短期目標からなる支援目標とともに支援計画をまとめたものです。

④プロセスシート

　支援過程における，ワーカーとクライエントの相互のかかわりの記録です。時間の流れに沿って記録される部分と，定期的または随時に記録される部分があります。また，プロセスシートでは，クライエントの変化の有無にかかわらず，その状況の記録が大切となります。「著変なし」の記録が続くと，わずかな変化が見落とされてしまい，長期間のうちには保管されている記録と実際のクライエントの状況が異なってくる可能性があります。このような事態を避けるためにも，一定の期間でアセスメントを行い，変わらない状況であるという記録を残す必要があります。

⑤モニタリングシート

　アセスメントやプランニングの項目ごとの変化を，定期的，あるいは随時に記録するものです。項目立てをすることで，必要項目を漏れなく確認することができます。一方で，新たに生じた問題などの項目が落ちてしまうこともあるので，プロセスシートとともに経過を見ていくことや，項目の見直しも必要となります。

⑥エバリュエーションシート

　支援の終結後に支援過程全体を振り返って，一連の援助の過程を評価するものです。アセスメント，プランニング，支援過程，モニタリングが適切に実施されたか，目標は達成されたかの評価を記録します。

⑦クロージングシート

　支援過程全体と終結理由がまとめられます。

　以上のように，支援記録の様式はそれぞれ目的を持って作られています。どの様式を用いるかは，これらの目的を考慮して使用します。実際の現場では，その支援の状況に合わせ，必要な様式を組み合わせて用いています。そして，多くの現場においては，経過記録として，④プロセスシート，⑤モニタリングシート，⑥エバリュエーションシート，⑦クロージングシートを1枚あるいは数枚の様式にまとめて用いてい

ます。

　支援記録は，支援に関わる多職種チームやクライエントと共有する可能性があります。たとえば，ケアマネジャーの支援記録では，クライエントの支援に関わる介護職，医療職のみではなく，本人や家族との情報共有も前提として作成します。本人や家族との情報共有は，支援記録の開示の要請があったときばかりでなく，家族や本人も含めたケア会議において提示する場合もあります。利用者本人の利益を目的とした開示という点には留意する必要があります。

　このように情報開示を前提とした記録においては，客観性が求められるとともに，支援を実施するうえでの具体的な根拠や，ソーシャルワーカーの判断といったワーカーの主観性の高い記録も重要となります。また，支援の効果については客観的に示す必要があります。クライエントのアセスメントをどのように行ったか，アセスメントに基づいた支援を実践したかという記録は，ソーシャルワーカー側の説明責任を果たすためにも，危機管理のためにも重要となります。

2）業務管理記録

　ソーシャルワーカーの所属する部門や機関の，運営管理上の目的で作成される記録を業務管理記録といいます。業務日誌，日報，月報，年報のように，業務内容や支援件数の集約を記録したものです。この記録は，支援担当部門にとっては，部門全体としての業務分析（たとえば人員の配置が支援の必要状況にみあっているか，特定の担当者のケースが過剰となっていないかなど）の資料としても重要な記録となります。また，個人やチームにとっては，担当業務を見直す場合の資料となります。

　このような記録は，記入者の負担が最小限になるように配慮する必要があります。そのためには，どのように活用する資料なのかを明確にしたうえで，必要な項目を作成することと，簡潔に記入しやすい様式にすることが大切です。

3）事例記録

　事例記録は，事例研究や事例教育への活用を目的に，支援記録をもとに一定のフォーマットに沿って再構成された記録です。事例記録は，その用途によって，業務用，調査研究用，訓練用，教育学習用の四つに分類できます。これらは援助の実践方法の検討を目的とする点では共通ですが，それぞれ下記のように目的が異なります。

　業務用の事例記録は，支援に関連するチームや地域ネットワークにおいて，クライエントについて個別的で直接的な問題解決や，支援方法の検討のための事例検討会（ケースカンファレンス）に提出するための資料として作成されます。たとえば，高齢者の困難事例は地域ケア会議において，多職種での検討がなされています。調査研

究用の事例記録は，事例分析を積み重ねることによって，実践の科学化[1]に役立てられるための資料となります。訓練用の事例記録は，援助者のスーパービジョンや現任訓練に提出される資料として，教育学習用の事例記録は，学生の教育学習や，指導に用いるために作成されたものです。訓練用と教育学習用の事例記録には，モンタージュ化された事例やフィクションの事例が用いられます。

　事例記録は，それぞれのケースや目的に合わせて，必要な内容のみを記録します。その際にも，個人の情報が漏れることがないように十分に配慮することが必要です（第2章参照）。特に，調査研究用の事例記録を作成する場合には，クライエントに主旨を十分に理解してもらい，調査研究に協力していただけるように了承を得たうえで行うことが大切です。

4）その他

　その他の記録としては，紹介状や連絡ノート，通信文や報告書があります。また，介護保険のケアプランを利用者が自己作成する場合の記録もあります[2]。

　連絡ノートは，家族や多職種間との情報交換のツールとして有効ですが，公的な生活状況の記録としての機能もあります。特に，高齢者のホームヘルプでの連絡ノートは，家族とヘルパー間の連絡に用いられるのみではなく，ケアマネジャーが利用者の生活状況を知るための記録として重要です。

　マイケアプランの記録での，サービス利用票などの作成書類は，ケアマネジャーが作成するものと変わりません。また，クライエント自身の状況や，サービス提供者とのやりとりなどの記録は，開示した時点で介護状況についての公式記録となります。これは，ケアマネジャーが実施するアセスメントや経過記録，サービス評価にあたる部分と考えられます。公開しない場合でも，サービス利用の経過記録は，自分自身での見直しに役立てることが可能ですが，この記録を開示することにより，利用しているサービスが適切か，第三者に意見を求めることができます。

　自立度の高い予防給付におけるマイケアプランは，利用者の自己決定を促すという視点からも，その実施が期待されます。そのためには，マニュアルやサービス内容，また地域の事業者の情報などをわかりやすく整備することが必要です。

1）　実践の科学化とは，たとえば日常的な現場あるいは臨床場面において，ソーシャルワーカーとクライエントとの間で展開される援助活動のなかの貴重な所見や経験を系統的に蓄積し，そのなかから経験法則や新しい知見を抽出していくこと。
2）　ケアプランの自己作成をマイケアプランと呼んで積極的な自己作成を呼びかけている団体もある。全国マイケアプラン・ネットワーク参照。

2．非公式記録
1）実践記録

　援助者の個人的な記録として作成されるもので，援助者が自分の援助技術を高めるために，実践した支援を見直し，自らの援助への気づきを促すことを目的としています。教育実習などや訓練のための実践記録は，教育的効果の側面から推奨されます。

　実際の援助過程では，その時点での対処に追われることが多くなります。全体の援助過程を通して見直すことは，新しい気づきをもたらし，援助技術を向上させるうえで非常に有効です。また，いくつかの実践記録を概観することで，背景となっている社会的な問題が明らかになる可能性もあります。

　実践記録は，本来は個人的に用いられる非公式記録ですが，スーパービジョンや社会的な問題提起などに用いられる場合には，公式記録となります。また，この記録は非公式ではありますが，クライエントの個人情報が多く記載されますので，専門職として責任を持って管理することが重要です。

2）当事者記録

　個人や家族，グループ，組織，地域社会の構成員が，日記や手記，活動記録や報告書などに，思いや実態を記録したものです。当事者の記録は，援助する側とされる側という溝を埋めるために活用することができます。当事者記録が，援助者に提供された場合は，公式な支援記録の一部と考えられます。

　当事者は自分の記録を公にすることで，自分自身の思いや感じている状況を支援に反映させることが可能となります。欧米の児童養護の領域では，援助者や里親の支援を得て児童自身が作成するライフヒストリーが定着しています[3]（木原，2006，p. 203；山縣ら，2003-2004，pp. 25-35）。当事者記録は，読み手にとっては，当事者からの視点での状況を知ることができる資料です。また，木原は，当事者記録を援助者側からの一方的な記録への「対抗文章」と位置づけています。さらに，援助者の記録を当事者が記録しなおし（リフレクション），さらに援助者が記録する……という試みから，記録のプロセスの重要性を指摘しています。そして，当事者の視点の導入により，記録をより開かれたものにできるとしています。また，公表されている当事者記録は，教育学習用に用いることもできます。また，一般の方たちへの啓発教育にも用いられます。たとえば，HIV感染予防の啓発では，HIV陽性者の手記を活用した

3）　日本でも子どもたちの「自分史」を聞く試みがなされている。

イベントやパンフレットでの教育が試みられています（木原, 2006, pp.202-203）。

第2節　記録の文体と書式

1. 記録の文体

記録の文体は, 事実だけを客観的に記述する「叙述体」と, 事実に対する記述者の解釈や見解を交えて記述する「説明体」に分けることができます。また, 要点を整理して記述する「要約体」があります（岩間, 2006）[4]。

1）叙述体（表3-1, 表3-2）

叙述体は, 時間の経過に沿って, 起こった出来事だけを（記録者の説明や解釈を加えずに）記述する文体です。記述の詳細の程度によって, ソーシャルワーカーやクライエントの相互作用を詳細に記述する「過程叙述体」と, 要点を絞り全体を短縮して記述する「圧縮叙述体」に分けられます。

叙述体のうち最も原型的なものが「逐語体」です。逐語体は, ソーシャルワーカー

表3-1　過程叙述体

　予約していた時間より少し遅れて, 夫婦で医療相談室へ来室。MSWから自己紹介の後, 入院以前の飲酒状況について尋ねると, 夫は答えに躊躇している様子で, 妻が涙ながらに話を切り出す。妻によると, 入院以前「毎晩帰宅すると, まずビールを開け……」（中略）……MSWから, アルコール専門医の受診を提案したところ, 妻は同意したが, 夫は「診てもらっても無駄だ」と……（中略）仕事上のストレスなど, 夫の話を傾聴しながら, ……（中略）……退院後, 次回の通院の際に再度医療相談室に来室することについては, 夫も同意した。

（場面：アルコール性肝炎で入院していた50代男性。退院を控え, 病院のMSWから飲酒問題について相談を提案し, 本人と妻が承諾して初回面接することになった）

表3-2　圧縮叙述体

　夫婦で来室。入院以前の飲酒状況について, 夫からは返答なく, 妻から話を聞く。毎晩帰宅後, 日本酒換算で2〜3合飲酒し, 休日は昼から飲酒していたとのこと。
　アルコール専門医への受診を提案したところ, 妻は同意したが, 夫本人は拒否的な返答。次回通院時の再来談を約束した。

（場面：表3-1と同じ）

4）岩間（2006）, pp.50-52は, 日本のソーシャルワーク記録に関する文献のほとんどが叙述体, 説明体, 要約体という3類型に触れていることを示し, その多くが岡村（1965）をもとにしていると推論している。

やクライエントなどの発言をありのままに記述する文体です。面接などでのワーカーとクライエントのやりとりを逐語体だけで記録したものを「逐語記録」といいます。ただ，通常，ワーカーとクライエントの相互作用は言葉による会話だけでは把握しきれないことから，逐語体は，教育学習等に用いられる場合を除き，叙述体のなかにカギかっこ付きで組み込まれて用いられることが多いといえます。

2）説明体（表3-3）

説明体は，客観的事実やクライエントの発言に対する，ワーカーの解釈や見解を説明するための文体です。あらかじめ主観的情報と客観的情報が項目分けされていればよいのですが，そうではない場合，これらを明確に区別して記述することが重要です。主観的情報については，記録者がなぜそのような解釈をしたのか，その根拠を示して記述することが望まれます。そうすることによって，書き手の独断やうがった解釈になっていないか，読み手によるチェックが可能になります。

表3-3 説明体

> 予約していた時間より少し遅れて夫婦で来室。来室当初から夫の表情は硬く，相談に乗り気ではない様子がうかがえる。
> MSWから自己紹介の後，入院以前の飲酒状況について尋ねると，夫はうつむき加減で答えに躊躇している様子で，妻が涙ながらに話を切り出す。妻の様子から，夫の飲酒に相当に悩んでいたのではないかと推察された。「入院前は毎晩帰宅後1日2～3合，休日は昼から飲酒していた」との回答から，アルコール専門医への受診が必要と判断された。しかし，MSWから受診を提案したところ，夫は受診に拒否的。（中略）次回通院の際に再度来談することを約束した。ただし，夫の言動から，約束通り来室するか不安が残る。

（場面：表3-1と同じ）

3）要約体（表3-4）

要約体は，事実やその解釈・見解の要点を整理して記述する文体です。記録が冗長になるのを避けるために用いられます。なお，圧縮叙述体と要約体は同じようにも見えますが，要約体は単に文章を短くしただけでなく，「問題のポイントが明記されたもの」（佐藤，1998，p.46）でなければならない点で圧縮叙述体とは異なります。

表3-4 要約体

> 飲酒問題についてMSW初回面接。夫婦で来室。妻から入院以前の夫の飲酒状況を聴取。危険飲酒と判断し，アルコール専門医への受診を提案したところ，夫本人は拒否。次回通院時に再度来談することを約束。

（場面：表3-1と同じ）

2．記録の書式

　記録の書式は，文字だけに限りません。ソーシャルワーク記録では，図や表がしばしば用いられます。図や表を用いた記録を活用することで，事実や解釈を視覚的に理解することが容易になります。また，他機関・他職種と協働でアセスメント・プランニングを行うこと（大塚，2017）[5]，場合によっては，クライエントと共に記録を作成すること，クライエントが自分の記録内容について知ることも可能になります（大瀧，2005，p.36）。

　図を用いた記録には，以下で詳述する「ジェノグラム」や「エコマップ」の他，家族の力関係や情緒的な結びつきを示す「ファミリーマップ」，集団内の人間関係や集団構造を表す「ソシオグラム」などがあります。また，表を用いた記録には，「アセスメントシート」や「生活史年表」などがあります。個別実践の効果評価のためのシングル・システム・デザインに用いられるグラフも，表を用いた記録に含めることができます。以下では，最もよく使われる図である「ジェノグラム」と「エコマップ」について説明します。

1）ジェノグラム（図3-1）

　ジェノグラムは，2〜3世代以上の家族の関係を図式化するものです。ジェノグラムを用いることによって，たとえば嗜癖や虐待問題の世代間連鎖のような，家族に潜む弱さやひずみの原因をとらえやすくなります。

　ここでは早樫（2016）を参照し，ジェノグラムの表記法を説明します。男性を□，女性を○で表記し，支援の対象となる個人は二重の□ないし○で表します。故人は□ないし○のなかに×をつけるか，黒く塗りつぶします。夫婦と子どもからなる家族の場合，夫婦を左右の線で結び，さらにその線から下に短線を引き，夫婦間の子どもを出生順に，左から右へ表記します。男女が婚姻関係にある場合には，男女間に実線の直線を結びます。別居している場合は一本，離別した場合は二本の斜線を，男女間の実線上に表記します。過去に婚姻関係がないまま同棲している男女間は，点線で結びます。家族間の関係を線などで結んだ後，同居している家族は実線で囲みます。

2）エコマップ（図3-2）

　エコマップは，問題を抱える個人や家族と，その周囲の関係者や社会資源の配置・関係を図示するものです。エコマップを用いることによって，福祉サービスの充足状

5）　たとえば大塚は，スクールソーシャルワーカーが学校の教員等とケース会議を行う際，エコマップが有効なツールになっていることを紹介している。

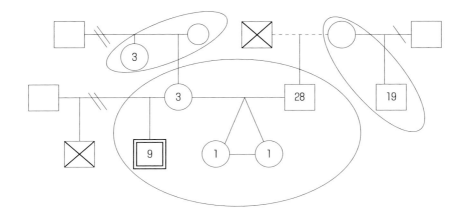

図3-1　ジェノグラム
（場面：継父からの心理的虐待が疑われる9歳男児の家庭について，要保護児童対策地域協議会を中心に情報共有し，虐待のリスクアセスメントと必要な支援の検討を行う）

況や，その他の社会資源との関係性において見られるサービスの欠損状況，供給の偏りなどが視覚化されます。これにより，問題を直線的に原因と結果からとらえるのではなく，個人や家族を取り巻く環境との関連から多角的にアセスメントすることができるようになります。

エコマップについても，早樫（2016）を参照して表記法を説明します。対象家族のジェノグラムを元にして関係者や社会資源の配置を重ねて描く場合と，当該家族を囲んだ円を中心にして関係者や社会資源を描く場合があります。個人や機関間の関係性について，強い関係を太い実線，希薄な関係を点線で結ぶなど，対象と社会資源，あるいは各社会資源同士を結ぶ線によって表します。

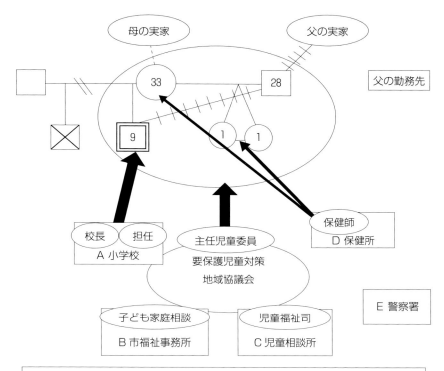

図3-2　エコマップ（場面：図3-1と同じ）

第3節　記録の構造化

1．記録の構造

　記録の構造とは，記録される情報がどのように選択され，どのように組み立てられるかということです。記録の構造について，ケーグルは，第一に，記録の内容や組み立てが，記録者にどの程度委ねられているかによって，第二に，それが記録全体に適用されるか，一部に適用されるかという範囲によって，第三に，情報をどの程度包括するかあるいは限定するか，という選択性によって，第四に，文体によって，第五に理論的根拠によって，違いがあると指摘しています。ケーグルは，このうち第一の指

摘について，記録の内容や組み立ては記録の書式によっても限定される程度が異なるとしています。つまり，標準化された書式の場合は，必要な情報は漏れなく記録されるが，記録の内容が類型化するおそれがあること，また標準化されていない書式の場合は，記録の内容は記録者に委ねられるが，必要な情報が漏れるおそれがあることを述べています（Kagle, 1991）。そこでここでは，記録される情報の種類と，標準化の程度が異なる書式との関係について考えてみます。

2．情報の種類と記録様式

記録する情報はその性質から，静態的な情報と動態的な情報とに分けることができます。静態的な情報とは，基本的に短期間に変化しない情報で，動態的な情報とは短期間に変化する情報です。

1）静態的な情報と記録様式

ソーシャルワーク記録における静態的な情報は，利用者の氏名や生年月日などの基本的情報の他，初回面接時の主訴・ニーズや初期アセスメントの結果，初期計画なども，ある特定の時点では静態的な情報です。これら静態的な情報は，フェイスシートやアセスメントシートのように，標準化された書式を用いることにより，効率的に記録することができます。標準化された書式は，あらかじめ特定の項目が設定され，項目ごとにチェック欄や短文を記入できる欄が設けられているものです。特定の項目以外にも，自由に記録できるよう備考欄が設けられている場合もあります。このように標準化された書式の利点は，あらかじめ設定された項目について漏れなく記録することができることです。一方，弱点は，あらかじめ設定されていない項目については，たとえ備考欄が設けられていても必要な情報が漏れるおそれがあるということです。もっとも，静態的な情報といっても，利用者の基本的情報でさえ，生年月日を除いて，氏名や住所，職業など，長期的に変化しうるものです。また，初回面接時の主訴・ニーズや初期アセスメントの結果，初期計画なども支援過程のなかで変化しうる情報です。このように，ある特定の時点に限れば静態的な情報であるとしても，支援過程を通じては変化に富む情報であるため，静態的情報であるとはいえ，いつの時点の情報であるかを明記しておくことが必要です。

2）動態的な情報と記録様式

動態的な情報の代表例は，ソーシャルワーカーとクライエント，ソーシャルワーカーと他職種・他機関などの相互作用に関する情報で，プロセスレコード，経過記録，支援経過記録など（以下，経過記録とする）と呼ばれ，プロセスシートを用いて記録

表3-5　プロセスシートの例（その１）

日付	内容

表3-6　プロセスシートの例（その２）

日付	内容	備考

表3-7　叙述形式の経過記録の例示

日付	内容
○/○/○	Cさん宅を訪問 　…の申請はCさんの権利であることを説明し，必要な書類への署名を勧めたが，Cさんは，字を書くことが下手だからと躊躇した。どのように勧めようかと思いながら周りを見渡すと，Cさんがいつも座っている座卓のペン立てに使いこまれた筆ペンがあることに気づいた。そこでその筆ペンを使って署名をしてほしいと勧めたところ，渋々の様子で署名した。瞬間的にCさんを褒めたところ，Cさんは自分自身がワーカーに役立ったことを喜び笑顔を見せた。今後も常にCさんのストレングスに着目した支援を心がける。

されます。経過記録は，動態的な情報を記録するため，プロセスシートを標準化された書式とすることは難しく，ほとんどの場合，プロセスシートは横罫線のみで，せいぜい１本または２本の縦罫線で区切られ，左側より「日付」欄，「内容」または「摘要」欄，「備考」欄といった簡素なものとなっています。「日付」欄以外は設定された項目がないために，自由に記録することができます。（表3-5，表3-6）

　このような標準化されていない書式となっているプロセスシートを用いた経過記録は，いきおい，さまざまな文体を用いた叙述形式にならざるをえません（表3-7）。

　このような叙述形式による経過記録法では，力動的な面接経過を記録することができる反面，記録に時間がかかる，主観的情報と客観的情報が混在しやすい，事後に記録を活用しにくい，といった困難を伴ううえ，記録する情報の内容や組み立ては記録者によって違いが大きく，記録を媒介とした他職種・他機関との情報共有や事例検討をしにくい，といった難点があります。こうした叙述形式の経過記録法の難点を克服するために，次節のような項目形式の経過記録法が開発されてきました。

3．記録の構造化

項目形式の経過記録法とは，経過記録において，記録される情報の種類ごとに，その冒頭に識別できる項目を振って記録する方法です。項目形式の経過記録法の開発は，看護記録において先行してきました。

1）叙述形式から項目形式への移行

看護の領域では，かつて経過記録は叙述形式で記録されてきました。叙述形式による経過記録はナラティブノートと呼ばれます。しかし，費用対効果が求められてきたことを背景に，早くも20世紀後半から，項目形式の経過記録法がいくつも開発されてきました。主なものでは，問題指向型記録やフォーカスチャーティングがあり，いずれも看護記録として普及，定着しています。

2）問題指向型記録（Problem Oriented Record：POR）

1968年にウィード（Weed, L.）らが診療記録システムとして開発した問題指向型システム（Problem Oriented System：POS）は，1973年に日野原重明がわが国に紹介し，看護記録システムとしても普及が進んでいきました。POSの一つのサブシステムが問題指向型記録（Problem Oriented Record：POR）です。問題指向型記録は，基礎情報（Data Base），問題リスト（Problem List），初期計画（Initial Plan），経過記録（Progress notes），および経過一覧表（Flow Sheets）から成り立っています。このうち経過記録は，看護問題に番号を割り当てて＃を付し，問題ごとに，S（Subjective data：主観的データ），O（Objective data：客観的データ），A（Assessment：アセスメント），P（Plan：計画）という項目を文の冒頭に付して記録するものです。問題指向型記録における経過記録は，これら4項目の頭文字をとってSOAPノートと呼ばれています。

なお，問題指向型記録では，SOAPの4項目が唯一のものと思われがちですが，実はそうではありません。後に，SOAPEの5項目，SOAPIEの6項目，さらにSOAPIERの7項目を用いるものまで開発されています（Springhouse Corporation, 1995＝黒江ら，1998, pp.41-45）。追加となった項目の意味は，I（Intervention）は介入，E（Evaluation）は評価，R（Revision）は初期計画の修正です。特筆すべきことは，「I」という，介入を記録することができる項目が追加されていることです。

3）フォーカスチャーティング（Focus Charting：FC）

問題指向型記録では，①焦点が問題に限定される，②アセスメントを記録するのは困難である，③介入を記録する欄がない，といった制約があることから，ランピー

表3-8 フォーカスケアノートに用いられるプロセスシート

日付	F（フォーカス）	内容

（Lampe, S.）らが1981年に開発した看護記録の経過記録法が、フォーカスチャーティングで、わが国には、ランピー自身によって1994年に紹介されました。その経過記録はフォーカスケアノートと呼ばれ、それぞれ商標登録がされています。フォーカスケアノートでは、F（Focus：焦点）、D（Data：データ）、A（Action：行為）、R（Response：反応）という4項目が用いられます。問題に焦点を当てる問題指向型記録とは異なり、Fの項目にはトピックスとなる出来事を、Dにはフォーカスを支持する主観的・客観的データを、Aには看護職の介入を、Rには患者の反応を記録することになっています。このうちFは、プロセスシートに記入欄を設けることとされ、他の三つは、記号を冒頭に付して記録します（表3-8）。

4）ソーシャルワーク記録における経過記録法

ソーシャルワーク記録においても、看護記録として開発された問題指向型記録の導入が試みられてきました。折しもパーソナルコンピューターの普及に伴い記録の電子化の時代を迎え、項目形式の経過記録法は記録のデータベース化になじみやすいことは明らかだったからです。ただし、ソーシャルワーク記録においては、問題指向型システム全体がそのまま忠実に導入されたわけではなく、SOAPノートという項目形式による経過記録法のみが導入されたのです。

ケーグルは、問題指向型記録を紹介しつつ、ソーシャルワーク記録としては修正が必要であると指摘し、SOAIGPの6項目を提案しています（Kagle, 1991）。これは問題指向型記録のSOAPという4項目を踏襲しつつも、①A（Assessment）をI（Impression）に修正、②介入内容をA（Action）として追加、③問題リストではなく、目標をG（Goal）として、SOAIGPの6項目とするものです。残念ながらケーグルの提案は、わが国ではほとんど知られないままでした。SOAIGPの難点の一つは、SOAPの発展形であるSOAPIERと比べて見ると、AとIの意味がほぼ逆になっていることから（表3-9）、混乱を招きかねないものとなることです。

にもかかわらず、ケーグルがソーシャルワーク記録の経過記録にはクライエントに対するソーシャルワーカーの介入を記録する項目が不可欠だと考え、問題指向型記録に代わり、項目形式の経過記録法を先駆的に提案していたのは画期的なことでした。その後、今日に至るまで、社会福祉分野では多くの場合、叙述形式の経過記録法が主

表3-9　問題指向型記録とKagleの提案におけるAとIの比較

	Aの意味	Iの意味
問題指向型記録（SOAPIER）	Assessment（アセスメント）	Intervention（介入）
Kagleの提案（SOAIGP）	Action（活動）	Impression（印象）

流を占めつつも，保健医療分野や介護保険分野のような看護記録のあり方の影響を受けやすい分野では，問題指向型記録かフォーカスチャーティングのいずれかが採用されがちであるという現状にあります。

5）ソーシャルワーク記録に適した項目形式の経過記録法の開発

その後，現在に至るまでソーシャルワーク記録に適した経過記録法のあり方検討はほとんど等閑視されてきました。一方，看護記録として開発され普及している問題指向型記録やフォーカスチャーティングが，ほとんど無批判的にソーシャルワーク記録にも導入されてきたのが実情です。

ソーシャルワーク記録に適した項目形式の経過記録法にとって重要なことは，第一に問題指向ではなくストレングス指向であること，第二に人と環境との相互作用を記録できること，の2点です。前述の事情に鑑みれば，形式上は，問題指向型記録とフォーカスチャーティングのそれぞれで用いられている項目を折衷することが現実的であると考えられます。この考え方は，筆者が2006年に提示したもので（副田・小嶋，2006，p.42），第一に，フォーカスチャーティングで用いられているF（Focus）を採用すること，第二に，改良された問題指向型記録（6項目または7項目のタイプ）でも用いられているI（Intervention）を採用することです。折衷の現実性とは，看護職と福祉職が協働する場合，看護記録として問題指向型記録かフォーカスチャーティングのいずれかが使用されていたとしても，ソーシャルワーク記録はいずれにも対応できるということを意味しています。なお，フォーカスチャーティングの場合には，前項3）のように，IとAが混乱するおそれについて留意する必要があります。

このような考え方をもとに，さらに，ICFと生活場面面接を理論的根拠とし，公的資金を得て（嶌末ら，2011，2015）項目形式の経過記録法として体系化し開発されたのが生活支援記録法（F-SOAIP）です。ここで他の項目形式の経過記録法を比較しておきます（表3-10）。

6）生活支援記録法（F-SOAIP：エフソ・アイピー）

生活支援記録法（F-SOAIP）の定義は，「多職種協働によるミクロ・メゾ・マクロレベルの実践過程において，生活支援の観点から，当事者ニーズや観察，支援の根

表3-10　項目形式の経過記録法

経過記録法（項目）	POR（問題指向型記録）(SOAP)	フォーカスチャーティング(F-DAR)	生活支援記録法(F-SOAIP)
焦点	#（問題毎に記録する）	F（問題点にとらわれない）	F（問題点にとらわれない）
データ	S（Subjective Data）とO（Objective Data）を区別して記録	D（Data）を用い、S（Subjective Data）とO（Objective Data）を区別せず記録	S（Subjective Data）とO（Objective Data）を区別して記録
アセスメント	A（Assessment）	該当項目なし	A（Assessment）
介入	該当項目なし	A（Action）	I（Intervention）
計画	P（Plan）	該当項目なし	P（Plan）
結果	該当項目なし	R（Response）	SまたはOに記録

表3-11　生活支援記録法（F-SOAIP）で用いる項目

F	: 着眼点、ニーズ、気がかり
S	: 主観的情報、利用者の言葉
O	: 客観的情報、観察や他職種から得られた情報
A	: アセスメント、気づき、判断
I	: 援助者（記録者本人）の対応、声掛け
P	: 計画、当面の対応予定

拠、働きかけと当事者の反応等を、F-SOAIPの項目で可視化し、PDCAサイクルに多面的効果を生むリフレクティブな経過記録の方法である」というものです。生活支援記録法では、次のようなF-SOAIPという6項目を用います（表3-11）。

生活支援記録法（F-SOAIP）の特徴はその汎用性にあります（小嶋・嶌末，2018，pp. 16-17）。ここでは、汎用性の一つでもありますが、筆記記録であれ電子記録であれ、プロセスシートの様式に制約を受けず活用できることを、例示をもとに説明します。表3-12～3-14は筆記記録のさまざまな例、表3-15は電子記録の例になります。

表3-12は、2列タイプのプロセスシートを用いて逐語体を多用しクライエントとの相互作用を忠実に記録した場合です。Fは一行目に記入します。また独立した項目は用意していないものの、日付欄に「Cさん宅を訪問」という方法を記録しています。

表3-13は、同じく逐語体を多用しクライエントとの相互作用を忠実に記録した場合ですが、3列タイプのプロセスシートを用いています。この例では、内容欄からA（Assessment）の部分を別の列に移しています。Aはクライエントとは必ずしも共有していない情報になりますので、これを区別することにより、クライエントと共有し

表3-12　生活支援記録法（F-SOAIP）の例示（2列タイプ：逐語体を交えた叙述体）

日付	内容
年月日 Cさん宅を訪問	F：署名の躊躇から応諾へ I：「…を申請するのはCさんの権利ですから，ぜひご自身で書いてもらいたいところがあるんです」 S：「（字を書くことが）下手だから，あんまり書きたくないねえ」 O：Cさんがいつも座っている座卓のペン立てに使いこまれた筆ペンがある。 A：どのように勧めようかと思いながら周りを見渡していたが，使いこまれた筆ペンなら，自身で署名してもらえるかもしれない。 I：「大丈夫。その筆ペン，いつも使っていらっしゃるんでしょう？　それで書いてみて…」と勧めた。 S：渋々の様子で「これでいいかね」と言う。 A：渋々ながら自身で署名してくれたことを称賛したい。 I：瞬間的に「Cさん，とっても上手じゃないの。筆ペンでこれほど書ける人，なかなかいないわよ」と気持ちを伝えた。 S：「そうかい，私もあんたに役立てられたね」と目を細めて笑った。 P：常にCさんのストレングスに着目した支援を心がけることで意欲を喚起していく。

ている記録内容に限定してクライエントに開示しやすくするためです。また，内容欄に「S／O」という項目がありますが，これは筆記記録ならではの表記ですが，「S」と「O」の内容を区別しがたい場合に，二つの項目を一つにしたものです。

　表3-14は，4列タイプのプロセスシートを用いて，要約体で記録した例です。表3-13と異なり，フォーカスケアノートを参考に「F」の欄を独立した列としています。「F」は記録の場面ごとのタイトルの意味もあることから，「F」やその変化を確認しやすいという利点があります。例示のため，「方法」の欄も独立した列としてみました。

　表3-15は，生活支援記録法を採用した場合の電子記録の表示画面の例です。電子記録のプロセスシートの部分は，三つに大別できそうです。第一にワープロソフトのようなイメージで，表3-7のような叙述形式による記録を前提としているものと考えられます。もちろん文の冒頭に項目を振り入力することで，項目形式を採用することもできます。第二に表計算ソフトのようなイメージで，表3-12～3-14のように時系列的に入力できるようになっているものです。この場合，項目形式による入力がしやすくなる利点があります。第三に表3-15のように，データベースソフトのようなイメージで，あらかじめ項目形式で用いられる各項目が設定されているものです。この場合，表3-14のような要約体で記録する場合には便利ですが，表3-13のように相互作用を記録することは困難です。

表3-13　生活支援記録法（F-SOAIP）の例示（3列タイプ：逐語体を交えた叙述体）

日付/F	内容	A
年月日 署名の躊躇から応諾へ	Cさん宅を訪問 I：「…を申請するのはCさんの権利ですから，ぜひご自身で書いてもらいたいところがあるんです」 S/O：「(字を書くことが) 下手だから，あんまり書きたくないねえ。」と言いながらも，Cさんがいつも座っている座卓のペン立てに使いこまれた筆ペンがある。 I：「大丈夫。その筆ペン，いつも使っていらっしゃるんでしょう？　それで書いてみて…」と勧めた。 S：渋々の様子で「これでいいかね」と言う。 A：渋々ながら自身で署名してくれたことを称賛したい。 I：瞬間的に「Cさん，とっても上手じゃないの。筆ペンでこれほど書ける人，なかなかいないわよ」と気持ちを伝えた。 S：「そうかい，私もあんたに役立てられたね」と目を細めて笑った。 P：常にCさんのストレングスに着目した支援を心がけることで意欲を喚起していく。	どのように勧めようかと思いながら周りを見渡していたが，使いこまれた筆ペンなら，自身で署名してもらえるかもしれない。 渋々ながら自身で署名してくれたことを称賛したい。

表3-14　生活支援記録法（F-SOAIP）の例示（4列タイプ：要約体）

日付	方法	F	内容
年月日	Cさん宅を訪問	署名の躊躇から応諾へ	S：最初は…の申請に必要な書類への署名を躊躇したが，筆ペンで署名し，ワーカーに対しても自分が役立ったことを喜んだ。 O：いつも座っている座卓のペン立てに使いこまれた筆ペンがあった。 A：どのように勧めようかと思いながら周りを見渡していたが，それを使って自身で署名をしてもらえるかもしれない。 I：…の申請はCさんの権利であることを説明し署名を勧めたところ躊躇したので，筆ペンを使うことを勧めた。躊躇しながらも署名をしてくれたことを褒めた。 P：常にCさんのストレングスに着目した支援を心がけることで意欲を喚起していく。

表3-15 生活支援記録法（F-SOAIP）の例示（電子記録の表示画面）

経過記録	○○○○様		年　月　日（○）○：○～○：○
	方法	Cさん宅を訪問	
	F	署名の躊躇から応諾へ	
	S	最初は…の申請に必要な書類への署名を躊躇したが，筆ペンで署名し，ワーカーに対しても自分が役立ったことを喜んだ。	
	O	いつも座っている座卓のペン立てに使いこまれた筆ペンがあった。	
	A	どのように勧めようかと思いながら周りを見渡していたが，それを使って自身で署名をしてもらえるかもしれない。	
	I	…の申請はCさんの権利であることを説明し署名を勧めたところ躊躇したので，筆ペンを使うことを勧めた。躊躇しながらも署名をしてくれたことを褒めた。	
	P	常にCさんのストレングスに着目した支援を心がけることで意欲を喚起していく。	

第4節　記録の留意点

　ソーシャルワークにおける記録作成上の留意点は，専門職の倫理とともに，法律や規則，あるいは所属機関のガイドラインによって統制されています。したがって，ソーシャルワーカーは専門職倫理および法的義務を充足し，さらに利用者の権利を最大限に保障するために，それらの基準について学ぶ必要があります。これらの課題については，第2章第2節で情報の共有と個人情報（プライバシー）にかかわる諸問題として検討してきました。

　本節では，記録上の共通する留意点，および記録の取り扱い，すなわち保管に関する留意点に限定して検討を行います。

1．記録上の留意点

　記録がなくてはソーシャルワーク実践の証拠はなく，実践の正しい評価ができません。記録のための記録ではなく，優れたソーシャルワーク実践のための記録が求められます。記録の種類，文体，構造などは多岐にわたりますが，すべての記録において，

次の基本項目を押さえておく必要があります。

1）正確性
以下は，記録の正確性のために必要な事項です。

(1) 利用者のニーズ，心身の状況，家族や環境の状況，社会資源など，アセスメントデータを過去および現在とも正確に記入します。
(2) 利用者や援助者の言葉，行動および周囲の状況などについて，6W3H（when, where, who, why, what, whom, how, how long, how much）に基づいて記録します。
(3) 主語と述語との関係を明らかにし，述語の省略は避けます。
(4) 現状は，それまでの経過によって左右されることがあるので，時制を考慮します。
(5) 俗語や流行語，省略語などを使わないようにします。ただし，逐語録として記録する場合は発言者の言葉をそのまま使用します。
(6) ソーシャルワーカーの記録は，公的な文書として扱われます。したがって，記録を後に書き換えるなどの行為は禁止されます。記録された内容を書き換える必要がある場合は，追記として別途記載するべきでしょう。また，ボールペンなどの消すことができない筆記用具で記載することが求められます。記録の途中での修正が必要になった場合は訂正印を押し，どのように修正されたかが明確になるようにします。修正液（修正テープ）などは使いません。

2）客観性
客観的事実と，ソーシャルワーカーの解釈を分けて記述することが必要です。解釈には，ソーシャルワーカーの判断や意見が含まれます。特に解釈は，ソーシャルワーカーの援助過程の背景になるので，判断の根拠，ソーシャルワーカーの思考過程についても記述することが必要です。

3）明確性
記録の種類に基づいて何を書くべきかについて要点を明らかにします。また，文章は簡素に読みやすく書くことが大切です。要点を明確にするために，適切な段落，表題，箇条書きなどを用いる工夫も必要です。

4）迅速性
記録しておくべき内容であっても，その詳細は忘れやすいので，正確に記すために

できるだけ早く記録することが求められます。

5) 秘密保持

記録方法の多様化，記録の共有と開示などの動向に伴い，個人情報の保護は重要な課題です。したがって，記録の目的に応じて，人物名を記録に残す場合はイニシャルや略称で表すことがあります。また，必要な情報のみ記録することも大切です。その際，必要な情報と不必要な情報の区別や必要な情報の選択を行うことになり，ソーシャルワーカーの情報収集能力および情報の重要性の判断能力が問われます。

6) 伝達性

記録は活用されることで意味を持ちます。利用者に対してより良いサービス提供のために有効に活用されなければなりません。利用者の支援過程への参加と協働を促すために，利用者に記録の開示を求められた場合，利用者自身にわかる記録であることも重要です。また一方で，多様化する生活問題に対してチームアプローチの重要性が指摘される現状において，他職種や他機関のスタッフにも通じる表現が求められます。

2．記録の保管

記録は個人情報にかかわる記載が多く，取り扱いおよび保管に厳重な管理が求められます。保管するべき記録の種類には，現在援助を行っているものと，援助が終結したものがあります。

1) 現在援助を行っている記録の取り扱い

記録の取り扱いについては，情報の共有と開示，および個人情報保護という，一見相反する課題を抱えています。

記録を取ること，その活用方法については利用者の承諾を得ることが重要です。ケアカンファレンスをはじめとする関連機関などとの情報共有，実習生への記録開示については，必要に応じて口頭だけでなく承諾書などで明文化することも大切です。

日常の記録については，当事者に記録の承諾を得ているとはいえ，記録を行う場所，記録ファイルの持ち運び，保管場所などには情報保護の姿勢を態度で示すことも重要です。特に保管場所については，職場でのガイドラインを作成し，鍵付きの保管庫の使用や持ち出しの制限なども必要です。

2) 援助が終結した記録の保管

援助が終結した記録の保管については，その取り扱いに多くの課題があります。たとえば課題の一部として，以下の内容を挙げることができます。

(1) 記録された文書のすべてあるいは一部を保管する必要性があるのか。
(2) 記録の情報内容すべてを保管する必要があるのか。あるいは要点だけでよいか。
(3) 記録のすべてあるいは一部を破棄するならば、実施に適当な時期はいつか。
(4) 保管する際の適切な方法はどうしたらよいのか。
(5) 将来、記録内容を教育や研究などに活用したい場合の取り扱いは、関係者の死亡や不明によるときはどこに権限があるのか。

　援助が終結した記録の保管については、医療のカルテなどは保管期間等の基準が決められていますが、ソーシャルワーク記録については、明確な基準が設けられていません。各機関および専門職のガイドライン整備も必要な時期にきていると考えられます。

3．記録のためにソーシャルワーカーに求められる能力

　記録をするときに必要とされるソーシャルワーカーの実践能力について、次の事項を挙げることができます。

1）情報記銘力

　必要な情報を一定期間、記憶しておくことができる能力です。記録を済ませてしまうまで、聴いたことや見たことなど最低限記録するべきことを覚えておかなくてはなりません。常に頭のなかに状況を撮影し、必要に応じて必要な部分を再生するような練習が必要です。一方で、人間の記憶力には限界があるので、新しいことを記憶するためには、不要な情報を忘れることも必要です。不要な状況を消去することも意識してみる必要があるでしょう。

　また、忘れては困ることなどはすぐにメモしておくことも大事です。メモを取る能力も記銘力の一部であるといえるでしょう。

2）情報収集能力

　観察能力も含めて、アセスメントの初段階です。利用者のニーズを聴き、こちらの質問に答えてもらうためのコミュニケーション能力がないと情報収集はできませんが、それ以前に利用者とのあいだにラポール（専門的信頼関係）を形成できるソーシャルワーカーの能力がなければはじまりません。

　次に、観察する能力がなければ、目に映るもの、手に触れるもの、耳に聞こえるものから何も得ることができません。すなわち、ソーシャルワークの専門的視点がなけ

3）情報の重要性の判断能力

観察したり，情報を収集するだけでなく，同時に得た情報の重要性の判断も必要です。観察によって得られた情報のなかから，重要な情報，問題点や課題，あるいは変化などに気づくことがソーシャルワーク実践のスタートだと考えることもできます。そのためには，常に全体に気を配り，アンテナを張り重要な情報を選り分ける能力がなければなりません。この判断能力の訓練には，自分が観察しそれを記録したものを常に見返し，スーパービジョンやケースカンファレンスなどを活用することが求められます。

4）情報の表現能力

情報を収集し観察した結果を，他のスタッフにわかりやすく，誤解されないように伝達するためには，記録による適切な表現能力が求められます。この表現能力は情報伝達能力といえます。その前提には，その情報が利用者にとってどのような意味を持っているか，それをソーシャルワーカーとしてどう考えるかという問題分析能力が必要です。さらに，一定の判断を下したうえでどうするかを考えるためには，ソーシャルワークの計画能力が必要になります。これは利用者のニーズを踏まえて考えられる解決策に対する，順序性，重要性の判断も含まれています。この訓練には，記録を行う際，問題や課題点を順序立てて書く習慣をつけること，援助計画立案も重要性の順を整理して並べて記載するよう努力していくことが必要です。

5）記録確認能力

記録を書いた後，記録の間違いはないか，記録の漏れはないかを確認する能力が求められます。ソーシャルワーカーは，面接技術やケア技術が高いだけでなく，チームアプローチを行うチームの一員として，情報共有のために記録を取ることを常に遂行していくことが求められます。

第5節　実践過程に沿った記録

ソーシャルワークにおけるクライエントとは，個人・家族，グループ（小集団），コミュニティ（地域社会），組織，社会，国家，国際社会など，広範囲に及んでおり，これらは総称してクライエントシステムと呼ばれます。本節では最も基礎的な単位である個人・家族をクライエントとし，保健医療分野におけるソーシャルワークを例に，その実践過程に沿った記録の様式と記録例を紹介します（表3-16）。

１．実践過程に沿った記録

１）開始期・展開期・終結期のソーシャルワーク記録

　個人・家族をクライエントとするソーシャルワークの実践過程の分類には，いくつかのバリエーションがありますが，ここでは開始期・展開期・終結期の３段階に分類しています。

　開始期とは，ソーシャルワーカーと利用者との関係形成と，ニーズや問題状況の把握に基づく，支援の方向性を探求する段階です。開始期には，初期接触（個人・家族をクライエントとするソーシャルワークの場合であれば，初回面接におけるインテークがそれにあたる），事前評価（アセスメント），支援計画策定（プランニング）という段階があります。ここで用いられる記録の様式には，基本情報用紙（フェイスシート），事前評価用紙（アセスメントシート），支援計画用紙（プランニングシート），契約用紙があります。このうち契約用紙については，ソーシャルワーカーは利用者との間で，援助提供に関する合意を口頭では得ているものの，明文化した契約を交わすことについては，ソーシャルワークにおいては現在のところ必ずしもまだ一般化していません。しかしながら，ケアマネジメントなどにおける契約手続きの普及や，社会福祉士事務所などの開業ソーシャルワーカーの増加に伴い，ソーシャルワークにおいても早晩，契約用紙として明確な様式を使用する時代を迎える可能性があります。

　展開期とは，具体的な支援の段階です。介入（インターベンション）や実施（インプリメンテーション）と呼ぶこともあります。ここで用いられる記録の様式には，経過記録用紙（プロセスシート）および経過観察用紙（モニタリングシート）があります。

　終結期とは，支援経過を終結させる段階です。終結期には，事後評価（エバリュエーション）および終結（ターミネーション）という段階があります。ここで用いられる記録の様式には，事後評価用紙（エバリュエーションシート）および終結時用紙（クロージングシート）があります。

２）保健医療分野におけるソーシャルワークにおける記録

　本節でとりあげるソーシャルワーク記録の様式および記録例は，保健医療分野におけるソーシャルワーク（以下，医療ソーシャルワーク）で用いられている個人・家族をクライエントとするものです。医療ソーシャルワークでは，児童から高齢者に及ぶクライエントの広範性と，傷病に関連する生活問題の多様性から，あらかじめ詳細にわたって特定の項目を設定せず，自由記述を基本としている点で，経過記録用紙は標

表3-16 様式類の対比

本書で提示する様式類			本節における様式類の取り扱い
支援記録	開始期	契約用紙	取り扱いなし
			『依頼・報告票』
		基本情報用紙	『フェイスシート』
		事前評価用紙	『フェイスシート』の「アセスメント／プランニング」欄に記入
		支援計画用紙	『フェイスシート』の「アセスメント／プランニング」欄に記入
	展開期	経過記録用紙	『経過記録』
		経過観察用紙	『経過記録』に記入
	終結期	事後評価用紙	『経過記録』に記入
		終結時用紙	『フェイスシート』の「終了時の状況」欄に記入
運営管理記録			『業務日報』

準化されていない様式となっています。

ここで紹介するのは，公益社団法人日本医療社会福祉協会がモデル的に提示している様式の一部を修正して用いたものです。①依頼票・報告票，②フェイスシート，③経過記録，④業務日報，といった4種類は，医療ソーシャルワークで用いられる最低限の基本的な様式類となっています。本節で取り扱う様式類を，本書で提示している様式類と対比すると表3-16のようになります。

2．開始期の記録（相談依頼票）
1）様式の説明
(a) 相談依頼・報告票

ケースの依頼および報告に用いられる様式です（表3-17）。医療機関内において，他職種・他部門とソーシャルワーカーとの情報交換に用いられます。「依頼」部分は，他職種・他部門が，ソーシャルワーカーに対して情報を発信する際に用います。「報告」部分は，ソーシャルワーカーがケースの経過や結果を発信するために用います。本様式は，他部門や他職種と，ソーシャルワーク部門やソーシャルワーカーとが，情報を確実に伝達しあうために，ソーシャルワーク部門が用意するもので，ソーシャルワーク記録のファイルに綴られ，ソーシャルワーク記録の重要な一部をなしています。

機関内におけるケースの依頼・報告は，複数の部門間や職種間において行なわれますが，この場合の個人情報の取り扱いについては，機関として当事者より包括的な同

第3章 記録の種類と取り扱い　67

表3-17　相談依頼・報告票
（フォーマット：(社)日本医療社会福祉協会「ソーシャルワーカー依頼・報告票」を著者一部改変）

相談依頼・報告票

記入例

※インプリンターをご利用下さい。

患者 I.D.：○　○　○
患者氏名：○　○　○
生年月日：○　○　○
性　　別：○

診察券をインプリンターで印字する。

依頼日　○○ 年　○○ 月　○○ 日

依頼者名	○　○　（ 医師・看護師・その他　　　）
連絡先	○○○○　（ PHS ・ 内線　　）
主治医	同上 ・ ○　○　　　先生
診療科	○○　科　○○　病棟
入院日	○○ 年　○○ 月　○○ 日

依頼者と主治医が異なる場合に記入する。

診　断　名	○○○○○○○○
入院前居住地	☑ 自宅　　　　　　　　□ 他病院（　　　　　　　　　） □ 施設（　　　　　　　）　□ その他（　　　　　　　　　）
世帯状況	□ 単独世帯　　□ 夫婦のみの世帯　　□ 子（子の配偶者を含む）と同居 □ その他（　　　　　　　　　　　　　　　　　　　　　　　　　　）
キーパーソン	氏名（　　　　　　　　　　　）　続柄（　　　　　　） 説明・同意　☑ あり　□ なし
家族の支援体制	☑ 主介護者　　氏名（○　○　○　○）　　続柄（○　○） □ 協力者　　　氏名（　　　　　　　　　）　続柄（　　　　　）
現在の問題点	☑ 経済的問題　□ 医療費の支払いに心配がある
	□ 社会保障制度 　　活用問題	□ 介護保険，身体障害者手帳などの社会保障制度について □ 医療費公費負担（特定疾患・小児慢性・重心・自立支援医療等）について □ 戸籍関係（出生届・住民登録等）に関する諸手続きについて
	☑ 退院問題	□ 療養方針が定まらない □ ADL低下により自宅療養や介護に不安があり，在宅支援体制の調整が必要である □ 排泄等の介助や医療処置が必要なため，本人・家族だけでのケアが困難である ☑ 転院・入所先が見つからない
	☑ 心理・社会的 　　問題	□ 虐待・DVが疑われる □ 家族と同居であっても必要な介護（養育・育児を含む）を十分に受けていない □ 育児協力者がいない □ 入院や治療への不安がある □ 入院した後の家族（認知症の親や知的障害の子ども等）のことが心配である □ 進行性・予後不良疾患，高度障害の諸問題 ☑ 本人・家族の理解力（養育・育児を含む）が乏しい □ 身元保証人（キーパーソン）がいない □ 死亡，死産後に諸問題が予想される（死亡届・埋葬等の手続き）
	□ 社会復帰問題	□ 仕事（就労）・教育（就学）等
	□ 受診・受療問題	□ 通訳派遣（言語　　　　　　語・手話　）
	□ その他	□ （　　　　　　　　　　　　　　　　　　）
報　告	
	○○ 年　○○ 月　○○ 日

該当する項目にレ印チェックを入れる。（複数可）

※ 不明な点がありましたら，内線（○・○）へ連絡下さい。

表3-18 ソーシャルハイリスク（SHR）シート（著者作成）

患者 I.D.：○ ○ ○ ○
患者氏名：○ ○ ○ ○
生年月日：○ ○ ○ ○
性　　別：○
※インプリンターをご利用下さい。

【記載日】　　○○年　○○月　○○日
【入院日】　　○○年　○○月　○○日
【記載者】　　職種：＿＿＿＿＿＿＿
　　　　　　　氏名：＿＿＿＿＿＿＿
【患者の情報を提供してくれた人】
　　　　　　　氏名：＿＿＿＿＿＿＿
　　　　　　　続柄：＿＿＿＿＿＿＿

（※該当する項目に✓，必要事項は記入する。）

項目	ハイリスクあり	ハイリスクなし
入院歴	□1ヶ月以内	□なし □1ヶ月以上
年齢	□不明 □75歳以上　　□20歳未満	□20歳以上75歳未満
家族構成	□不明（身寄りなし・家族と疎遠） □独居　　□配偶者のみ（75歳以上）	□その他
意思決定能力	□理解能力・同意能力・決定能力の機能低下 （□患者　□家族　□患者とその家族）	□問題無し
住居	□住所不定　□自宅以外（　　　　　　　　　　　　　）	□自宅
関係者連絡先	□なし	□あり
代理意思決定者	□不明 □連絡可能な家族はいるが拒否	□あり
保険証	□不明 □保険証がない	□あり
虐待・DVを疑う身体状況 （※重複チェック可）	□外表上に出血斑がある　□不衛生　□熱傷　□異物の誤嚥 □浴槽内での溺水　□歯が抜けている（外傷に限定しない） □家族（祖父母・両親・兄弟姉妹等）の不注意による受傷（　　　　　　　） □その他（　　　　　　　　　　　）	□なし

　　　　　➡　□Dr　／　□Ns　（上記該当項目以外に，社会的に不審な印象がある。）
理由：

受傷契機 （※重複チェック可）	□持病の急性増悪　□突然の発症　□業務中・通勤中の事故 □転落　□転倒　□アルコール　□交通外傷　□熱傷 □希死念慮（□過量内服　□服毒　□刺傷　□飛び降り　□首吊り　□練炭） □家屋内の事故（　　　　　　　　）　□家屋外の事故（　　　　　　　　）　□不明	
搬送方法	□救急車（□ドクターカー）　□ドクターヘリ　□直接来院 □6000コール（□入院中　□外来中　□面会中）	
事前の意思表示書 （※重複チェック可）	□臓器提供意思表示カード　□尊厳死の宣言書（リビング・ウィル） □遺言書　□公正証書　□その他（　　　　　　　　　　　）	□なし
その他必要な支援	□社会保障制度の手続きや利用方法の情報提供して欲しい □保険医療機関・施設の手続きや利用方法の情報提供して欲しい □治療を受けながら，就労・就学ができる環境を整えて欲しい □治療上の説明と同意を伴う合意形成を図るため，専門の通訳を派遣して欲しい （言語：　　　　　　　　・手話）	

【SW確認日】○○年　○○月○○日　＿＿＿＿＿

※家族とは，現に居住を共にして生計を同じにしているものを意味する。
※代理意思決定者とは，患者自身が意向を示すことができない場合，患者に代わって意思決定する権限を与えられた人（代理人）による判断のことであり，代理人の役割は患者の利益を最善に考えた患者の推定意思を代弁することである。

意を得ているもので，依頼・報告票を発信するたびに，利用者の同意を得る必要は必ずしもありません。しかし，利用者がソーシャルワークを利用するうえでの動機づけを図るために，またソーシャルワークの経過や，結果についての利用者の認識を促すために，依頼・報告票の内容について利用者の確認を得ることはあるでしょう。また，本様式そのものを利用者に委ねることにより，支援過程への利用者の参加を促すことができます。

(b) ソーシャルハイリスク（SHR）シート

ソーシャルハイリスクシートは，エンゲージメント（初期対応）の問題発見（ニーズキャッチ）に用いられる様式で，担当医師が記入しソーシャルワーカーへの情報提供として用いられるものです（表3-18）。

ソーシャルハイリスク（Social High Risk：SHR）とは，ソーシャルワーカーによる支援の必要性が高いと予測される心理的・社会的リスクを意味します。特に医療機関内において，SHRを抱える利用者は，すでに潜在的な課題があり，入院した時点で，顕在化した複雑な課題に発展する危険性があります。救急隊員や家族などから，利用者の入院前の社会的な背景要因を聴取できる立場にある担当医師が，ソーシャルハイリスクシートを用いてスクリーニングを行うことで，医療の提供のみならず，心理・社会・経済的な観点から利用者とその家族への初期対応の評価の必要性を，多職種間で共有することができます。また，ソーシャルワーカーによる早期介入の支援の必要性を把握するツールとして役立ちます。

3．開始期の記録（フェイスシート）
1）様式の説明

フェイスシートは，基本事項，主訴，アセスメントおよびプラン，終結時総括からなっています（表3-19）。

基本事項としては，①ケースの開始日・終了日，②ケース番号，③利用者番号，④担当のソーシャルワーカー名，⑤利用者の氏名・生年月日・年齢（援助開始時），⑥住所，⑦連絡先，⑧関係機関（および担当者），⑨主治医，⑩診療科，⑪外来・病棟別，⑫入院日・退院日，⑬紹介経路（医師・看護師・その他の職員・関係機関・本人・家族・SW自身・その他）および紹介理由，⑭相談内容，⑮病名・病歴・経過，⑯医療保険・介護保険・身体障害者手帳・その他，⑰家族状況／生活状況，が含まれます。⑧の関係機関との関係や，⑰家族状況／生活状況については，ジェノグラム，エコマップといった図表を用いた記録様式を用いることもできます。その他，必要に

表3-19 フェイスシート (1)

(フォーマット：(社)日本医療社会福祉協会「ソーシャルワーク記録」をもとに著者作成)

開始 ○○・○○・○○/終了 ○○・○○・○○	Case No.　517
再開　・　・　/終了　・　・	SW　　Ⓨ

ID/No.　1234

氏　名　　　Aさん　　　　　様 (M・Ⓕ　M・T・Ⓢ・H　○○・○○・○○生　(80)歳

住　所　　　　　　　　　　　　　　　　　Tel.　○○○○-○○○○-○○○○
　　　　○○県　○○市　○○1-2-3

関係機関
　　○○地域包括支援センター (○○相談員)，○○市高齢者福祉課 (○○課長，○○相談員)

主治医　○○	脳神経外科　　外来・ 病棟
入　院　救急車にて　○○年　○○月　○○日	退　院　　　　○○年　○○月　○○日
入　院　　　　　　　　年　　月　　日	退　院　　　　　　　　年　　月　　日

紹介経路　(医師 ・看護師・その他の職員・関係機関・本人・家族・SW自身・その他)
紹介理由　(医療処置を拒否している家族の真意を探ってほしい)

〈 相談内容 〉

1．長女は，頑なに気管切開術の拒否あり。
2．Aさんの妻と長女の夫は，長女の意見に従っている。
3．長期の気管挿管の弊害が心配。
　(肺炎の合併や口腔内の不衛生，気管チューブの痰による閉塞，Aさんの不快など)

病　名：頸髄損傷

〈 病歴・経過 〉

1．高位頸髄損傷 (C2) (自発呼吸低下，人工呼吸器管理中)
2．左前頭葉脳挫傷，左急性硬膜下血腫，外傷性くも膜下出血
3．尿路感染症，肺炎

〈 その他 〉
　医療保険　(後期高齢者受給者証「低所1」)
　介護保険　(未・申請中・　　　　　　　　)
　身体障害者手帳　(　　　　・　　　　級)
　その他　：

表3-19（つづき） フェイスシート（2）
（フォーマット：(社)日本医療社会福祉協会「ソーシャルワーク記録」をもとに著者作成）

家族状況／生活状況
1．Aさん（80歳） 　元自営業（庭師）。世帯主。年金収入。4人家族（妻〈70代前半〉，長女夫婦〈50代前半〉）。 　次女（40代後半）は別世帯。 　住居は持ち家の一戸建て。4人兄妹の長男で，3人の妹が近隣に住んでいる。 　以前から性格は怒りっぽく頑固で短気で，自分勝手。 　3年前から，認知症のような症状があった。 　→物やお金に執着し，家中のタンスを開けて財布が盗まれたなどと大声をあげたり，郵便局に「通帳が 　　ない。どこに隠したのか」等と怒鳴り込むなどの言動があった。 2．妻（70代前半）：脳梗塞で入院したり，心臓の病気で入退院を繰り返している。 3．次女（40代半ば）：近隣に住んでいる。乳がんで抗がん剤治療を受けている。

依頼時の状況　（　○○年○○月○○日　）
1．Aさんは，開眼閉眼の指示動作が可能となり，主治医の声掛けも理解できるようになってきた。 2．主治医は，妻と長女夫婦に「長期の人工呼吸管理となるため気管切開術が必要である」旨を説明した。 　　→頑なに気管切開術の拒否。 3．経口気管挿管に伴う口腔内潰瘍形成や気管チューブの痰による閉塞のため一時的に重篤な低酸素血症 　となるエピソードを繰り返しており，一刻も早い気管切開術が必要な状況であった。

アセスメント・プラン
1．長女の体験 　身近な家族の死，抗がん剤治療を受けている乳がんの実妹に同伴。 　→病院は馴染みのある場所であり，医師からの病状説明を受けることに慣れている。 　その長女の体験が，Aさんの突然の受傷＝不治の病＝死が近いという先入観を招いている。 　Aさんに必要以上に苦痛を与えず，「そっとしておいてほしい」という心情につながったのではないか。 　長女が正確なAさんの病状の理解を得ることができれば，医療処置（気管切開術）への同意が得られる 　のではないかと推察した。 2．行政からの情報 　Aさんは日常的に認知症のような症状が進んでいた。 　→妻と長女は精神的虐待を受け，その被害者でもあった。 　今までの複雑な家族関係の積み重ねが，Aさんに必要な医療処置を拒む態度を引き起こしているのかと 　推察した。 3．病院側の方針 　医療処置（気管切開術）を強行することで，その後のAさんと家族との関係性が危惧される。 　Aさんが家族から不利益な行為を受けることのないように，関係性に配慮する。 　家族からの同意が得られるような合意形成を図ることを優先とする。

終了時の状況　（　○○年○○月○○日　）
1．長女や他の家族からAさんに望まれる医療処置の同意は得られなかった。 　→長女は「管につながれた父親を見ていられない」とAさんを想う気持ちは強く，妻と長女は「死が近 　いので，苦痛を与えないでほしい」という態度は変わらなかった。 2．気管挿管のまま受けいれてもらえる病院への転院調整を行い，入院52日目でK病院に転院になった。

応じて，収入や社会資源などの項目を追加したり，生活史年表や住宅見取り図などの図表を活用するとよいでしょう。

「依頼時の状況欄」には，主訴を要約体または例示のような箇条書きで記入するとよいでしょう。「アセスメント・プラン欄」は，この様式のように，あらかじめ特定の項目が設定されていない場合，例示のように箇条書きで記入するとよいでしょう。保健医療分野では，アセスメントやプランニングが，傷病や療養にかかわる，生活のあらゆる側面に及ぶため，あえて特定の項目を設定せず，記録者が必要な項目を立てて記入するほうが活用しやすいともいえます。分野によっては，あらかじめ想定される特定の項目を用意しておくほうが便利な場合もあります。前者の利点は，限られたスペースに，必要な項目について，ソーシャルワーカーが判断する優先順位に沿って記録することができる点にありますが，欠点としては，ソーシャルワーカーの気づきが及ばなかった項目について見落とされるおそれがあります。また，自由記述なので，読みやすい記述でなければ，利用しにくいものとなります。後者の利点は，効率的に，また読みやすい形式で必要な項目について記録することができる点にありますが，欠点としては，あらかじめ設定されていない項目や優先順位について見落とされるおそれがあります。なお，この様式のようにあらかじめ特定の項目を設定しない場合と，あらかじめ想定される特定の項目を用意する場合との，ちょうど中間に位置する様式を，4で提案しています。

終結時総括は，「終了の状況欄」には，終結時総括を要約体または例示のような箇条書きで記入するとよいでしょう。

4．アセスメント・プランニングシートの提案

1）様式の説明

前項で指摘したように，アセスメントおよびプランについては，特定の項目を事前にまったく設定しておかないこともできますし，逆に，詳細に特定の項目を設定しておくこともでき，それぞれ一長一短があります。そこで，ここではソーシャルワーカーの守備範囲を網羅した項目を列挙しつつ，その詳細については自由に記入できるような様式を提案します（表3-20）。

ソーシャルワーカーがアセスメントやプランニングを行ううえで，必要最小限と思われる項目として，利用者の生活の諸側面を設定すると，①身体的側面，②精神的側面，③日常生活面，④経済的側面，⑤居住環境面，⑥社会交流面，⑦家族関係面，⑧職業生活面，⑨自己実現面，⑩その他，といった10項目が考えられます。これらを縦

表3-20 アセスメント・プランニングシート（フォーマット：小嶋章吾作成をもとに著者作成）

	生活ニーズ	自己ケア（力／限界）	相互ケア（力／限界）	専門的ケア（力／限界）	対応レベル（＊）	支援目標	支援課題
A．身体的側面	医療処置（気管切開術）の必要性	／意思決定困難	代理意思決定／	担当医師，看護師，医療安全対策部／	4	生きる権利の保障	①Aさんが家族から不利益を受けないよう関係性に配慮 ②家族の合意形成
B．精神的側面	入院前の認知症の症状	／昼夜逆転	／Aさんからの精神的虐待	地域包括支援センター／	3	認知症に対する長女の理解促進	入院前のAさんと家族の関係性に配慮
C．日常生活面							
D．経済的側面	医療費の支払いへの不安			住民税非課税／	2	経済的不安解消	長女の協力を得る 限度額適用・標準負担額減額認定証の申請
E．居住環境面							
F．社会交流面							
G．家族関係面	①入院前，Aさんからの精神的虐待 ②入院後，Aさんに必要な医療処置を望まない（介護放棄）	／意思決定困難	（長女）辛い思いをさせたくない。／（妻）歳なので楽にさせてあげたい。	地域包括支援センター，市高齢者福祉課／	4	合意形成	行政を巻き込んだ支援体制の強化
H．職業生活面							
I．自己実現面							
J．その他							

（＊）対応レベル：支援の緊急性・優先度を示す。0 対応レベル未決定／非該当，1 問題なし，2 問題があげられているが当面対応は必要ない，3 対応すべき問題がある，4 緊急に対応すべき問題がある

軸として，a．生活ニーズ，b．自己ケア，c．相互ケア，d．専門的ケア，e．対応レベル，f．支援目標，g．支援課題，といった項目を挙げています。自己ケア，相互ケア，専門的ケアには，それぞれ力と限界の両面を記入することができるようにしています。これは，問題志向になりがちな，アセスメントをするうえで，それぞれの持つストレングス（強み，良さ）にも着目するためです。

なお，「対応レベル」とは，日本社会福祉士会（1998）が提案しているもので，支援の緊急性や優先度を意味しており，0：対応レベル未決定／非該当，1：問題なし，2：問題が挙げられているが当面対応は必要ない，3：対応すべき問題がある，4：緊急に対応すべき問題がある，という五つのスケールからなっています。

2）記録内容へのコメント

すべての項目について記入する必要はなく，必要に応じて記入すればよいでしょう。ただし，状況や生活ニーズの変化に伴い修正を必要としたり，無記入の項目について追記を必要とする場合があることに留意することが大切です。

5．展開期の記録（経過記録用紙）

1）様式の説明

ここで紹介する経過記録用紙は，表3-13の例示にならい，「生活支援記録法」を活用したものとなっています（表3-21）。生活支援記録法の詳細は，第3章第3節を参照してください。

2）例示に対するコメント

Aさんが不利益にならない「支える仕組みづくり」を通して，二つの価値を重視しました。

一つは，医療は，生命の安全の保障を尊重するということです。Aさんは人間らしく生きる権利があり，その権利は保障されます。そのためにもAさんにとって気管切開術は，必要な医療処置であります。Aさんの生きる権利を保障する場合，家族の同意が得られなくても，処置を強行することもできます。

もう一つは，人間の尊厳や人権の尊重が脅かされない保障です。生命の安全の保障を優先するあまり，仮に気管切開術を強行した場合，Aさんは家族から見放されてしまうのではないか，というAさんと家族のつながりを危惧しました。

主治医や師長以外に，病院長，医療安全対策部，病院顧問弁護士，事務職員および行政機関を巻き込んだチームを編成し，Aさんと家族との関係性を考慮するという視点から，家族の同意が得られるような合意形成を行うという方針となりました。

第3章　記録の種類と取り扱い　75

表3-21　経過記録用紙（フォーマット：小嶋章吾作成をもとに著者作成）

月日・F	内容（S・O・I・P）	A・印
○/○ 主治医依頼時の状況	午後，主治医よりSWに依頼 O：医療処置を拒否している家族の真意を探ってほしい 　①10日前（3月10日）の午後，転落外傷による高位頸髄損傷のため救急搬送された男性A氏（80歳）が入院。 　②四肢麻痺と呼吸筋麻痺を認め長期の人工呼吸管理が必要。 　③妻と長女は，気管切開術の医療処置を頑なに拒否。	家族は医師からの説明を理解できていないのではないか？ 拒否する理由は，入院前の家族関係との関連性があるのか？　Ⓨ
○/○ 入院前の様子	妻と長女夫婦と面接 S（長女）：①父親に，庭師の仕事は止めてほしいと言っていたのに，頑固で聞き入れてもらえなかった。落ちるからと言っていたら，本当に落ちてしまった。 　　　　　②「父親に辛い思いをさせたくない」「私達をそっとしておいてほしい」と涙ぐむ。 S（妻）：「病院が嫌いな人でした。歳なので楽にさせてあげたい。もう，十分です。この人には仕えてきました」と溜息をつく。 S（長女の夫）：入院の支払いも心配です。 O：①3年前から物やお金に執着し，地域包括支援センター相談員に相談していた。 　②身近な家族が緩和ケア病棟で亡くなり，実妹は乳がんで抗がん剤治療を受けている。 I：①状況を確認したいため，地域包括支援センター相談員に連絡をとってもよいかと伝えた。 　②転落と実妹のがんについて理解を深めるために，主治医からの説明を受ける場を設けてもよいかと提案した。 　③後期高齢者医療費制度の説明。 P：面接終了後，地域包括支援センターに連絡すると同時に，主治医と病棟師長に報告する。	①入院前のAさんの様子より，認知症状が考えられた ②突然の受傷と末期がんの治療と選択について，同じとらえ方をしているのではないか？　Ⓨ
○/○ 地域情報共有	地域包括支援センターに連絡・状況確認 O：①郵便局に「通帳がない。どこに隠したのか」等と怒鳴り込みの訴えがたび重なり，郵便局長から通報を受けた地域包括支援センターは自宅訪問を行っていた。 　②妻と長女は，Aさんから日常的に暴言等の精神的虐待を受けていた。 　③近隣住民から警察通報を2回受けていた。 　④介護保険は未申請で，サービス利用はなかった。 I：主治医，病棟師長に，長女夫婦との面接から得られた情報を報告した。 P：院内関連職種との方針協議の場を設定する。	家族はAさんに必要な医療処置を拒否しているが，この事実をどのように捉えるか　Ⓨ

表3-21（つづき①） 経過記録用紙

月日・F	内容（S・O・I・P）	A・印
○/○ 院内方針協議	院内関連職種とのカンファレンス 参加者：主治医，病棟師長，担当看護師，医療安全対策部医師・看護師，事務職員，SW O：①（主治医）入院から2週間経過。その間に，病状と気管切開の必要性の説明を，2回行っている。 　②（SW）頑なな医療処置の拒否は，高齢者虐待防止法の観点から，高齢者虐待として通報を検討する。 I：①入院前の生活状況を把握している地域包括支援センターを交えてのカンファレンスを提案した。 　②高齢者虐待防止法の観点から，市高齢者福祉課との調整の必要性を提案した。 P：①主治医から家族への，病状と気管切開の必要性の3回目の説明の場に，SWも同席する。 　②地域包括支援センターに連絡し，病院職員とのカンファレンスへの参加要請を行う。	合意形成が得られていない。 虐待通報の窓口は，居住地の市町村になる。 Aさんに必要な医療処置を望まない代理意思決定を虐待と捉える。 行政を巻き込んだ支援体制の強化を図る Ⓨ
○/○ 日程調整	地域包括支援センターに連絡 I：カンファレンスへの参加要請を行った。 P：地域包括支援センターから，市高齢者福祉課に相談する。	
○/○ 院内・外方針協議	院内・外との関係機関カンファレンス 参加者：地域包括支援センター，市高齢者福祉課，主治医，病棟師長，担当看護師，医療安全対策部医師・看護師，事務職員，SW O：次のことを共有した。 　①生命の安全を保障する視点から，医療処置を優先。 　②Aさんと家族との関係性を考慮する視点から，家族の同意が得られるように合意形成を優先。 　③家族は，Aさんに必要な医療処置を望まない代理意思決定を行っている。 P：①地域包括支援センターはAさん宅訪問を行う。 　②家族の同意が得られるような合意形成を行う。 　③気管挿管のまま転院できる医療機関を確保する。	医療は，生命の安全の保障を確保する。 Aさんとその家族に対し，人間の尊厳や人権の尊重が脅かされないことへの保障を確保する。 介護放棄＝虐待 説明と合意 Ⓨ

表3-21（つづき②） 経過記録用紙

月日・F	内容（S・O・I・P）	A・印
○/○	相談室に，長女が来室	
長女の質問と対応	S：認知症の人が，気管切開術を行ったら，意識はどう変化するのか。「このままでは，罪に問われてしまうのではないかと恐くなってしまった」と不安げに呟いた。 O：長女は，主治医から繰り返される気管切開術の必要性の説明を受けていた。どのように判断したらよいのかわからなくなっていた。 I：長女の真意となる思いを受け止めながら，主治医から説明を受けることの必要性を説明した。 O：①主治医が長女の質問に答える場の調整を図った。 　　②主治医は相談室に駆けつけ，「認知症があっても生きる権利があります」と説明し，長女の質問に答えた。 S：家族と相談して決めます。 P：面接終了後，しばらくの間家族の判断を見守ることとした。	高齢者虐待の疑いが家族にかけられたことで不安になり来室したのか。 長女は判断に迷っているようだ。 気持ちの揺れと質問をチャンスと捉え，瞬時の対応が必要であると判断した。 Ⓨ
○/○	事後評価：生命維持に必要な医療処置を実施するか否かに関連する医療同意を契機に，医療同意をめぐるソーシャルワーク実践を行ったケースであった。顕在化したAさんの認知症と家族の関係性を考慮しながら，多職種との連携・協働のもと柔軟なチームを適宜形成し，家族の真の同意が得られるように代理意思決定支援を行った。	

注）F：着眼点　S：主観的情報　O：客観的情報　A：アセスメント　I：記録者本人の対応　P：計画

6．ジェノグラムとエコマップ

1）例示に対するコメント

（a）ジェノグラム

家族情報を通して，Aさんの世帯が抱えている社会生活上の背景が見えてきたことがわかります（図3-3）。

（b）エコマップ

時間的な経過のなかで，問題状況に合わせながら，多職種協働による支援ネットワークが形成されていることがわかります（図3-4）。

78　I　理論編

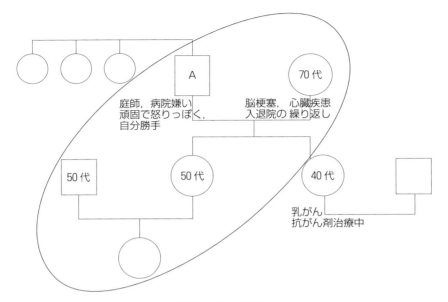

図3-3　ジェノグラム

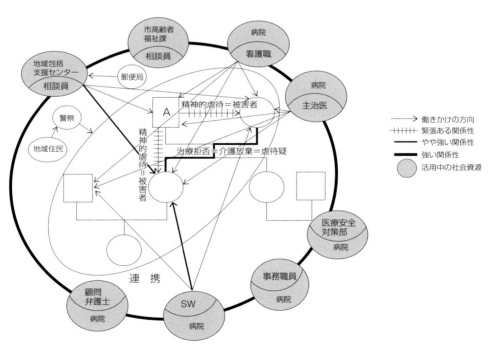

図3-4　エコマップ

Ⅱ　実践編：各機関のソーシャルワーク記録

第4章
機関・施設における相談援助記録

第1節　児童家庭支援センター

1．児童家庭支援センターと記録
1）児童家庭支援センターと記録の特徴

　児童家庭支援センターは，1997年の児童福祉法改正により誕生した，子どもや家庭を支援する民間の相談機関です。（全国で123カ所　2018年7月1日現在）対象は乳幼児から原則18歳未満までの子ども，または，その家族です。養護，虐待，保健，障害，非行，いじめ，性格行動，不登校などの相談を受ける他，市町村からの求めに応じた助言や提言，児童相談所からのケース委託（指導委託）や里親支援，要保護児童対策地域協議会への参加など，関係機関をつなぐ役割も求められています。そのほか児童福祉施設と地域をつなぐソーシャルワーク拠点として，子育て短期支援事業（ショートステイなど）の利用調整を行うセンターや，市町村の実施する乳幼児健診事業に出向き，その運営を支援するところもあります。

　児童家庭支援センターの記録様式ですが，正式に統一されたフォーマットはありません。全国児童家庭支援センター協議会も2016年よりホームページ上（協議会会員専用）に相談・支援に関する各記録の基本書式を見本として掲載していますが，各児童家庭支援センターが多種多様な記録様式から，試行錯誤で独自のフォーマットを作成，使用しているのが実態です。

　参考とするために，関東地区の14の児童家庭支援センターから，使用している記録用紙を収集しました。それによれば，各児童家庭支援センターの記録として，①相談受付票，②アセスメントシート，③経過記録，④個別援助計画票が基本セットとなっているところが7カ所見られました。①相談受付票は氏名，住所，連絡先，相談内容，家族構成など，②アセスメントシートは出生状況，生育歴，性格，養育者の関係，養育者の就労状況，関係する支援機関などを記載する項目が共通していました。その他，個別の工夫としては初回面接の際の「面接カード」で家族構成や相談事項を伺う

ものや，面接の際に個人情報の取り扱いに関する同意書を用意するところもありました。

2）記録用紙の種類

児童家庭支援センターの記録として，筆者の勤務する児童家庭支援センターちゅうりっぷ（以下，当センター）の記録用紙を例に挙げると，下記の7種類があります。これは，子どもの虹情報研修センター主催の「平成27年度市区町村虐待対応指導者研修」配付資料と日本社会福祉士会「生活支援アセスメントシート」（2014年）を参考に，筆者が作成したものです。また当センターの支援方法は解決志向アプローチの考え方を取り入れているため，記録用紙に同アプローチを反映した項目を追加しています。

（a）相談受付票（表4-1）

面接で利用者から書面や口頭で確認できた氏名，住所，連絡先，利用者家族などの情報を書き込みます。また相談内容について，主訴の他，子どもの（虐待）状況や事実を書き込む欄と子ども，または同居する家族のストレングスや強みを書き，将来的にどのような生活を望むのかを記録します。

（b）生育歴の基本情報（表4-2）

子どもの出生前後の情報を，保護者からの聞き取りや，母子手帳の記載から記入する項目になります。胎児期の母子の状況，出生時の様子，出生後の発達状況や乳幼児健診の受診，予防接種の受診の有無などを書き記します。

（c）子どもの心身状況シート・子どもと家族，関係機関の関わり（表4-3）

「子どもの心身状況シート」は子どもに関して，主に現在の身体的側面，心理的側面，社会的側面を記載します。「子どもと家族，関係機関の関わり」は，子ども，家族，主な関係機関が当センターにかかわるまでに，どのような経緯があったのか，時系列で三つの項目を並べることで関連がわかるようにしています。

（d）保護者の生活状況（表4-4）

子どもに大きな影響を与える保護者の困りごと，現状への不安や，保護者の生活歴，経済基盤，毎日の生活動線，保護者の嗜好，傾向などを書き記し，面接者の判断，緊急対応の必要性の有無，面接者の判断の根拠を記述します。

（e）プランニングシート（表4-5）

子どもと家族が目指す暮らし（Safety Goals）と，アセスメントを踏まえた総合的な援助の方針を保護者と確認したうえで，支援計画を書き記します。支援計画には解決すべき課題，目標，支援内容（誰が，何を，いつまでに）を書きます。計画期間と

次回モニタリングの予定月を設定します。
　（f）支援経過（表4-6）
　支援計画（プランニングシート）に対する実施状況を書き記していきます。日付と対応時間，担当者を記載の他，支援経過の要点を簡潔に書くようにします。
　（g）モニタリング・評価票（表4-7）
　支援計画に掲げられた課題の達成状況，子どもと家族がめざす暮らしや満足度，残された課題，今後の対応，担当者が判断した今後の総合的な援助の方針を記述します。課題の達成状況について，目標を達成できたか，目標変更の必要があるかを評価し，プラン継続か再アセスメントか終結かを判断します。

2．開始期の記録（その1）——インテーク
1）相談方法と記入方法
　児童家庭支援センターの相談は，①電話相談，②来所相談，③訪問相談，④心理相談，⑤メール相談等に分かれています。以下はそれらの一例となりますが，①は保護者からの電話で「赤ちゃんが泣き止まなくてどうしたらよいか」といった子どもの養育などについての相談を受けるものです。②は保護者が当センターに来所して行う，不登校の息子についての相談や，子どもをショートステイに預ける際の，調整としての相談にあたります。③は保護者が内心，困っているけれど，自ら困り感を外に訴えることができない場合の家庭訪問や，多動で落ち着きがない子どもがいるという訴えから，現場である保育園を訪問して助言するということなどです。④は各児童家庭支援センターに置かれた臨床心理士等の心理担当職員が行う，個別の心理療法や心理技法を用いた面接のことを指します。
　記録は，センター職員との面接のなかで聞き取っていきますが，相談受付票が始めからすべて埋まることはありません。相談をされる保護者の悩みや不安を傾聴するだけで終わることもあれば，自治体からの要請で子どものショートステイが先に始まるときは保護者が来所した際に聞き取っていきます。電話相談のなかには匿名で1回から数回の相談で終結してしまうケースも多々あります。定期的に相談やショートステイなどの利用があり，関係機関との協働作業が必要になるケースは，今回挙げる記録用紙に落とし込んでアセスメントやプランニングを継続することになります。
2）様式と留意点
　相談受付票（表4-1）は，相談の対象となる子どもや，家族の基本情報と相談内容の2部構成となっています。

第4章　機関・施設における相談援助記録

表4-1　児童家庭支援センターちゅうりっぷ　相談受付票

No.○○　　受付者：　○○

相談日時：平成2○年 4 月○日（　）17時05分～17時45分〈電話・(来所)・メール・その他〉

相談経路　児相・市町役場・保健機関・学校・(家族親戚)・子ども本人・18歳以上本人・その他（　　　　）

子ども：氏名　山道　太郎君　(男)・女　H22年　9月△△日生まれ（6歳）　所属：特別支援学校小学部1年

住所：　○○県△△町　　　　　　　　　　　　　　TEL：○○○－△△△△－○○○○（実母携帯）

相談者：氏名　△△町児童福祉担当課　　住所：△△町　　　TEL：△△△－○○○○－△△△△

主訴：　育児疲れによるショートステイ利用

家族構成

姓	名	性別	続柄	年齢	同居別	備考
山道	節子	女	実母	27	同	高齢者福祉施設に勤務
山道	太郎	男	長男	6	同	療育手帳B1
山道	二郎	男	次男	4	同	療育手帳B2

相談内容

養護	① 父母家出等で養育困難	育成	性格行動	1 反抗的　2 落ち着きがない　3 緘黙
	2 虐待（身体・性的・ネグ・心理）			4 家出　5 家庭内暴力
	3 DVでの子どもへの影響		不登校	1 保育園　2 幼稚園　3 学校
保健	1 疾患初期対応　2 乳幼児発達		適性	1 進学　2 言語発達　3 学業不振
障害	1 肢体　2 言語発達　3 自閉　4 その他		しつけ	1 家庭内における幼児のしつけ
非行	1 虞犯・触法　2 虚言・浪費　3 その他			2 児童の性教育　3 遊び方
いじめ		その他		
DV	※大人のみ			

[Danger Statements] 子どもの（虐待）状況・事実
○本児と二男が家にいると，タンスによじ登る，障子を破る。お互いにはしゃぐため，落ち着かない。
[この先，状況を難しくする要因]
○発達障害（本児；B1，二男；B2）を持つ。
○母はうつ病と診断され，仕事を休んでいる。
○母子家庭。母の友達がいない。経済的な不安あり。
[主訴] 何を心配しているのか？
○本児と二男が家にいると，お互いにはしゃぐため落ち着かない。育児に自信をなくしている。

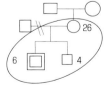

0　1　2　3　4　5　6　7　8　9　10
（0；緊急援助が必要～10；支援の心配なし）

[ストレングス・強味] 何とか持ちこたえているのはどうしてか？
○祖父母が本家庭の階上に住み，保育園等の送迎を頼める。
○週1日，近隣市の障害児放課後等デイサービスを利用している。
[Safety Goals] 将来に何を望んでいるのか。
○母子ともに落ち着いた生活を望んでいる。
[緊急対応の必要性]
☐ あり
◈ なし
[面接者の判断]
☐ 今回の電話・面接で終了（情報提供・傾聴のみ）
◈ 継続対応（アセスメント面接等）の必要あり
☐ 他機関につなぐ
☐ その他（　　　　　　　　）
[判断の根拠・対応方針]
○実母は子育てに対し，精神的に疲れている。ショートステイを定期的に利用しながら母（祖父母）の負担を減らす。

(a) 子どもや家族の基本情報

相談日時，氏名，性別，年齢，所属，住所，相談者，連絡先，相談経路などはできるだけ初回の面接時に聞き取り，用紙に記載しておくようにします。当センターは市町村からの情報提供が多いため，すでに自治体で把握している場合が多いです。

(b) 相談内容

「Danger Statements 子どもの（虐待）状況・事実」は，相談者が県や市町村その他関係機関であれば，現在，子どもが虐待や養護問題で被害にあっている状況を記載するところです。相談者が保護者であれば，子どもに関して困っている状況を書き記します。現在の子どもの状況を記載しながら，保護者が心配していることや困っていることを箇条書きにします。

「この先，状況を難しくする要因」は上記の子どもの（虐待）状況・事実がより深刻化する，または複雑，困難な状況になるとすれば，どのような要因が考えられるか記載するところです。子どもが障害を持っている，保護者に精神疾患がある，親族を頼ることができない，経済的に困窮しているなど，現状から将来を見通したときに心配になる条件を書き記します。

「ストレングス・強み」は，この困難な状況のなかで，なんとか持ちこたえているのはどうしてなのかを書くところです。子どもに虐待があるといっても家庭内で24時間365日虐待が起きているわけではありません。保護者が虐待を思いとどまれたときがあるとすれば，どういうときだったのかなど，子どもまたは保護者の強み，長所，穏やかに家族内がうまく回っているときの条件などを書きます。

「Safety Goals 将来に何を望んでいるのか」は，上記の「Danger Statements 子どもの（虐待）状況・事実」がなかったと仮に考えたら，どんな理想の家族を想像することができるか，または上記，「ストレングス・強み」で書いた家族の長所がさらに促進されたらどんなことが起こるのか，などを書くところです。

また，ジェノグラムを記載した後に，現在の保護者に聞く，0から10までの指標を設けています（スケーリング・クエスチョンと呼びます）。保護者にとって「0」は子どもを見ることはできない。今すぐ施設に預けたい。「10」はいろいろ大変なことがあるけれど，人を頼ってでもなんとかやっていける。このなかで現在の親御さん（保護者）として0から10のどこにお気持ちがありますか，と聞いていきます。あくまでも保護者のそのときの主観で数字に○をつけるのですが，保護者の意向を知る物差しとなります。

その後，「緊急対応の必要性」，「面接者の判断」をチェックし，今回で終了か，継続

対応か，他機関につなぐかなどを判断します。最後に「判断の根拠，対応方針」を記します。

3．開始期の記録（その2）——アセスメント
1）相談方法と記入方法

アセスメントは，インテーク時の相談受付票に加え，「生育歴の基本情報」，「子どもの心身状況シート・子どもと家族，関係機関の関わり」，「保護者の生活状況」を用います。初回の面接より数週間から数カ月かけて情報を収集することにしています。当センターでは来所での面接の他，ショートステイなどでの子どもや保護者とのかかわり，家庭訪問や，保育園，学校などへ子どもの様子を見に行くことも多いのが特徴です。面接室内の様子の他，保育園，学校での友だちとのかかわり，先生たちとの関係を見ることもできます。先生から見た子どもの様子や，朝夕の送迎，連絡帳を通しての保護者の評価も聞くことができます。要保護児童対策地域協議会で対応するケースであれば，記録用紙の必要な項目について照会することもあります。

2）様式と留意点

「生育歴の基本情報」（表4-2）は，妊娠期の妊婦健診における情報や出産期の状況，出生後の乳幼児健診や予防接種の状況を書きます。また，首の座りや，つかまり立ちなどの身体発達，認知・言語・情緒発達の状況，疾病や障害の有無なども記入することになっています。これらの情報は，保護者が子どもに対して，どれだけの愛着関係を築けるかの参考になります。施設で職員を長く務めた筆者としては，乳幼児期にどれだけ愛情と手間をかけることができたのかにより，保護者や子どもの今後を占うという見方もできます。

子どもの生育歴については保護者より聞き取ることもできますが，いくつかの要保護児童対策地域協議会のケースの場合は，当センターが参加機関であるため，自治体より書面で必要な情報をいただく場合もあります。

「子どもの心身状況シート・子どもと家族，関係機関の関わり」（表4-3）は，子どもの現状を身体的側面，心理的側面，社会的側面から書き記したものです。子どもをアセスメントするうえで最低限必要な基本情報といえるでしょう。子どもと家族，関係機関のかかわりは三つの項目（子ども，家族，関係機関）を時系列に記すことで，兄弟の出生や保育園，小学校入学などのイベントと家族の疾患，精神状態との関連や，関係機関とのかかわりを推察することが可能となります。

「保護者の生活状況」（表4-4）は，保護者の現在の困りごとや訴えの背景に，どのよ

表4-2 生育歴の基本情報

山道太郎くんの生育歴の基本情報				
性別	男	受理年齢（月齢）	5歳9カ月	現在年齢（月齢）	6歳11カ月 小1

主訴，問題の経緯（相談の理由）
母の育児疲れ（太郎，二郎）によるショートステイ利用。

胎児期	妊娠前の不妊治療：[無]・有＿＿＿＿＿＿＿＿＿＿＿＿＿＿＿＿＿＿＿＿＿＿＿） 化学物質の摂取（母親の喫煙，アルコール，内服薬）： 健康受診状況：初診の遅れ　回数が少ない　飛び込み出産　[その他] 母子手帳の有無：[有]　・　取得したが紛失した　・　取得していない 母親のストレス状況，精神状態，退治虐待の有無等： 母体の疾患：糖尿病（[無]・有）妊娠高血圧症候群（[無]・有）性感染症（[無]・有）有の場合，加療の有無（無・有） その他（　　　　　　　　　） 母体の異常：妊娠後期に切迫早産で1週間入院 退治の異常：なし
出生時	出生場所：＿〇〇医院＿＿＿　在胎週数：＿36＿週　分娩経過：[経膣分娩]・帝王切開予定・帝王切開緊急 出生体重：＿2,570g＿　身長：＿47.1cm＿　頭位：＿32.0cm＿　胸囲：＿31.0cm＿ 出産時の異常：仮死産　鉗子吸引　墜落出産　[保育器（1日間）使用] NICU収容：[無]・有　黄疸：[無]　普通　強い　光線療法：[無]・有 その他：多胎，きょうだい（　）の障害（内容：　　　　）きょうだい（　）の死亡（死亡時年齢：　　死因　　　　）
出生後の状況	身体運動の身体的発育，栄養状態，疾病や怪我 首のすわり（3.5カ月）寝返り（4.5カ月）お座り（7カ月）ハイハイ（8カ月）つかまり立ち（8.5カ月）始歩（14カ月） 栄養：母乳・[人工乳]・混合　卒乳の開始時期＿14カ月＿　完了時期＿18カ月＿ 保育所利用：（無・[有]）利用時期：＿2歳6カ月から＿利用先＿〇〇保育園＿　通園状況　特に問題なし 疾病や障害の有無：[知的障害]　脳性まひ　重度身体障害　視力障害　聴力障害　発達障害：[ASD自閉症スペクトラム]　先天性障害：体重増加不良　低身長 肝炎（[無]・有　　型）アレルギー（[無]・有，原因物質　不明・判明：＿＿＿＿＿＿＿＿＿＿＿） その他 認知・言語発達，情緒発達　　人見知りと対象：（[無]・有：　　　　　）始語：＿24カ月＿一語文＿24カ月＿ 乳幼児健診の受診状況 1カ月（[受診]・未受診　所見等：特になし　）3-4カ月（[受診]・未受診　所見等：母の表情はなく，児への不器用さあり　） 1歳6カ月（[受診]・未受診　所見等：言葉（−）注意転道（+）母は第二子の妊娠で不安が強い） 3歳（[受診]・未受診　所見等：児童保護中の外出受診。言葉の遅れで入所中に〇〇病院受診し，ST開始している　） 心理発達検査等の所見 検査名：PVT-R絵画語彙検査　月齢　5歳6カ月　結果・所見：語彙年齢3歳0カ月　評価点4　遅れている 検査名：WPPSI知能検査　月齢　5歳11カ月　結果・所見：全IQ50　言語性IQ45未満　動作性IQ45未満 予防接種A：ツ反・[BCG]・麻疹・[ポリオ]・水痘・おたふく・風疹・[三種混合] 予防接種B：BCG・[混合ワクチン（麻疹・風疹）]・三種混合・[水痘]・おたふく・ヒブ・肺炎球菌・B型可燃・ロタ・[日本脳炎]

表4-3 子どもの心身状況シート・子どもと家族，関係機関の関わり

児童氏名	山道　太郎	性別　男	相談受理時　5歳9カ月・年長	現在　6歳11カ月　小1

身体的側面	虐待や事故等による後遺症	2歳のとき，ショッピングモールの駐車場で車内に放置され，4歳のとき，保育園で顔にあざが見つかり通告，一時保護される。後遺症があるかは不明。
	生来の疾患・障害	軽度知的障害，ADHDと自閉的症状あり。療育手帳B1。
	発育状況や健康	1年を通じて鼻汁が出ている。小児科に通院している。
	容姿，表情など	痩せ型。明るく優しい。母の好きなブランドを着せていることが多い。
心理的側面	認知・言語	語彙は少ない。会話の長さも短い。
	情緒・行動上の問題や習癖	小学校，放課後デイサービス，ショートステイ（児童家庭支援センター）での様子は落ち着いている。ただ自宅で本児と弟が一緒だと刺激しあい落ち着けない。
	生活リズムと基本的生活習慣　生活リズム	良好
	食事	嫌いな野菜も食べるよう努力している。
	睡眠	8～9時間
	排泄	6歳になるころまでは夜尿や日中も尿を漏らしてしまうことが多々あり。最近はトイレに自ら行けるようになった。
	入浴・清潔	背中や足の裏は職員が促せば洗うことができる。
	遊びの様子・趣味・特技・魅力	おもちゃのロボットを手に取り，見えない敵にミサイルを発射（する真似を）して楽しむ。48ピースのジグソーパズルを職員と一緒に根気強く完成できる。
社会的側面	援助者との関係	良好。援助者と会話ができるようになってきた。
	家族との関係	本児は母を求めている。しかし母は手がかかる本児を疎ましく感じることがある。
	子ども同士の関係	同年齢の子と一緒に遊ぶことは少なく，一人遊びが多い。
	社会的スキル	挨拶やお礼を言える。

子どもと家族，関係機関の関わり（抜粋）

子どもと家族，関係機関の関わり			
年月日	子ども（太郎，二郎）	家族（父，母，祖母）	関係機関（児相，保育園，障害）
H22年9月	太郎出生		
H24年5月	二郎出生		
H25年3月	太郎と二郎がパチンコ店駐車場に放置され通報される。	警察は父に注意。	
5月			太郎，二郎の顔にあざ発見（保育園）児相が太郎，二郎を一時保護。
	一時保護		
12月	家庭戻し。	両親が離婚。母が親権者。	
H26年			太郎B1判定（障害相談支援事業所）二郎B2判定（障害相談支援事業所）

88　Ⅱ　実践編

表4-4　保護者の生活状況

(作成：H29年4月)

面接者：　　○○

氏　名	(ふりがな)　やまみち　せつこ 　　　　　　山道　節子	性別 女	年齢 27歳	住　居　形　態 ※持ち家,（アパート）知人宅, 実家など
保護者の 困りごと	(現状への不安，不満。またこの先状況を難しくする要因) 本児が自宅をちょろちょろ動いてじっとしていられない。特に弟のおもちゃを急に取ったりする。兄弟でいるとうるさい。本児はADHD。自閉傾向。療育手帳B1。弟はADHD。療育手帳B2。			
保護者の 生活歴	(学歴，施設歴，職歴。現在の就労状況。) 高卒。高齢者介護施設に勤務。			
心身・判 断能力	(健康状態，既往歴，対人関係，薬物依存，ギャンブル依存，嗜好) 健康状態は良好。友人が少ない。人間関係は苦手。			
暮らしの 基盤	(生活保護，医療保険，障害サービス，公共料金支払い，債務)			
毎日の暮 らしぶ り・生活 動線	(家事，育児，家族関係，近所づきあい，生活動線－室内，近隣，外出状況) 育児は祖母に保育園，小学校の送迎を頼む。近所づきあいはない。母は平日に仕事を持つ。休みの日は街に出て服を買うのが楽しみ。			
保護者の 目指す暮 らし	(今後の生活の希望，将来どのような生活になっていたいと考えるか) 子どもが落ち着いてくれること，子どもと落ち着いて買い物に行けることを望む。			
保護者や 家族の思 考の傾 向・文化	(善悪の判断，思考パターン，価値観，家族の独特な文化) とにかく母自身の静かな生活を荒らさないでほしい。母は母なりに自分の世界，生活スタイルを持っているので，邪魔してほしくない。			
面接者の 判断	□　今回の電話・面接で終了（情報提供・傾聴のみ） ◇　継続対応（アセスメント面接等）の必要あり □　他機関につなぐ □　その他（　　　　　　　　　　）		緊急対応 の必要性	□　あり ◇　なし
判断の 根拠	母は子どもとの生活に疲れているが，子どもと生活する意欲が見られず，自身の置かれた状況を客観的に見ることが困難なようでもある。また対人・対物への興味関心の幅が狭く，自己肯定感も低い。母をサポートする祖母だけでなく，祖父や他の親戚にも支える人物がいないかを探すことも必要である。			

うな要因があるのかを明らかにします。保護者の生活歴に施設経験があったり，職歴に何かがあったりするのか，心身・判断能力のなかで，対人関係の問題や既往歴，ギャンブルや嗜好に関するものはあるのかというものです。「毎日の暮らしぶり・生活動線」や「保護者や家族の思考の傾向・文化」といった，善悪の判断，思考パターン，価値観について，保護者がどう考えているのかを記す項目もあります。

4．展開期の記録──プランニング・支援経過・モニタリング

1）相談方法と記入方法

「プランニングシート」（表4-5）をもとに家族がめざす暮らしと支援機関が考えるリスクを含め，現実的な支援の方法を支援計画に落とし込んでいきます。「支援経過」は子どもや保護者の抱える課題や解決に向かう支援がどのような変遷をたどるのかの過程を記入していきます。「モニタリング・評価票」は保護者と支援計画を評価し，終結するか継続するかを確認します。

2）様式と留意点

プランニングシートについては上記のアセスメントを踏まえたなかで作成します。「子どもと家族がめざす暮らし（Safety Goals）」は子どもや保護者が現在は困難な状

表4-5　プランニングシート

作成日：H28年 8月 1日　　担当者：　○○

氏　名	やまみち　たろう 山道　　太郎	性　別	年　齢	作　成　回
		男・女	5歳	☑ 初回　　□（　　）回目

■子どもと家族がめざす暮らし［Safety Goals］

○太郎と二郎が家で落ち着いて生活する。

■総合的な援助の方針

○母の育児負担をショートステイの利用によって軽減する。 ○母や祖母が当センターへの送迎を行った際や電話での相談に対応する。

■支援計画

優先順位	解決すべき課題	目　標	支援内容 （誰が，何を，いつまでに）
1	・落ち着かない子どもの育児と仕事をこなす母は精神的な余裕がない。	・母の育児負担を軽減する。	・週末の定期的なショートステイの利用。
2	・太郎と二郎は当センターでじっとしていられず，職員の話を落ち着いて聞くことができない。	・太郎と二郎と職員の生活場面のかかわりを多くし，信頼関係を結ぶ。	・してほしいことへのかかわりを増やす。 ・してほしくないこと，許されないことへの対応を行う。
3	・母は子どもにどう接していいかわからない。	・母の意図することを子どもにわかりやすく伝える。	・絵カードの使用を母に検討してもらう。

計画期間	H28年8月1日～H29年1月31日	次回モニタリング予定	H29年1月

況が続いているけれど，仮にすべての問題がなくなっていたとしたら，どんな生活が予想されるだろうかというものです。相談受付票「Safety Goals 将来に何を望んでいるのか」の再掲となります。「総合的な援助の方針」は子どもや家族がめざす暮らしへ現実的に近づくために，関係する支援機関のリスクアセスメントや支援メニューを踏まえたうえで目標を記載するところです。たとえば，家族から，太郎と二郎が家で落ち着いて生活するという，将来のめざす暮らしが出されたとします。支援機関は，家族が落ち着いて生活するために，母の養育ストレスを軽減させることを援助の目標に定めます。具体的にストレスを軽減する支援メニューが，次に書かれる「支援計画」となります。「支援計画」は，解決すべき課題と課題に対しての目標，支援内容（誰が，何を，いつまでに）となっています。計画期間の長さは，保護者や子どもの状況により変わってきます。子どもの進級，進学のタイミング（年度の切り替わり）や，保護者の就職などによって区切りをつける場合もあれば，場合によって，子どもまたは保護者の持つ課題が大きくなり，計画そのものを見直す必要があるときもあります。

支援経過（表4-6）には，上記のプランニングで出された解決すべき課題や目標に対して，子どもと保護者の間や，家族と支援機関の間で，どのような経過をたどったのかを記載していきます。経過をたどるなかで，かかわり始めには出なかった本質的な課題が発見され，関係機関からの情報にない新たな側面が出てくる場合もあります。

叙述形式の支援経過と，生活支援記録法で記述した場合とを比較してみました（表4-6）。生活支援記録法の場合，①必要な項目を記述の冒頭にアルファベットで記号を付すため，何が書かれていて何が書かれていないかが明白になります。②記録する際，冒頭のアルファベットの記号をどうしても意識するため，必要な事項が漏れていないかの確認にもなります。③利用者への対応「Ｉ」が自分の備忘録ではなく第三者が見てもわかりやすい記録になります。④生活支援記録法で記録することによって，当面の対応予定「Ｐ」にあたる情報が不足していたことがわかりました。

モニタリング・評価票（表4-7）はプランニングで立てた課題の達成状況を表にしてまとめる形にしています。当初のプランニング（計画時）とその達成状況と達成度を評価し，残された課題と，今後の対応を家族と検討します。終結する場合にも，判断した根拠を書きますが，支援が続行し，再アセスメントの必要がある場合にも，課題が何なのか，今後にとって必要な支援は何かを記載することになります。

表4-6　支援経過

| 氏　名 | 山道　太郎(やまみち　たろう) |

叙述形式による経過記録

年　月　日	支援経過	担当者
29. 4. 1 17：05～17：45	山道母が来所。家では相変わらず，イライラすることがある。「就労の状況は変わらない」という。スケーリング・クエッションでは「8」をつけた。太郎の描いた「毛むくじゃらゲジゲジの絵」を見せると，にこやかになった。しかし太郎が上下逆（鏡文字）に描いたことを伝えると不安そうになった。「鏡文字で描くことはどの子でもよくあることだ」と片桐が話す。それでも母は不安そうだったので，「時がたてば自然に直る」と話す。「家では，二郎が太郎より自己主張してリモコンをずうっと持って自分の好きな番組を見ているので心配だ」という。	片桐

生活支援記録法による経過記録

年　月　日	支援経過	担当者
29. 4. 1 17：05～17：45	F：来所相談（太郎の鏡文字，母の養育への心配） S：母は家で相変わらずイライラする。就労の状況は変わらない。 A：現在の母が子どもとの関わりにどれほどのストレスを抱えているのか，測定する必要があった。 O：スケーリング・クエッションは「0（拒否）」～「10（大丈夫）」のうち「8」をつけた。 O：太郎の描いた「毛むくじゃらゲジゲジの絵」を見せると，にこやかになった。しかし太郎が上下逆（鏡文字）に描いたことを伝えると不安そうになった。 I：鏡文字で描くことはどの子でもよくある。 O：母の表情は不安そうなまま。 I：時がたてば自然に直ると話す。 S：二郎が太郎より自己主張してリモコンをずうっと持って自分の好きな番組を見ているので心配だ。	

表4-7 モニタリング・評価票

作成日：H29年1月○○日　　担当者：　○○

氏　名	やまみち　たろう 山道　太郎	性　別	年　齢	作　成　回	
		㊚・女	6歳	☑ 初回	□（　　）回目

■課題の達成状況

優先順位	解決すべき課題 （計画時）	目　標（計画時）	達成状況	達成度
1	・落ち着かない子どもの育児と仕事をこなす母は精神的な余裕がない。	・母の育児負担を軽減する。	毎週の利用は母や祖母の負担軽減になったが、実感として、まだ大変だ。	□目標達成 ☑目標変更が必要 □その他
2	・太郎と二郎は当センターでじっとしていられず、職員の話を落ち着いて聞くことができない。	・太郎と二郎と職員の生活場面のかかわりを多くし、信頼関係を結ぶ。	当センターでの太郎と二郎の生活は落ち着いてきている。	☑目標達成 □目標変更が必要 □その他
3	・母は子どもにどう接していいかわからない。	・母の意図することを子どもにわかりやすく伝える。	絵カードを紹介してみたが、母自身のカードを使う負担がネックになり、使用されなかった。	□目標達成 ☑目標変更が必要 □その他

■子どもと家族がめざす暮らし・満足度

○太郎と二郎が家で落ち着いて生活する。

■残された課題

○ショートステイの利用により一定の育児負担軽減になっているが、母の精神的な余裕がない。
○子どもにどう接するのか、絵カード以外の方法を考える。

■今後の対応

チェック欄	根　拠	子どもと家族の希望
□プラン継続 ☑再アセスメント □終結	絵カード以外の育児負担軽減策を再考する。	ちゅうりっぷのショートステイや他の支援を継続したい。

■総合的な援助の方針

○母や祖母の育児負担をショートステイの定期的な利用や電話、面談などによって軽減させる。
○太郎と二郎には生活場面において、気持ちの整理の仕方や他人へのかかわり方を伝えていく。

第2節　地域包括支援センター

1．地域包括支援センターの役割

　地域包括支援センターは，地域包括ケアシステムを各地域において推進するための中核機関です。地域包括ケアシステムそのものについては，「ニーズに応じた住宅が提供されることを基本としたうえで，生活上の安全・安心・健康を確保するために医療や介護のみならず，福祉サービスも含めた様々な生活支援サービスが日常生活の場で適切に提供できるような地域での体制」と定義されています（三菱UFJリサーチ＆コンサルティング，2013）。地域包括支援センターは，平成18年度からスタートしましたが，この間，地域支援事業のメニューは徐々に整備されてきており，地域包括支援センターが，地域包括ケアシステムの構築に力を入れられるような体制が制度的にも整いつつあります。具体的には，詳細は割愛しますが，地域包括支援センターの主たる業務である包括的支援事業が大幅に拡充されました。いずれも地域包括ケアシステムを推進するうえで欠かせない事業であり，平成30年度を目途に全事業の実施が求められています。自治体によって，新事業の実施主体は異なりますが，地域包括支援センターが主たる担い手となることが予想されます。

　地域包括支援センターは，地域住民からの相談をワンストップで対応できる，総合的な相談窓口を目標に創設されました。職員配置は，法的に初めての必置となった社会福祉士を始めとして，保健師，主任介護支援専門員等となっています。多職種が協働で地域住民の問題や地域課題に向き合うことで，それまで，医療や介護，福祉といった問題が縦割りで対処されていたものが，包括的に対応，解決が目指されるようになったのです。地域包括支援センター創設以来の基本的な事業は，「総合相談支援」，「権利擁護」，「包括的・継続的ケアマネジメント支援」，「介護予防ケアマネジメント（介護予防支援事業）」の4点になります。いずれも，業務の中心となるのは，利用者などの個人を対象とした支援であり，地域包括支援センターは個別支援からスタートし，現在は地域全体を支援する方向へと業務内容が見直されてきています。

2．地域包括支援センターの記録

　以上のように，現在の地域包括支援センターは，個別の支援から，地域全体の支援までと幅広くソーシャルワーク活動を行っている機関ですが，ここでは，「総合相談支援」と「権利擁護」といった，特に個別支援に関連したソーシャルワーク記録につ

いてとりあげます。

　ところで，地域包括支援センターが年間受けている相談件数は，三菱総合研究所による調査で，平成25年度の総合相談支援（権利擁護を含む）は，全国約4,500の地域包括支援センターにおいて，約1,076万件となっています。これらの地域包括支援センターの職員のうち，包括的支援事業に従事している職員は約2万人おり，実に職員一人あたり，年間約500件もの相談に対応していることになります。うち権利擁護（成年後見制度，高齢者虐待）の相談件数は年間約41万件で，職員一人あたり年間約20件の相談を受けていることになります。年間の勤務日数が約250日だとすれば，1日あたり2件は何らかの相談を受けていることになり，1ヵ月に約2件は高齢者虐待などの深刻な相談を受けていることにもなります。これだけ相談件数が多いと，どうしても記録を書く時間が限られてしまいます。そのため，地域包括支援センターでの記録については効率性というものが強く求められてきます。また，それぞれの事例については，多職種が協働してかかわることがほとんどです。そこで，記録自体の視認性や，看護記録などとの比較のしやすさということも大切な要素になります。

　実際に「総合相談支援」や「権利擁護」で使用するための記録用紙について，厚生労働省の地域支援事業実施要綱では特に提示されていませんが，「介護予防ケアマネジメント」については「利用者基本情報」，「アセスメントシート」の提示がされています（厚生労働省，2012）。そのため，それぞれの職場で使用する「総合相談支援」や「権利擁護」についての「フェイスシート」や「アセスメントシート」または「プランニングシート」などについては，同省や，職能団体などのものを参考にするなどして，用意する必要があります。ここでは筆者が使用しているものを例示し，使用目的などについてご紹介したいと思います。現在，筆者が地域包括支援センターで使用している基本的な記録シートとしては，「対象者基本情報票」，「相談支援記録票」，「支援経過記録」，「生活歴記録」があります。また，「権利擁護」特に高齢者虐待については専用の「高齢者虐待受付票」を追加して使用しています。

1）対象者基本情報票（表4-8）

　いわゆる「フェイスシート」と呼ばれるものです。前述の要綱に提示されている，「利用者基本情報」シートをアレンジしたものです。アセスメントした情報を一枚の用紙に落とせるよう，最低限の項目で構成しています。ADLを中心とした情報になりますが，あくまでも見やすさを重視した最低限の内容ですので，ジェノグラムやエコマップなど，事例ごとに必要な項目があれば追加して使用するようにします。また，裏面には個人情報提供に関する同意書の記載欄を設けてあります。

表4-8 対象者基本情報票（厚生労働省, 2017をもとに著者作成）

作成日	○年○月○日		作成者	立川
氏名	Bさん		生年月日	○年○月○日
			性別	男性
住所	○○県○○市		電話	○○○-○○○○
相談内容	Bさんは自宅に閉じこもりがちとなっているため，運動量が低く全般的に体力が低下してきている。別居している長女のAさんも心配しており，できれば介護予防のために介護保険のデイサービスなどを利用してもらいたいと考えている。			
病名	1．高血圧（○年～・○○病院）		治療内容等	服薬治療中
医療機関	かかりつけ医　○○病院			
介護認定	○年○月○日　介護保険申請中			
ADL IADL	麻痺等の有無	下肢筋力の低下が見られるものの，麻痺などはない。		
	移動	室内外ともに杖を支えにして歩行している。		
	排泄	対象者自身で行えている。		
	食事	対象者自身で行えている。		
	認知症 精神疾患	年相応の物忘れはあるものの，認知症状は見られない。		
	その他	爪切りなど細かい作業が困難になってきている。		
経済状況	老齢基礎年金　約6万円/月額			
生活状況・住環境等	持ち家。木造2階建て。1階部分で寝起きしている。室内は比較的片づけられている。自宅周辺は同じような住宅地になっている。車で5分ぐらいの所にスーパーや病院がある。			
利用しているサービス	特に利用しているサービスはない。			
家族構成（緊急連絡先）	氏名	続柄	同別居	住所・連絡先
	Aさん	長女	別	○○市○○町
	Cさん	長女の夫	別	同上
	Dさん	妹	別	○○市○○町
関係者	Aさんが週に2回ほど来て買い物を一緒に行っている。また，近くに住むDさんも週に1回ほどは来て話をしている。担当のD民生委員が月に1回程度は訪問して安否確認している。			
特記事項	5年前に長年連れ添った妻を病気のため亡くしており，それ以来意欲の低下が見られる。			

（裏）

　地域包括支援センターが行う事業の実施に当たり，対象者の状況を把握する必要あるときは，要介護認定・要支援認定に係る調査内容，介護認定審査会による判定結果・意見，及び主治医意見書と同様に，対象者基本情報，相談支援記録票，アセスメントシート等の個人に関する記録を，居宅介護支援事業者，居宅サービス事業者，介護保険施設，主治医その他本事業の実施に必要な範囲で関係する者に提示することに同意します。

平成　　年　　月　　日　　氏名　　　　　　　　　　印

2）相談支援記録票（表4-9）

　前述の要綱には，「総合相談支援」において，初期段階の相談対応と，継続的・専門的な相談支援との二つの段階が示されています。いずれも，ソーシャルワーカーであれば，自然と流れに沿った実践をしているかと思われますが，インテークからアセスメント，そしてプランニングから援助開始といったそれぞれの段階において，一連の流れを意識して行うことが大切になります。その際，本記録票はソーシャルワーク実践を助けるツールになります。筆者が使用している記録票は，ソーシャルワーク実践の流れを意識しつつ，効率性と視認性を高めることができるように，一枚の表のなかに必要な事項を記載できるようにしてあります。

(a) 主訴

　初期段階において，地域包括支援センターへの相談者が対象者（利用者本人）以外であることが多いのは，対象者が高齢で，自分で相談をすることができず，その家族や地域の民生委員などが相談者となることが多いためです。その際，留意しなければいけないのが，相談者が必ずしも対象者のニーズを的確につかんでいない可能性があることです。たとえば，遠方に住んでいる家族が一人暮らしの高齢者を案じて相談をしてきた場合など，家族は対象者への愛情から過剰に心配をし，相談をしてくることがあります。実際は一人暮らしの高齢者であっても，地域の助けを借りながら自立した生活をしていることが多いのですが，離れて暮らしていると，その地域性というものが見えず，高齢者が孤独に一人辛い生活を送っているように感じられてしまうことがあります。そのような際に，高齢者に介護保険などのサービスを利用させるよう，家族が相談をしてくるのです。当然，高齢者ご本人は必要性を感じていなかったサービスを紹介されて困惑してしまいます。このため，相談支援記録票においては相談者と，対象者を明確に区分することが求められます。もちろん相談者と対象者が同一である場合も考えられますが，まずは相談者の主訴を記載することが必要となります。そのうえで対象者の主訴を記載することで相談者と対象者の意識の違いが明確になり，そこで改めて本来のニーズに気づくこともあります。

(b) 相談内容

　続いて，アセスメントの過程で把握をした具体的な相談内容を，客観的事実とともに記載をします。その際，大切なことはソーシャルワーカーの視点から，何を問題ととらえるのか，その問題の発生要因は何かを，具体的に記載するということです。相談者の主訴に隠された，本来のニーズを専門職の視点から掘り下げることが重要です。また，その後の支援方針を立てるにあたり，対象者自身のストレングスを把握し

表4-9 相談支援記録票

作成日	○年○月○日	作成者 （対応者）	立川
相談日	○年○月○日		
相談方法	電話	所属	地域包括支援センター
相談者 氏　名	Aさん	対象者との関係	長女
		連絡先	
対象者 氏　名	Bさん	生年月日	昭和○年○月○日
		性別	男性
対象者の状況	在宅 （　　　　　　　）	住所	○○町○○番地
		連絡先	
主　訴 （相談者の訴え）	一人暮らしの父が，自宅に閉じこもりがちで心配。少し足腰も弱ってきたように感じる。デイサービスなどを利用してもらいたいが，本人はあまりその気がない様子。どうしたら良いだろうか。		
主　訴 （対象者の訴え）	体力が低下してきているのは感じる。ただ，デイサービスなどは女性が多いイメージがあり，行くのは気が引ける。妻が亡くなってから気分が落ち込むことが多い。		
相談内容 （事例の問題点，課題点．対象者のストレングス等）	Bさんは妻を5年前に亡くしてから自宅で一人暮らし。長女のAさんが隣町に暮らしている。Bさんは家事全般自分自身で行っているが，近隣との付き合いも少なく，家に閉じこもりがちになっている。そのためか，意欲の低下や，下肢筋力の低下などが感じられる。 Bさん自身，身体が弱くなってきていることは気になっており，何とかしたいと考えてはいる。ただ，デイサービスは女性の利用者が多いイメージがあり，行くことをためらっていた。AさんはそんなBさんを見て心配になっていたが，どのように話を進めれば良いのかわからず悩んでいる。		
支援方針	Bさんの元気になりたいという意欲を引き出し，Bさんでも通いやすいデイサービスなどを紹介する。元気になったBさんを見てもらい，Aさんにも安心してもらう。		
短期支援目標	1．介護保険の申請を行う。 2．Bさんにデイサービスなどの紹介をし，一度見学に行ってもらう。 3．介護保険の認定後，サービスの利用を開始する。		チェック欄
中長期支援目標	1．介護予防のためのデイサービスに継続して通える。 2．歩行状態が安定して，自由に外出ができるようになる。 3．元気になったBさんを見て，Aさんも安心できる。		チェック欄

ておくことも大切です。いうまでもなく，ソーシャルワークはワーカーの援助だけで成り立つものではありません。対象者のエンパワメントを促し，対象者の自己決定を側面から支援することが最も大切な視点になります。ワーカーが介入することによって対象者の自己決定をかえって阻害することがないよう，対象者の強みは何なのか適切に把握し，その後の支援方針に活かせるようにする必要があります。また，インテークの段階で，生命の危険があるなど，緊急の対応が必要な際は，高齢者虐待受付票も併せて使用することになります。

(c) 支援方針

ソーシャルワーカーとしての，支援方針を記載することになります。相談内容を多角的に検討して，問題に対してどのようにアプローチをするのか，全体的な方針を分かりやすく記載する必要があります。緊急性が高い場合は，ソーシャルワーカーの強い介入が必要になることもあるかと思いますが，基本的には対象者自身のストレングスを活かす支援内容が望ましいです。また，地域包括支援センターは，社会福祉士などが単独で事例に対応するのではなく，あくまで多職種のチームで事例に対応する意識を持つことが大切です。保健師や主任介護支援専門員，社会福祉士と，それぞれの強みを活かした支援内容を検討し，チームで対応するようにしましょう。その際，それぞれの役割分担は明確にしておく必要があります。特に虐待事例などでは，虐待者と被虐待者への対応者を変えることにより，それぞれとの信頼関係の構築がスムーズにいき，結果的にチームとしての対応が上手くいくことがあります。そのようなことを明確に記載しておくことで，チーム全体として，事例への理解が促されていきます。

(d) 短期・中長期支援目標

最後に記載するのが支援目標になります。支援方針で示された包括的な支援計画に対して，そのなかで具体的に取り組むべき支援内容を短期目標，中長期目標と分けて記載します。たとえば介護保険の申請が必要であるならば，いつまでに申請をするといったように，個別具体的に記載することで，その後の支援がやりやすくなります。さらに支援目標にはワーカーだけの支援目標を入れるのではなく，対象者や，その家族なども取り組める支援目標を導入することで，より効果的な援助が行えるようになります。特に介護予防に関連した相談の際は，対象者の能力を引き出すためにも効果的です。また，右側のチェック欄を活用することにより，その支援目標が達成されたのかどうかが一目で分かるようになります。短期目標については概ね1カ月以内で達成できることを，中長期目標については数カ月から半年程度で達成できることを記載するようにします。半年後に事例を振り返り，達成できていない目標があるのであれば，アセスメントから間違っていた可能性もありますので，相談支援記録票を改めて作成することも考えましょう。

3）支援経過記録（表4-10）

筆者が使用している経過記録は，左側に年月日を記載する欄が設けてあるだけの，シンプルなものです。経過記録は，支援内容の細部の記憶が薄れないうちに，早めに記入するようにしましょう。また，地域包括支援センターはチームで対応することも多いため，誰が読んでも理解しやすいよう，表現に気をつける必要もあります。経過

第4章　機関・施設における相談援助記録　99

表4-10　支援経過記録

（叙述形式の場合）

日時	内容
○年○月○日 ○時	【面接】Bさん宅 同席　Bさん・Aさん・(包括) 立川 Bさん宅で三者で面接を行う。上記相談内容のとおり，Bさんは妻を亡くしてから，外に出る気力が減ってきている。そのため，下肢筋力なども低下が見られる。Bさん自身，そのことは気にしていたが，Aさんから勧められていたデイサービスも，女性が行くものというイメージから行くことをためらっていた。家事は全般的にBさんが行っており，買物はAさんが週に1，2度来て一緒に行っている。これまで介護保険の認定も未申請。デイサービスは施設ごとに特色があり，特に運動目的で男性が多く利用しているデイサービスもあることを説明したところ，最初は乗り気でなかったBさんも利用に対して少し前向きになる。すぐにサービスを利用するか決めるのではなく，一度施設を見学してから利用するかどうか決定することとする。介護保険の申請も行っていなかったため，本日付で介護保険の申請は行うことに。介護保険の認定が出るまで期間があるためその間にデイサースを見学する。見学先については立川が選定し，紹介する。

（項目形式の場合）

日時/F	項目	内容
○年○月○日 ○時 Bさんの気持ちの確認	O S O A I S P	Bさん宅で面接。同席　Bさん，Aさん，(包括) 立川 Bさんは妻を亡くしてから，外に出る気力が減っている。デイサービスも女性が行くものという意識があり行くことをためらっている。 1．活動量の低下から下肢筋力の低下が見られ，Bさん自身気にしている。 2．家事はBさんが全般的に行っている。買物はAさんが週に1，2回来て一緒に行っている。介護保険認定は未申請。 介護保険とデイサービスに対する知識不足から，誤解をしている可能性がある。 介護保険とデイサービスの説明を行い，一度施設見学をしてみることを勧める。 説明を聞きBさんも利用について前向きになり，デイの見学をしてみることに。 1．介護保険の申請手続きを行う。 2．見学先のデイサービスを紹介する。

　記録そのものをパソコンのデータとして入力保存している職場であれば，複数の職員がかかわっている事例であっても，職員それぞれが，その日あった出来事を一つの記録データに入力することが可能になります。また，普段筆者は経過記録を叙述体で記載していますが，ここでは生活支援記録法（F-SOAIP）で記載し比較してみました。表の上段がこれまでの記録で，下段が同記録法を用いたものになります。同記録法は記録の視認性や，効率性，またはSOAP（Subjective Objective Assessment Plan）形式を使用することが多い看護記録などとの比較のしやすさにおいて大変優れていることがわかります。

4）生活歴記録

　対象者が出生してから現在に至るまでの生活記録になります。前述した基本情報票

はADLを中心とした現在の状態が情報の中心になりますが、一人の人間を理解するときに、過去の生活歴は非常に重要な情報になります。特に高齢者の場合は当然、生活歴も長くなりますので、対象者を丸ごと理解するために生活歴を把握することは、とても大切になります。生活歴を整理することで、現在の課題が過去の出来事からつながってきているということが、分かる場合もあります。また、対象者の生活歴と並列に過去の歴史的事件や出来事なども記載すると、より対象者像が深まります。

3．これからの地域包括支援センター

　2015年9月に厚生労働省のプロジェクトチームより、「新たな時代に対応した福祉の提供ビジョン」が示されました。これからの日本の福祉施策の方向性を指し示す内容となっており、そのなかで、「包括的な相談支援システムの構築」についても言及がなされました。つまり、今後の相談機関は高齢者や障害者、難病患者などの対象者ごとに機関を設けるのではなく、対象者の領域を横断する形で、あらゆる相談を包括的に受け止められる機関を整備していくということになります。ビジョンのなかで、「全世代対応型地域包括支援センター」という名称も具体的に提示されています。

　これは我が国のソーシャルワーカーにとって、少なからず大きな変化になってきます。ソーシャルワーカーとしての基礎資格と思われる社会福祉士の勤務先は、高齢者や障害者など対象者の領域ごとに分かれており、包括的な相談を実践している社会福祉士はごく少数と思われます。まずはこの体制を担えるだけの人材の育成から始める必要があり、そのためには、これまでの記録のあり方も見直しが必要になってきます。これまでの地域包括支援センターの記録は、どちらかというと高齢者のADLに焦点を当てたものになっていました。しかし今後は、記録はすべての領域に対応できるものへと修正していく必要があります。実際、「福祉の提供ビジョン」を受けて、平成28年度からモデル事業が開始された「包括的支援体制構築事業」を全国に先駆けて実施した自治体のなかには、全領域に対応できるよう複数の記録シートを整備したところもあります。今後、地域包括支援センターを核にソーシャルワーク実践が深まっていけば、記録のあり方もさらに深化していくことになるのだと思います。

第3節　居宅介護支援事業所

1．指定居宅介護支援事業所および介護支援専門員

　指定居宅介護支援事業所は、居宅介護支援すなわち介護保険制度下のケアマネジメ

ントの実施機関であり，居宅介護支援の専門職は介護支援専門員，いわゆるケアマネジャーとなっています。ソーシャルワーク記録をタイトルとしている本書で，ケアマネジメントにおける記録についてとりあげるのは，ケアマネジメントがソーシャルワークと関連深いからです。ケアマネジメントとソーシャルワークとの関係については議論のあるところですので，本節では割愛します。

　介護保険法において，居宅介護支援とは「居宅要介護者が指定居宅サービス等の適切な利用等をすることができるよう，利用者本人の依頼を受けて心身の状況，置かれている環境，本人・家族の希望等をふまえ，サービス等の種類，内容，担当者等を定めた居宅サービス計画を作成し，サービス提供が確保されるよう連絡調整等の便宜の提供を行なうこと」（介護保険法第8条第24項を要約）をいいます。

　居宅介護支援を担う介護支援専門員は，「要介護者等からの相談に応じ，その心身の状況等に応じ適切なサービスを利用できるよう，連絡調整等を行い，要介護者等が自立した日常生活を営むのに必要な援助」（介護保険法第7条第5項を要約）を行なう者であり，居宅介護支援の基本方針には，要介護者等の尊厳の保持，自立支援，公正・誠実な業務遂行，多様な事業者からの適切なサービスの総合的・効率的な提供，特定の種類・特定の事業所に不当に偏らない公正中立なサービスの提供，連携，質の評価等が掲げられています（厚生労働省，2012）。

　なお，2016年10月1日現在，居宅介護支援事業所は42,482カ所あり，そのうち集計された事業所35,392カ所には，101,905人の介護支援専門員が業務に従事しています（厚生労働省，2016a）。

2．居宅介護支援における記録

　居宅介護支援における記録は，「指定居宅介護支援等の事業の人員及び運営に関する基準」（平成11年3月31日厚生省令第38号）の第29条第2項「記録の整備」において，表4-11のように列挙されています。

　一方，「介護サービス計画書の様式及び課題分析標準項目の提示について」（厚生省老人保健福祉局，1999）において，表4-12のような標準様式が提示され，また表4-13，14のような「課題分析標準項目」が提示されています。

　なお，「サービス計画書を作成した際には，遅滞なく利用者及び担当者に交付しなければならない」とされています（厚生省老人保健福祉局，1999）。

　前出の「指定居宅介護支援の提供に関する記録」のうち，「居宅サービス計画」については，表4-12に提示されている第1表，第2表，第3表が対応しています。また

表4-11 指定居宅介護支援事業者が整備すべき記録

第二十九条 指定居宅介護支援事業者は、従業者、設備、備品及び会計に関する諸記録を整備しておかなければならない。
2 指定居宅介護支援事業者は、利用者に対する指定居宅介護支援の提供に関する（次の各号に掲げる）記録を整備し、その完結の日から二年間保存しなければならない。
一 第十三条第十三号に規定する指定居宅サービス事業者等との連絡調整に関する記録
二 個々の利用者ごとに（次に掲げる事項を）記載した居宅介護支援台帳
　イ 居宅サービス計画
　ロ 第十三条第七号に規定するアセスメントの結果の記録
　ハ 第十三条第九号に規定するサービス担当者会議等の記録
　ニ 第十三条第十四号に規定するモニタリングの結果の記録
三 第十六条に規定する市町村への通知に係る記録
四 第二十六条第二項に規定する苦情の内容等の記録
五 第二十七条第二項に規定する事故の状況及び事故に際して採った処置についての記録

表4-12 介護サービス計画書の様式

第1表　居宅サービス計画書（1）
第2表　居宅サービス計画書（2）
第3表　週間サービス計画書
第4表　サービス担当者会議録
第5表　サービス担当者に対する照会
第6表　居宅介護支援経過
第7表　サービス利用表
第8表　サービス別表

「連絡調整に関する記録」には第5表が対応し、「サービス担当者会議等の記録」には第4表が対応していますが、「市町村への通知に係る記録」「苦情の内容等の記録」「事故の状況及び事故に際して採った処置についての記録」については、別途様式が用いられます。なお、「モニタリングの結果の記録」について第5表を利用する場合には、モニタリングを通じて把握した利用者、家族の意向、満足度、目標の達成度、事業者との調整内容、これらの情報に基づく介護支援専門員の判断、ケアプランの変更の必要性などを記載します。

「個々の利用者ごと」に「居宅介護支援台帳」に記載する利用者の基本情報や、「アセスメントの結果の記録」は、「課題分析標準項目」に基づいて記録されます。

「課題分析標準項目」として提示されている、「基本情報に関する項目」は表4-13のとおりです。

また、「課題分析（アセスメント）に関する項目」は表4-14のようになっています。

「課題分析標準項目」の「基本的な考え方」は、課題分析は、①「介護支援専門員の個人的な考え方や手法のみによって行なわれてはならず、要介護者等の有する課題を

表4-13 課題分析標準項目における基本情報に関する項目

No.	標準項目名	項目の主な内容（例）
1	基本情報（受付，利用者等基本情報）	居宅サービス計画作成についての利用者受付情報（受付日時，受付対応者，受付方法等），利用者の基本情報（氏名，性別，生年月日・住所・電話番号等の連絡先），利用者以外の家族等の基本情報について記載する項目
2	生活状況	生活状 利用者の現在の生活状況等
3	利用者の被保険者情報	利用者の被保険者情報（介護保険，医療保険，生活保護，身体障害者手帳の有無等）について記載する項目
4	現在利用しているサービスの状況	介護保険給付の内外を問わず，利用者が現在受けているサービスの状況について記載する項目
5	障害老人の日常生活自立度	障害老人の日常生活自立度について記載する項目
6	認知症である老人の日常生活自立度	認知症の老人の日常生活自立度について記載する項目
7	主訴	利用者及びその家族の主訴や要望について記載する項目
8	認定情報	利用者の認定結果（要介護状態区分，審査会の意見，支給限度額等）について記載する項目
9	課題分析（アセスメント）理由	当該課題分析（アセスメント）の理由（初回，定期，退院退所時等）について記載する項目

客観的に抽出するための手法として合理的なものと認められる適切な方法を用いなければならない」こと。②「個別の課題分析手法については，『本標準課題分析項目』（ママ）を具備することをもって，それに代えることとするものである」こととされ，さまざまな団体から独自の様式が提案され（株式会社日本総合研究所，2013）[1)]，各指定居宅介護事業所ではそれらを取捨選択して利用しているのが現状です。

　厚生労働省は，介護支援専門員によるアセスメントやモニタリングおよび評価が不十分であるとして，「課題整理総括表」と「評価表」という二つの新たな様式を提示し，活用を推奨しています（厚生労働省老健局，2014）。このうち「課題整理総括表はアセスメントツールではなく，情報の収集と分析を行い，課題を抽出する上で，利用者の現在の状態と要介護状態等の改善・維持等の可能性に照らして課題の捉え方に抜け漏れがないかどうかをまとめる総括表である」とされ，「アセスメントの結果の記録」を点検するためのものとして提案されています。また「評価表」は，「ケアプラン第2表に位置付けた短期目標に対して，その達成状況とその要因をケアチーム全体で

1）アセスメントツールとしては，各種の方式が開発されているが，「全国社会福祉協議会方式，新・サービス計画ガイドライン」26.0％，「MDS-HS，MDS-RAPs，CAPs」24.0％，「事業所が独自に作成したもの」24.7％のシェアが高くなっている。

表4-14 課題分析標準項目における課題分析（アセスメント）に関する項目

No.	標準項目名	項目の主な内容（例）
10	健康状態	利用者の健康状態（既往歴，主傷病，症状，痛み等）について記載する項目
11	ADL	ADL（寝返り，起きあがり，移乗，歩行，着衣，入浴，排泄等）に関する項目
12	IADL	IADL（調理，掃除，買物，金銭管理，服薬状況等）に関する項目
13	認知	日常の意思決定を行うための認知能力の程度に関する項目
14	コミュニケーション能力	意思の伝達，視力，聴力等のコミュニケーションに関する項目
15	社会との関わり	社会との関わり（社会的活動への参加意欲，社会との関わりの変化，喪失感や孤独感等）に関する項目
16	排尿・排便	失禁の状況，排尿排泄後の後始末，コントロール方法，頻度などに関する項目
17	褥創・皮膚の問題	褥瘡，皮膚の清潔状況等に関する項目
18	口腔衛生	歯・口腔内の状態や口腔衛生に関する項目
19	食事摂取	食事摂取（栄養，食事回数，水分量等）に関する項目
20	問題行動	問題行動等に関する項目
21	介護力	利用者の介護力（介護者の有無，介護者の介護意思，介護負担，主な介護者に関する情報等）に関する項目
22	居住環境	住宅改修の必要性，危険個所等の現在の居住環境について記載する項目
23	特別な状況	虐待，ターミナルケア等に関する項目

振り返る際に利用することを想定している」とされ，「モニタリング結果の記録」として活用できるものです。

介護支援専門員にとって，「業務遂行上の悩み」の第1位は「記録する書式が多く手間がかかる」となっており（厚生労働省，2016b），記録の様式や記録法などの改善が求められます。

3．居宅介護支援における記録の実際

ここで紹介するのは，筆者の所属する事業所の居宅介護支援で使用している用紙のうち，基本情報シート，アセスメントチェックシート，居宅サービス計画書(1)(2)，支援経過記録（ケース記録）です。このうち，基本情報シートとアセスメントチェックシートは，「課題分析標準項目」を踏まえて八王子市独自に作成したもので[2]，「八王子市ケアプラン自己点検支援マニュアル」に掲載されています（八王子市，2016）。

なお，第3表 週間サービス計画書，第4表 サービス担当者会議録，第7表 サービス利用表，第8表 サービス別表，は省略しています。また，第5表 サービス担当者に対する照会は，表4-19で紹介する「支援経過記録（ケース記録）」のなかに記録されています（表内の実線で囲った部分）。

（a）基本情報シート（表4-15）

　例示は，50歳代の男性，低酸素脳症および発作性心房細動発症にて救急入院となり，転院を経て在宅生活となった利用者の場合です。

（b）アセスメントチェックシート（表4-16）

　アセスメントは，①コミュニケーション，②健康状態，③ ADL，④ IADL，⑤認知と行動，⑥介護力，⑦社会交流，⑧特別な状況といった八つのアセスメント領域を縦軸に，①利用者および家族の状況，②問題（困りごと），③生活全般の解決すべき課題・ニーズ・意欲，④優先順位という四つの内容を横軸として記入できるよう，工夫した表となっています。

（c）居宅サービス計画書（1）（2）（表4-17，表4-18）

　厚生労働省が提示している第1表および第2表をそのまま利用しています。例示には，コメントを挿入しています。

（d）支援経過記録（ケース記録）（表4-19）

　厚生労働省が提示している第6表をもとに，横軸に，①月日，②相談相手，③内容，④経過，⑤記録者，の項目を配置するという工夫をしています。例示は，生活支援記録法を活用して記録したものです。

　ややもすれば，サービスありきのケアプランになりがちですが，図版提供者は，「自立支援に資するケアマネジメント」をめざすという，八王子市の理念に依拠し，常に利用者，家族の生活，楽しみ，努力などをありのまま理解したうえで，ケアプランを作成することに留意し，業務に従事しています。また，記録については，利用者，家族，その他関係者の誰が見てもわかる言葉で記録すること，常に利用者，家族に寄り添った記録を書くことにも留意しています。

2） 佐藤信人が提案した書式を，八王子市が採用したものである。

表4-15 基本情報シート

基本情報シート

	作成日	平成 29 年 5 月 14 日 現在
	作成者	M

受付日	平成 29 年 5 月 13 日 ( )	受付対応者	M	受付方法	来所・電話・他 ( )
相談者氏名		続柄	本人・家族・他 ( )	連絡先	
アセスメント理由	ⓘ初回・更新・状態の変化・退院・退所・他 ( )				

利用者情報

被保険者番号										
フリガナ										
氏 名			様	ⓘ男 女	生年月日	明治・大正・昭和 年 月 日 歳)				
住 所	〒 M市					Tel 携帯 Fax E-mail				

家族情報・緊急連絡先（成年後見人等含む）

介護者		続柄	同居・別居	住所	Tel・携帯・Fax・E-mail
	妻		ⓘ同 別	M市	
	長女		ⓘ同 別	〃	
	長男		ⓘ同 別	〃	
			同・別		
			同・別		
			同・別		

家族関係等で特記すべき事項

子供たちがまだ小さいので父親の病状の理解が薄い。在宅生活をするには，子供たちの理解が必要に思われる。

主訴

相談の経緯

H病院のMSWより医療依存度の高い人であるが，在宅生活を望んでいる。検討してほしい。

利用者及び家族の主訴・要望

(本人) - 言葉では言うことができないが妻が代弁すると本人頷き意思表示ある。

(家族) - 本人の気持ちを尊重し，大変であるが在宅での生活させたい。

世帯 独居・高齢者のみ・他 ( )

家族状況（ジェノグラム）

要介護認定状況

認定日	認定有効期間	要介護度	障害高齢者の日常生活自立度		認知症高齢者の日常生活自立度	
			主治医意見書	認定調査票	主治医意見書	認定調査票
平成 年 月 日						
平成 年 月 日	平成 年 月 日 ～ 年 月 日					
平成 年 月 日	平成 年 月 日 ～ 年 月 日					
平成 年 月 日	平成 年 月 日 ～ 年 月 日					
平成 年 月 日	平成 年 月 日 ～ 年 月 日					

審査会の意見等

表4-15 基本情報シート（つづき）

生活状況	住居	戸建（平屋・2階建以上）・アパート・マンション・公営住宅（　）階・他（　　　　　　　　）						
	エレベーター	(無)・有（　　　　　　　　　　）		所有形態	持ち家 ・ 借家			
	[間取図]			居室	専用居室	無・(有)（　　　）畳	手すり	無・(有)
					段差等	無・(有)（　　　　）		
		リビング　　台所			寝具	ふとん・(ベッド)・特殊寝台（　　　）		
			玄関	便所	便器	和式・洋式・(ウォシュレット)	手すり	無・(有)
		ベッド			段差等	無・有（　　　　　　）		
				浴室	浴室	無・(有)・シャワー　無・有	手すり	無・(有)
		ウッドデッキ　リフト			段差等	無・(有)（　　　　　　）		
				特記事項				

生活歴
東京で生まれる。育ちは静岡県。大学進学で東京に戻る。卒業後、IT企業に勤務プログラマーとして10年勤務する。奥さんとはラテンダンスサルサで出会い結婚する。長女、長男に恵まれる。H28年4月に妻の運転で外出、助手席で意識喪失、救急車で救急病院に搬送、入院となる。リハビリ目的にて転院、本人、妻の希望により在宅生活となる。

趣味・好きなこと
病気になる前は、ラテンダンスサルサを踊りにいくことが楽しみだったようです。バイク。

情報リテラシー（ニュースや市広報などへの関心・活用状況等）
妻からの情報のみで活用にはいたらない。

病歴	病名	発症時期	治療内容	受診状況	医療機関・主治医（連絡先）※意見書作成者に○
	発作性心房細動	H28年		／月・週	T病院
	弁膜症	不明		／月・週	〃
	低酸素脳症	H28年		／月・週	〃
				／月・週	
				／月・週	
				／月・週	

特記すべき事項（主治医の指示・本人の病識等）
緊張するとケイレンが起こるのと気管カニューレなどを本人が触り、呼吸苦になることがある。常に気を付けるように。

利用しているサービス	サービス内容	頻度	事業所・ボランティア団体等	担当者	連絡先
	看護小規模多機能のサービス	／月・週	T事業所		
		／月・週			
		／月・週			
		／月・週			
		／月・週			
		／月・週			

住宅改修	時期	内容	改修費用	改修業者
	平成　年　月　日		円	
	平成　年　月　日		円	
	平成　年　月　日		円	

福祉用具購入	時期	品名	購入金額	販売業者
	平成　年　月　日		円	
	平成　年　月　日		円	
	平成　年　月　日		円	

医療保険	後期高齢・国保・社保・共済・他（　　　　　　　　）	公費医療等	無・有（　　　　　）
障害等	無・身障（　　　）・療育（　　　）・精神（　　　）・難病（　　　　　　）		
	障害名（　　　　　　　　　　　　　　　　　　　　　　　　　　　）		
生活保護	無・有　　　　　　　　　担当者名（　　　　　　　　　）		
経済状況	国民年金・厚生年金・障害年金・遺族年金・他（　　　　　）	金銭管理者	住居
収入額	円／月　　　一カ月あたりの介護費用の上限額		円／月

表4-16 アセスメントチェックシート

利用者名　　　　　　　　　　　　　　　　　　　　　　　　　　アセスメントチェックシート

分類	項目	状態		
コミュニケーション	視　力	⦿問題無・はっきり見えない・殆ど見えない（　　）	眼　鏡	⦿無・有（　　）
	聴　力	⦿問題無・はっきり聞こえない・殆ど聞こえない（　　）	補聴器	⦿無・有（　　）
	言　語	問題無・⦿問題有（　　）	意思伝達	できる・時々できる・⦿困難
	維持・改善の要素，利点	本人は言いたいことが言葉で言えないが態度や表情であらわすことができる。		
健康状態	主疾病	低酸素脳症，心房細動，慢性腎不全，症候性てんかん		
	症状・痛み等	（呼吸苦，全身ケイレン）		
	口腔状態	⦿問題無・問題有	義　歯	不要・良好・不良（　　）
	食事摂取	問題無・咀嚼問題有・⦿嚥下障害有経管栄養（　　）	量	普・多・少（　　回/日）
	形　態	常・かゆ・⦿経管・他（1日1600カロリ。）	飲水	普・多・少（　　ml/日）
	栄養状態	良・⦿普・不良（　　）	身長　　cm　体重　　kg	
	麻痺・拘縮	無・麻痺有・⦿拘縮有（両上下肢拘縮あり）		
	褥瘡・皮膚疾患	⦿無・有・治療中（　特にない　）	入浴	回/週・月（週2回）
	排　泄	便（昼　　回　夜　　回）　尿（昼　　回・夜　　回）		
	維持・改善の要素，利点	体調が悪いときは辛い表情をすることが多いが良いときは笑顔が出ることがある。		
ADL	食　事	自立・見守り・一部介助・⦿全介助（　　）		
	場　所	食堂・ベッド脇・ベッド上（　　）		
	排泄　排尿	自立・見守り・一部介助・全介助（　　）		
	排便	自立・見守り・一部介助・全介助（　　）		
	日中	トイレ・PT・尿器・オムツ・留カテ（　　）	夜間	トイレ・PT・尿器・オムツ・⦿留カテ（　　）
	失禁	無・有（　　）		
	入　浴	自立浴・⦿介助浴（家族・ヘルパー・他：通いのときに入浴のとき入る。）・訪問入浴・していない（　　）		
	更衣・整容	自立・一部介助・⦿全介助（　　）		
	寝返り	自立・一部介助・⦿全介助（　　）		
	起上がり	自立・一部介助・⦿全介助（　　）		
	移　乗	自立・一部介助・⦿全介助（　　）		
	歩　行	自立・一部介助・⦿全介助（　　）		
	使用機器	ベッド・⦿車椅子・歩行器・杖・他（　　）		
	維持・改善の要素，利点	ほぼ全介助であるが体調の良いときは，少しでも自分で動こうとする。		
IADL	買　物	自立・一部介助・⦿全介助（　　）	金銭管理	自立・一部介助・⦿全介助（　　）
	献　立	自立・一部介助・⦿全介助（　　）	ゴミ出し	自立・一部介助・⦿全介助（　　）
	調理と片付け	自立・一部介助・⦿全介助（　　）	掃除・洗濯	自立・一部介助・⦿全介助（　　）
	火気管理	自立・一部介助・⦿全介助（　　）	外　出	自立・一部介助・⦿全介助（　　）
	服薬状況	自立・一部介助・⦿全介助（　　）		
	住環境	問題無・問題有（　　）		
	維持・改善の要素，利点	すべて介護者が行っているが本人も少し理解している。		
認知と行動	認知障害	自立・軽度・中度・重度（　　）		
	意思決定	できる・特別な場合以外はできる・⦿困難（　　）	指示反応	通じる・時々通じる・通じない（　　）
	情緒・情動	抑うつ・不安・興奮（　　）		
	行動障害	⦿暴言・暴行・徘徊・多動・昼夜逆転・不潔行為・介護抵抗・夜間不穏・異食行為（　　）		
	精神症状	妄想・幻覚・せん妄・依存・見当識・無関心（　　）		
	維持・改善の要素，利点			
介護力	介護提供	⦿常時可・日中のみ可・夜間のみ可・不定期・無（　　）		
	介護者の健康	⦿健康・高齢・病身・他（　　）		
	介護者の負担感	無・⦿有（　　）		
	維持・改善の要素，利点	介護力はあるがすべて行っているため疲れが出ており今後の検討が必要である。		
社会交流	社会参加	⦿無・有（　　）	維持・改善の要素，利点	
	対人交流	⦿無・有（　　）	また以前のサルサの仲間の交流をしたいと思っている。	
	元気なときはサルサの仲間の交流があった。			
特別な状況	介護者が子どもたちの対応で困ることがある。	維持・改善の要素，利点　子供たちに父親の病状を理解してもらい普通の生活ができるように環境を整える。		

第4章 機関・施設における相談援助記録　109

作成日	平成　　年　　月　　日
作成者	

N. SATO モデル

		問題・（困りごと）	生活全般の解決すべき課題（ニーズ）・（意欲）	優先順位
コミュニケーション	利用者	言葉が出ず，辛く困った表情をする。	本人も話したい。	
	家族	なにを言いたいのかわからず困る。	本人の言うことを理解したい。	
	意見	CM）本人の表情から本人の言いたいことを理解する方法を検討する。	意欲：本人 →（高）・低・阻・失　家族 →（高）・低・阻・失 対応：（進行中）・検討中・未検討・困難・不要	
		他）STの導入が必要か検討する。		
健康状態	利用者	体調の悪いときは，動くこともできず困る。	医療面での安定を本人も希望している。	
	家族	体調が悪いときは，動くことができず移動が大変で困る。	本人の医療面での安定が介護者にとっても良い。	
	意見	CM）医療との連携を強化し問題を共有化する。	意欲：本人 → 高・（低）・阻・失　家族 →（高）・低・阻・失 対応：（進行中）・検討中・未検討・困難・不要	1
		他）		
ADL	利用者	体調が悪いときは，全介助となり痛みを伴い困る。	訴えることをしたい。	
	家族	本人がどこが痛いのかわからず困る。	本人の訴えをよく理解したい。	
	意見	CM）リハビリを入れて痛みの伴わない対応を検討する。	意欲：本人 →（高）・低・阻・失　家族 →（高）・低・阻・失 対応：（進行中）・検討中・未検討・困難・不要	2
		他）		
IADL	利用者			
	家族	すべて介護者が行っており疲れている。	何とか介護疲れせず介護したい。	
	意見	CM）できれば生活全般を分担できる対応が必要。	意欲：本人 → 高・（低）・阻・失　家族 →（高）・低・阻・失 対応：（進行中）・検討中・未検討・困難・不要	
		他）		
認知と行動	利用者			
	家族			
	意見	CM）何かツールをさがす。	意欲：本人 → 高・低・阻・失　家族 → 高・低・阻・失 対応：進行中・検討中・未検討・困難・不要	
		他）		
介護力	利用者	本人からは聞くことができない。		
	家族	すべて妻が行うので大変で困る。	介護疲れを解消したい。	
	意見	CM）生活の分担の検討をする。	意欲：本人 → 高・（低）・阻・失　家族 →（高）・低・阻・失 対応：（進行中）・検討中・未検討・困難・不要	3
		他）		
社会交流	利用者	本人から聞かれない。		
	家族	今の病状では，交流することはできず困る。	安定した病状でいてほしい。	
	意見	CM）交流できる機会をたくさん作りたいと考える。	意欲：本人 → 高・（低）・阻・失　家族 →（高）・低・阻・失 対応：（進行中）・検討中・未検討・困難・不要	
		他）		
特別な状況	利用者			
	家族	夫の介護で子どもたちの要求にこたえられず困る。	子どもとの時間作りたい。	
	意見	CM）父抜きの時間が持てるように配慮する。	意欲：本人 → 高・（低）・阻・失　家族 →（高）・低・阻・失 対応：（進行中）・検討中・未検討・困難・不要	
		他）		

110　Ⅱ　実践編

表4-17　居宅サービス計画書（1）

[第1表]

居宅サービス計画書（1）

初回　照会　継続　　認定済　申請中

利用者氏名	○　様	生年月日		住所	
居宅サービス計画作成者氏名	M				
居宅介護支援事業者・事業所名及び所在地					
居宅サービス計画作成（変更）日　年　月　日			初回居宅サービス計画作成日　年　月　日		
認定日		認定の有効期間　年　月　日　～　年　月　日			
要介護状態区分	要支援1　要支援2　要介護1　要介護2　要介護3　要介護4　要介護5				
利用者の生活に対する意向（希望）	本人——体調が安定して家族と一緒に家でくらしたい。 家族——家で観てあげたい。病院で行っていたリハビリも続けたい。お風呂にも入れてあげたい。体調の変化があるため一人での介護は疲れるので手伝ってほしい。				
家族の生活に対する意向（希望）	どのような暮らしがしたいかを明確にする。 本人，家族のことばでそれぞれに記載する				
介護認定審査会の意見及びサービスの種類の指定					
○年○月の生活像（目標）	安定した自宅での生活ができるように，本人，家族の意向を尊重し，サービス事業者が連携し支援します。 家族も介護疲れで体調を崩さず，介護が続けられるように医師とも連携し，情報提供や相談業務を行います。				
下記の項目について介護支援専門員より説明を受けました。 ① 居宅サービス計画（1）（2）について，説明を受け，同意しました ② 介護保険サービス等に対してのサービス種類や内容の説明を受けました ③ 様々なサービス事業者から選択できることの説明を受け，自分で事業者の選択をしました		説明・同意日	年　月　日		
		利用者署名・捺印	印		

表4-18　居宅サービス計画書（2）

[第2表]

居宅サービス計画書（2）

利用者氏名　　　　　様

解決すべき課題（ニーズ）及び本人の可能なことを強化すること等で自立が促進される状況	実現可能な生活の目標				支援内容					
	長期目標	（期間）	短期目標	（期間）	サービス内容	*1	サービス種別	*2	頻度	期間
自宅で生活したい 優先順位の高い順から書く その人らしい生活場面を具体的に書く	体調が安定し家族との生活を続ける 長期目標は実現可能な範囲で書く		医療と連携し相談しながら安定した健康状態を維持する 短期目標は長期目標実現のために具体的に書く		本人の身体状況をよく理解している住診医の確保し診療，処置		訪問診療		隔週	
			定期的に泊まりを利用して介護者の介護軽減をする		本人にとって安心して泊まりができる事業所の確保		看護小規模多機能居宅介護		必要に応じて	
			身体状況の把握管理，胃ろうの管理，気管カニューレの管理		本人の身体状況を理解している施設の確保 サービス内容は，介護保険以外のサービスも検討に入れる。		看護小規模多機能居宅介護		毎日	
			居宅療養管理指導，使用医療器具等の管理		本人の状況を良く把握している薬局の確保		薬局		月	
お風呂に入りたい	身体の清潔を保ち精神的にもリラックスできるようにする		定期的にお風呂にはいれるようになる		本人の身体状況を把握している事業所の確保		看護小規模多機能居宅介護		週2	

上記の居宅サービス計画の内容に基づく支援実践期間	年　月　日　～　年　月　日
この居宅サービス計画は，　　年　　月に見直しの予定です。見直しの際には，居宅サービス計画書内にある「目標」に対して達成度評価をいたします	

第4章 機関・施設における相談援助記録 *111*

表4-19 支援経過記録

第5表
支援経過記録（ケース記録）

平成　29　年　　　NO

利用者氏名　　　　　　　様

月日	相談相手	内　容（F）	項目）　経　過	記録者
7/14	Kクリニック	訪問看護指示	I）電話にて，Kクリニックに，まだ指示書が届いていない旨を連絡し，作成を依頼した。	M
7/19	Kクリニック	書不達	I）郵送にて，指示書作成依頼文，指示書様式，6月の訪問看護報告書を送付した。	M
7/21	介護者	介護疲れ ショート提案	I）家庭訪問にて，8月の利用表を届け，今の生活で何か困ることがないか，サービスがこのままでよいか介護疲れはないかを問いかけた。 S）介護者より疲れが出ているといわれた。 I）ショートステイを検討してはどうかと提案した。 P）事業所でショートステイについて検討する。	
	看護職		P）介護職だけでの泊まりでは不十分であり，看護職と相談し，体制を整えてからショートステイ利用日の設定をすることになった。	
	Aサービス事業所		I）その旨，A介護サービス事業所に連絡した。	M
7/30	介護者	転倒 ショート提案	S）介護者より電話あり，ベッドへの移動時バランスを崩し本人とともにベッド際に倒れて起こすことができないとのこと。 I）介護職とともに自宅訪問し，本人をベッドに移した。 O）介護者は，このようなことが今後もあると思うと不安だと泣き始めた。 I）介護者を抱きしめ「泣いちゃうだけ泣いちゃうといい」と話し，しばらくそのまま時間を過ごした。介護者が落ち着いたので，早めにショートステイの日を決めましょうと話し，事業所に戻った。	M
8/4	介護者	ショート日程提案	I）介護者に電話し，ショートステイの日程（8月8日）と，初めて利用なので，1泊2日から始めましょうと提案した。	M
8/6	介護者	送迎打ち合わせ	I）家庭訪問し，介護者と8月8日の送迎について打ち合わせをした。	M
8/8	介護者 本人	本人ショート 無理解 本人興奮	I）朝10時半迎えに行った。 O）本人はショートステイの利用を理解しておらず，施設入所後も，23時頃まで落ち着かず，怒った表情で嫌がっていた。0時頃諦めて就寝した。	M
8/11	介護職	落ち着き回復	O）朝，担当介護職員より，夜勤のときの状況の報告を受けた。 I）本人に会うと笑顔で迎えてくれたので安心した。そのことを介護者に連絡する。	M
8/15	本人 介護者 看護職	踊りへの同行	S）介護者より電話あり，以前より約束していたサルサを観に行く日だったが，昨夜介護者自身が寝ていないので本人だけ連れて行ってほしいとのこと。 I）いったん承諾する。 I）15時頃家庭訪問し，夏休みで子どもたちとの記念にもなるので一緒に行きましょうと提案した。 O）介護者は同行に承諾し，看護職とともに，19時に会場に着いた。事前の下見により円滑に入場できた。以前の仲間達も来ており，本人とは久しぶりの再会となった。夫婦でサルサを踊った。	
		本人興奮	帰りに本人が興奮していたため，吸引のために一時停車したが，それ以外問題なく帰宅となった。	M

注：厚生労働省老健局（2021）にて，第5表に「項目欄」が追加となった。

第4節　福祉事務所

1．福祉事務所における記録

1）福祉事務所の業務と相談援助活動

　社会福祉法第14条の規定では，福祉事務所は都道府県・市・特別区については必置義務であり，町村は任意設置となっています。全国の町村で福祉事務所を設置している自治体はわずかのため，これらの町村を管轄するのが都道府県の設置する福祉事務所です。

　市や特別区が設置する福祉事務所の業務は，生活保護法を始めとする社会福祉六法に定められた援助ですが，その他に女性保護や民生委員に関する業務，児童手当や児童扶養手当といった社会手当等の業務，介護保険法に関しての認定調査や介護認定審査会などの業務，精神障害者の方への援助を担っているのが一般的です。また，同条で都道府県が設置する福祉事務所は「生活保護法，児童福祉法，母子及び父子並びに寡婦福祉法に関する援助」を行うと規定されており，福祉三法に関する業務を担っています。

　さて平成の時代になってから，介護保険法や障害者総合支援法の施行といった社会福祉改革により，福祉事務所の業務の柱であった相談援助活動は縮小傾向にあります。

　よって，この節では，改革後も変わることなくソーシャルワーカーがクライエントと直接かかわって相談援助活動をしている，生活保護法に関する業務の記録について取り上げることにします。

2）生活保護の相談と記録

　生活保護制度は日本国憲法第25条の生存権の理念に基づいて，国民の最低生活保障をし，その自立を助長することを目的としていますが，その業務を社会福祉行政機関である福祉事務所が，行政事務として行っていることが特徴といえます。

　よって，生活保護における記録とは，申請受理に始まり，要保護性の把握と調査，調査に基づく保護の要否や程度の決定，被保護者に対しての相談援助活動といった，一連の行政手続きが記録されている「公文書」といえます。生活保護法には不服申立ての制度もあり，最近では生活保護に関する行政訴訟も多く，また各機関による監査（都道府県・厚生労働省・会計検査院・監査委員等）もあり，いずれの場合でも記録が，福祉事務所としての保護決定の適否の判断に重要な資料として活用されます。

　また，福祉事務所のソーシャルワーカーは，生活保護の実施機関である福祉事務所

長が行う事務の執行補助者の立場にあり，ソーシャルワーカーの相談援助活動は，福祉事務所の行政行為として行われています。

よって，相談援助活動の記録は，福祉事務所長や査察指導員の供覧決裁を受ける必要があり，生活扶助や医療扶助の決定時だけでなく，記録も定期的な供覧決裁を受けることが大切です。被保護者に対して，重要な相談助言や指導指示を行なった場合も同様です。また，記録を供覧決裁することは，出張命令に基づいて行われた居宅訪問や病状調査などの「復命」の意味もあります。

3）記録の種類

生活保護の記録は，被保護世帯ごとのケースファイルに綴られている次のような文書・記録の全体をいいますが，一般に支援記録は（e）の経過記録（ケース記録）を指します。

（a）保護台帳

被保護者の本籍地，現住所，世帯の構成，住居，資産，就労状況，扶養義務者等の状況を項目別に要約して記録するもので，フェイスシートにあたります。通常は福祉事務所ごとに様式が定まっています。

（b）保護決定調書

世帯の最低生活費や収入額を認定し，要否判定，種類別の扶助額と方法，開始または変更，却下や廃止の認定日と決定理由等を，起案して決裁を受けるためのシートです。多くの福祉事務所では電子化されており，パソコンに入力する方法をとっています。

（c）医療扶助決定調書

世帯主および世帯員の医療扶助の要否を認定し，医療券や治療材料券を発行するためのシートで，受診している医療機関を把握するためにも活用されます。

（d）面接記録票（インテーク記録）

被保護者が相談に来所してから，申請受理をした経過を記載したシートで，インテーク段階での相談記録票にあたります。通常は福祉事務所ごとに様式が定まっています。

（e）経過記録（ケース記録）

補足性の原理に基づく資力調査（ミーンズ・テスト）の結果，世帯の状況や扶養義務者の状況，自立に向けての相談援助の内容，生活保護法に基づく指導指示の内容や結果，世帯の援助方針を記録するためのシートです。通常は罫線の入った用紙にソーシャルワーカーが直接記載しています。

(f) 保護申請書・所定様式による書類・関係書類

福祉事務所で定めた収入申告書や異動申告書，事務作業を統一化するための扶養義務者調査票や，介護保険料認定票等があります。

4）ケース記録の目的

ケース記録の留意点・役割として「新福祉事務所運営指針」（厚生省社会局〈監修〉，1971）には次の5点が示されています。

(1) 保護決定の根拠および適用の過程を客観的に明確に示すこと。
(2) 被保護者の正確な生活実態の把握を継続的に維持し，つねに援助の適否を検証する資料とする。
(3) (1)および(2)による客観的資料の整備は，不服申立等があった場合に重要な根拠資料となる。
(4) 現業員の業務活動の公的報告書となる。また，査察指導員の指導監督の資料として活用される。
(5) 実務訓練の資料として利用され，保護に対する担当者の反省の資料となり，必要な保護の是正と自立助長のための援助の方向を見出すことを可能にする。

このようにケース記録の目的は，(1)のように保護の受給資格，保護の程度や方法の決定の根拠が法令や通達に適合することを立証する，「最低生活の保障のために」と，(2)のような援助方針に基づいて行うソーシャルワーカーの相談援助活動の内容を示す，「自立助長のために」であり，(3)(4)(5)は記録することによって生じる効果といえます。その際に，事実に基づいて記録し，行政機関としての責任を明確にすることが，大切な視点であるといえるでしょう。

2．生活保護の経過記録（ケース記録）

1）「最低生活の保障のため」の記録の書き方

生活保護法に規定された原理や原則等の条項や，保護の実施要領や医療扶助運営要領等の規定に基づいて，保護費の決定額や費用の返還額の根拠を記録します（表4-20）。

① 保護費は保護決定調書による起案・決裁を経て決定されますが，記録にはこの決定の根拠となる収入申告書の提出日や就労状況，収入状況などを記載します。
② 医療扶助決定調書や台帳によって確認できる内容を，重複して記録に記載する必要はありません。ただし，医療要否意見書に重要な記載がある場合には転記し

ます。
③　保護決定調書や収入申告書などと記録の記載との突き合わせをしやすくするために，符号や番号をつけて相互の関連を明確にします。

2）「自立助長のため」の記録の書き方

個々の世帯員の生活状況や病状，稼働能力の状況，それらの変化と援助内容，指導指示の内容と結果，援助方針などといった，自立に向けた相談援助活動の内容を記録します。

①　記録は圧縮叙述体を基本としながら，援助内容により過程叙述体も活用します。
②　記録は，いつ，どこで，誰と，何の目的で，何を話し，その結果どのような援助を行なったかを明確にし，各項目に見出しをつけると見やすくなります。
③　記録は，ソーシャルワーカーが行った面接や関係機関への調査への「復命書」でもあるため，原則として文体は過去形を用います。ただし面接の様子を伝える場合などは，現在形を用いることもあります。
④　記録は，客観的資料や調査に基づく事実により，保護の適格性や妥当性を明らかにします。また，一方でソーシャルワーカーから見た判断や意見，推測も重要な情報です。時には今後の展開を推測し，今後の援助にあたっての方向性を意見として記載することも必要になります。しかし，客観的事実と推測や意見は明確に分けて記載する必要があるので，その際は「所見」「意見」等の見出しをつけて記載します。
⑤会話体はなるべく用いないようにします。ただし重要な発言をそのまま記載したい場合には，『「○○○○」とのこと』のようにします。
⑥クライエントの生活問題の把握と援助には，生活歴を聴取することが必要ですが最小限度の内容にします。しかし，被保護者が稼働年齢層の場合は，職業歴を分析することが就労支援のポイントになるので，仕事の内容や保険関係を具体的に記載することが大切です。

3）記録内容へのコメント

ケース記録では世帯主を略して「主(ぬし)」と記載することが多いですが，保護受給期間が長期になると世帯主の変更もありますので，カッコで名を記載するとよいでしょう。

記録では「主より」「担当者より」と，誰が，何を話したかが区分されて記載されており，ソーシャルワーカーが居宅や病院に訪問する目的も記載されています。行政行為としての生活保護制度では，これを明確にすることが必要です。定例訪問や援助方針の変更をした際に，査察指導員の供覧決裁を受けていることもわかります。

表4-20 経過記録（ケース記録）

（フォーマット：厚生省社会局庶務課，1971，横浜市福祉局保護課，1996，渋谷哲，2013をもとに著者作成）

1．生活保護申請に至る経過

　平成30年8月1日，世帯主である鈴木花子が生活保護の相談で来所。長男・太郎との2人世帯。前夫からの暴力と女性問題が原因で1年前に離婚。その後はパート就労で生活していたが，6月上旬から体調不良になり退職し現在は求職中。医師からは慢性腎炎のため当面は就労不可との診断。母親は東北X県で生活保護受給中。収入がなく預貯金も消費済であり，児童手当と児童扶養手当のみでは生計維持困難のため生活保護を申請。

2．保護申請日と申請理由

　保護申請書受理　平成30年8月1日付　　世帯主の傷病により生計の維持が困難のため。

3．実施調査

平成30年8月3日
　世帯が居住するY県Z市本町の市営住宅を訪問。主（花子）から生活状況について聴取した。生活保護制度について説明後，別添のとおり収入申告書・資産申告書・親族および扶養義務者の記載書，同意書を受理。

平成30年8月4日
　扶養義務者の居住地を把握するため，戸籍謄本等を郵送請求する。
　　① 母親・鈴木京子　　X県W市役所あて戸籍（除籍）謄本・附票の請求
　　② 妹・木村竹子　　　X県V市役所あて戸籍（除籍）謄本・附票の請求
　　③ 前夫・佐藤雄太　　戸籍課住民係あて戸籍（除籍）謄本・附票を請求

平成30年8月5日
　主（花子）の病状調査のため，高橋クリニックを訪問。主治医の高橋医師より病状と予後について聴取。

4．居住地の認定と実施責任

　本世帯が居住する「Z市本町1-1-1　本町市営住宅1号棟101号室」を居住地と認定し，同所を所管する当福祉事務所の実施責任とする。保護歴はなし。

5．生活歴

世帯主・鈴木花子　昭和58年7月1日生　35歳

　東北のX県にて，会社員の父・鈴木一平と専業主婦の母・聖子の間に2人姉妹の長女として出生。地元の小・中学校を卒業後，私立高校に進学。3年生の春に両親が離婚，そのこともあり同年秋に退学。首都圏であるY県Z市に来て，その後はZ市内の居酒屋で昼夜バイトの生活。

　25歳時に店で知り合った男性と同棲し，妊娠がわかり結婚。当初から前夫による暴力と女性問題があったが，数回に渡ったため昨年8月に離婚。その後，昼間はスーパー，夜は居酒屋でパート就労し生活してきた。2カ月前より体調不良となり受診。慢性腎炎と診断されてパートを退職。社会手当と預貯金で生活してきたが消費してしまい，平成30年8月1日に生活保護の申請。前夫（佐藤雄太・40歳）の居住先は不明，携帯電話も不通。離婚時に養育費の相談をするも拒否された。なお，これまで常勤（社会保険適用）での勤務経験はない。

長男・鈴木太郎　平成20年5月1日生　10歳　Z市立本町小学校4年生

　Y県Z市にて，契約社員の父・佐藤雄太と専業主婦の母・花子の間に長男として出生。主（花子）によれば「父親（佐藤雄太）が太郎を可愛がる様子はあまり見られなかった」と。

6．病状および稼働能力

　平成30年8月5日，主（花子）の通院先である高橋クリニックの高橋主治医より聴取。
　初診日は平成30年6月1日，通院は2週間に1回。病名は慢性腎炎で，当面は治療専念の病状であり就労は望ましくない。現在は投薬と食事制限により治療している。

表4-20　経過記録（ケース記録）（つづき①）

7．住居の状況
　　市営住宅4階建ての1階　間取りは2DK（洋室8畳・和室6畳・トイレ・浴室）。
　　家賃　月額 25,000円　平成30年3月分〜8月分まで6カ月滞納しているとの申告。
　　入居日　平成25年5月　　　貸主　Z市役所　都市整備部住宅課

8．扶養義務者の状況
　① 実母・鈴木京子　　　戸籍謄本・附票［別添1-1］　　〔記録と書類の突き合わせをしやすくします。〕
　　　住所・連絡先　　X県W市○○○　　　　　　　電話番号　△△△
　　　扶養依頼　主（花子）によれば生活保護受給中なので，扶養依頼は送付せず。
　② 妹・木村竹子　　　戸籍謄本・附票［別添1-2］
　　　住所・連絡先　　X県V市○○○　　　　　　　電話番号　△△△
　　　扶養依頼　主（花子）によれば，妹本人・夫・子ども2人の4人世帯。これまでも妹から金銭的援助
　　　　　　　　を受けたので，これ以上は迷惑かけたくないと。
　　　　　　　　よって，当面は扶養依頼の送付はせず，今後の生活状況により検討する。
　③ 前夫・佐藤雄太　　　除籍謄本［別添1-3］　　　Y県U市へ転籍。
　　　住所・連絡先　　調査中［Y県U市役所あて戸籍（除籍）謄本・附票の請求中］。
　　　扶養依頼　主（花子）は「前夫による暴力と女性問題が離婚の理由でもあり，離婚時も相当にもめた
　　　　　　　　ので，これ以上かかわりたくない」と。よって，居住先が判明しても当面は扶養依頼の送
　　　　　　　　付はせず，今後の生活状況により検討する。

9．他法・他施策の状況
　① 国民年金　　　　　　加入　年金事務所に照会中　　基礎年金番号　△△△
　② 国民健康保険　　　　加入　年金保険課国民健康保険係に確認　　番号　△△△
　③ 自動車運転免許証　　取得　主（花子）より確認

10．資産の状況
　① 手持金　20,000円
　② 預金　申告された通帳は1冊で残高は1,000円。Z市本町周辺の4銀行に残高照会中。
　③ 活用できる資産　特になし。

11．負債の状況
　　市営住宅家賃　　月額 25,000円×6カ月分＝150,000円　　Z市役所　都市整備部住宅課

12．要否判定　　2人世帯　1級地-1
［最低生活費認定額］
　　生活扶助　　1類　　主（35歳）38,430円＋長男（10歳）34,390円＝72,820円
　　　　　　　　　　　　　　72,820円×0.885＝64,440円
　　　　　　　　2類　　　2人（居宅）　　　　　　50,180円
　　　　　　　　加算　　　母子加算（児童1人）　　22,790円
　　　　　　　　　　　　　児童養育加算　　　　　　10,000円
　　教育扶助　　基準費　　長男（小学校）　　　　　2,210円
　　　　　　　　学習支援費　長男（小学校）　　　　2,630円
＋）住宅扶助　　市営住宅実額　　　　　　　　　　25,000円
　　　　　　　　　　　　　　　　　　　　　　　177,250円

表4-20 経過記録（ケース記録）（つづき②）

[収入認定額]
　　社会手当　　　　　児童扶養手当　　　　　42,290円
　＋）　　　　　　　　児童手当　　　　　　　10,000円
　　　　　　　　　　　　　　　　　　　　　　52,290円
[要否判定] 最低生活費認定額 ＞ 収入認定額 により要である。

13. 保護の決定
　世帯主の傷病により収入がなく最低生活の維持が困難であると認め，生活保護法による保護を，平成30年8月1日付で開始とする。

14. 程度の決定
　保護費　　最低生活費認定額177,250円－収入認定額52,290円＝124,960円
　　　　　　手持金および預金の21,000円については，最低生活費認定額の5割以下のため保有を認める。
　種類と方法　生活扶助・教育扶助・住宅扶助は金銭給付，医療扶助は現物給付とする。

平成30年8月12日　所内面接（13：00）
　主（花子）が来所。担当者が整理した生活課題と援助方針を説明し，主の思いを考慮して以下の通り修正した。主も同意。
[生活課題]
1. 世帯主・花子は傷病（慢性腎炎）により就労ができず，手持金も消費しており生活の維持が困難である。
2. 主治医は，当面は治療専念の病状であり就労は望ましくないと診断している。
3. 扶養義務者である母や妹からの援助は期待できない状況である。
4. 現在のところ，離婚した前夫の転居先は不明である。
5. 市営住宅の家賃を6カ月分滞納している以外は，特に負債などはない。
[ストレングス面]
　主・花子は，前夫の暴力や女性問題での離婚後も，長男との生活のために昼夜のパートを続けて生活を維持してきた強さが見られる。現在は治療専念の状態であるが，早期に就職活動を開始して就労自立を目指したいと意欲的である。
[援助方針]
短期的援助計画
1. 主・花子は服薬と食事の調整による治療専念とし，生活の立て直しを図る。
2. 市営住宅の家賃滞納については，主が直接，都市整備部住宅課と相談する。
中期的援助計画
1. 体調が回復したら主治医と相談しながら求職活動を開始する。なお，主による求職活動に限界や課題があるようなら，就労支援プログラムの活用も検討する。
2. 主から母親と妹に現状を説明し，援助を依頼するとともに緊急連絡先になってもらう。
長期的援助計画
1. 就労自立をめざす。
2. 前夫の状況を確認しながら援助の依頼が可能か否か検討する。

平成30年8月13日
　以上の通り，保護と程度を決定し，援助方針に基づいて保護を開始してよろしいか伺います。
　　　　福祉事務所長　印　　　生活保護課長　印　　　査察指導員　印　　　担当者　印

表4-20　経過記録（ケース記録）（つづき③）

平成30年9月10日　居宅訪問（15：00）　（目的をしっかり書きましょう）　（訪問格付による訪問を記載します）
　保護開始1カ月が経過したため，生活状況を確認するために訪問。（定例訪問）
　主（花子）が在宅していたので面接。長男（太郎）は学校のため不在。
［主より］
1．生活の様子
　ちょうど買い物から帰宅したところ。室内は大変きれいに整頓されており採光も良い。保護開始により生活に余裕ができ，気持ちも楽になったと。主は「2カ月前までは生活費に困り，あのときは子どもにも八つ当たりしていました」とのこと。　（クライエントの言葉は「　」で）
2．病状・通院状況
　腎炎は服薬により安定してきた。3カ月前は買い物に行くのにも辛かったが，現在は日常生活には支障はない。通院は4週間に1回となった。体調も良いのでパート先を探したい。
3．家賃（市営住宅）の滞納について
　半年間滞納していた分は市役所の住宅課と相談して，1年間の分割払いにしてもらった。保護費からの返済となるが，生活費を切り詰めれば大丈夫である。
［担当者より］
1．就労について　（具体的に助言したことを区分します）
　パート先を探す前に，次回の通院時に就労の可否を主治医に確認し，その結果を担当者に連絡してほしい。
2．家賃の滞納について
　生活費に直接影響するので，生活が苦しいようであれば担当者に相談するように。また，住宅課との「市営住宅費返済書」の写しを担当者に提出するように。

　　　　　　　　　　　　　　　　　　　　　　　査察指導員　印　　　担当者　印

平成30年10月9日　所内面接（11：00）
　主（花子）が来所。通院の帰りとのこと。
［主より］
1．就労について
　受診時に主治医へ確認したところ，病状は安定しており体調に注意しながらの就労はかまわないと言われた。早速，友人に聞いたり新聞の折り込み広告で就労先を探したい。
2．住宅課との「市営住宅費返済書」の写しを受理。［別添2］
　　返済期間　平成30年9月～平成31年8月　月額12,500円　（重要な内容は転記します）
［担当者より］
　主治医の意見については了解した。担当者も確認するので，その結果が出るまで求職活動は控えてほしいと伝える。

平成30年10月10日　住宅課・住宅係に確認
　家賃滞納分の返済方法は，書類のとおり1年間の分割払い。8月・9月と返済されている。

平成30年10月25日　高橋クリニック訪問（15：00）
　主（花子）の病状確認のため訪問。高橋主治医より確認する。
［高橋医師より］
1．病状・通院状況
　腎炎は服薬により安定しており日常生活に支障はない。指示どおりに通院をしている。
2．就労について
　病状は安定しているので就労はかまわないが，フルタイムの立位作業は疲れが出るだろう。仕事の内容や時間については，本人の体調に留意して検討してほしい。

120　Ⅱ　実践編

表4-20　経過記録（ケース記録）（つづき④）

平成30年10月26日
［担当者所見］　←（ワーカーの意見を記載するときは「所見」とします）
　保護開始3カ月を経過したが、保護受給により生活は安定している。病状も服薬により安定しており、主（花子）もパート就労を始めたいと話している。病状および就労の可否について主治医に確認したところ、就労はかまわないが体調に留意してほしいとのことであった。主自身も病状は認識しており、求職活動を開始することは適切と思われる。
　なお、主治医から「フルタイムの立位作業は疲れが出るだろう」との意見があったが、パート就労で「フルタイムの立位作業」以外の職種を探すのは困難である。よって、求職先の選定については状況を見ながら就労支援員による相談も検討する。
［援助方針の変更］
　以上により、短期的援助計画の2項目は達成できたと評価できる。よって、中期的援助計画の2項目である「求職活動の開始」と「母親および妹への連絡と援助依頼」に変更する。
　　　　　　　　　　　　　　　　　　　　　　　査察指導員　印　　　担当者　印

（援助方針の変更なので供覧決済を受けます）

平成30年10月30日　主（花子）へ電話をする
　担当者より10月25日の医師への確認内容、援助方針の変更について伝える。主も了解し、体調に留意しながら求職活動をしていきたいと。

第5節　介護老人保健施設

1．記録の種類

1）介護老人保健施設の特徴

　介護老人保健施設は、介護保険で被保険者である利用者にサービスを提供する介護保険施設の一つです。介護保険法に基づく開設許可を得て、病状が安定期にある利用者に医学的管理に基づいたリハビリテーション、看護・介護を行います。療養上必要な医療の提供は施設内で行われるため、医師は常勤で1名配置され、看護師、介護職員、介護支援専門員、支援相談員、理学療法士、作業療法士または言語聴覚士も必置となっています。居宅における生活への復帰を念頭にサービスを提供する施設であり、介護報酬でも家庭への復帰率の高い施設は報酬が高く設定されています。一方、介護老人福祉施設への入所待ちである利用者や、家族が介護負担を感じる医学的管理の必要な利用者も多く、入所期間が長期化している方もいます。

2）必要な記録

　介護老人保健施設において作成している記録には、介護保険法の規定に基づく、介護老人保健施設の人員、施設及び設備並びに運営に関する基準で定められている記録（第38条記録の整備）と施設独自で作成している記録があります。後者の例示は、筆

者の所属機関の場合です。

(a) 介護保険法の規定に基づいて定められている記録（　）内は筆者による解説

①施設サービス計画（例：施設サービス計画書（1）・（2）週間サービス計画表など）

②居宅において日常生活を営むことができるかどうかについての検討の内容等の記録（例：介護支援専門員が記録する支援経過など）

③提供した具体的なサービス内容等の記録（例：診療録，看介護記録など）

④身体的拘束等の態様及び時間，その際の入所者の心身の状況並びに緊急やむを得ない理由の記録（例：緊急やむを得ない身体拘束に関する説明書，経過観察・再検討記録）

⑤市町村への通知に係る記録（例：入退所連絡票など）

⑥苦情の内容等の記録（例：苦情対応マニュアル，苦情対応記録など）

⑦事故の状況及び事故に際して採った処置についての記録（例：事故報告書など）

(b) 施設独自で作成している記録

①運営管理に関わる記録（例：職員勤務表，業務マニュアル，委員会や会議の議事録，実習に関する記録，個人情報保護規定など）

②サービス提供に関わる記録（例：急変時における延命措置についての意思確認書，入所・外出支援リスク説明書，家族介護教室の案内，行事案内など）

③相談援助に関わる記録（入所相談表，インテーク記録，個別相談記録，支援経過など）

④法定内加算算定に必要な記録（栄養マネジメント加算，ターミナルケア加算など。記録の整備に記載はないが，加算算定時には必須）

　介護老人保健施設の記録については，さまざまなソフトや記録様式が用いられていますが，公益社団法人全国老人保健施設協会ではR4システム[3]を推奨しています。全国老人保健施設協会が2015年に行った調査では，導入率は2割程度であるとの回答でした。R4システムは介護老人保健施設がその理念に合った支援を展開するために開発した記録様式であり，今後多くの施設への導入が望まれています。

3）全国老人保健施設協会が老人保健施設のケアを理念に適ったものにすべく開発した記録様式。

2．支援相談員のソーシャルワーク記録
1）開始期のソーシャルワーク記録

　さまざまな記録のなかで，支援相談員の記録はソーシャルワーク実践のプロセス[4]（福山，2009）に沿って行います。開始期と展開期に分けて考えることができ，開始期は入所相談記録（フェイスシート），アセスメント・プランニング記録，展開期は支援経過記録，モニタリング記録などがあります。

　入所相談記録は，主に入所を希望する利用者や家族との面接を記録したもので，インテーク記録になります。利用者や家族の氏名，住所，連絡先から始まり，既往や現病歴などの医療情報，介護情報，介護保険を始めとした社会保障制度の利用状況やインフォーマルサービスなどの利用情報，経済状況，施設入所を希望した経緯や入所後の生活への希望などを記録していきます。利用者や家族からの面談では十分確認できない内容もあり，その場合は担当介護支援専門員や医療ソーシャルワーカーなど，施設入所を紹介した専門職への聞き取りや利用者のもとに出向いて行う実態調査を通して，それぞれ必要な情報を記録に追加していきます。介護老人保健施設は居宅における生活への復帰を目指す施設であるため，入所相談の段階から居宅における生活への復帰の可能性を確認する必要があります。居宅における生活への復帰について，利用者や家族がどのように考えているのか，居宅における生活への復帰困難な場合は，今後の方向性についてどう考えているかについても確認し記録します。さまざまな情報をもとに，実態調査や入所判定会議を行い，入所の可否を判定します。幅広い情報を入所前に収集することは，入所後の支援をイメージしやすく，介護支援専門員が，施設サービス計画書原案を作成するために必要不可欠です。聞きにくい項目として経済状況がありますが，事前に確認することで介護保険負担限度額認定[5]の漏れをなくすこと，施設利用料の未納を防ぐこと，居宅における生活に復帰ができない場合に経済的に負担のない範囲の退所先を紹介できることなどのメリットが挙げられます。

　アセスメントおよびプランニングでは，面接により主訴を確認し，アセスメントにより課題を分析し，具体的なゴールを定めたプランニングを行います。入所後の主訴の確認と，本人や家族の身体的，心理的，社会的，経済的，環境的な状態を把握したうえで必要なニーズを記録していきます（表4-22）。インテーク面接での相談内容と

4）相談援助の過程は開始期（導入期），計画期，実践期（展開期），展開期に分けられる（福山，2009，p.51）。
5）低所得の利用者の施設利用が困難とならないよう利用者負担段階に該当する場合は所得に応じた負担限度額までを自己負担し，基準費用額との差額は介護保険から給付される。

入所後の相談内容は異なることが多く，入所後はより具体的に生活上の支障に関しての相談に対応していきます。ここで一番大切なことは，主訴＝ニーズとは限らないということです。利用者や家族が訴えてくる内容は表面上の相談である場合や，利用者や家族自身も真のニーズに気づいていない場合もあります。そのため，支援相談員には課題を分析する力が求められます。プランニングするときには短期的に問題解決することだけにとらわれず，本人や家族のストレングスを見出し，ストレングスを活用しながら，問題に取り組んでいく姿勢が大切です。支援の主役は誰なのか，実現可能な支援なのかどうかも含めプランニングしていきます。通常，介護老人保健施設でのケアマネジメントサイクルは3カ月に1度です。プランニングを行う際，利用者本人の課題であれば，介護支援専門員の施設サービス計画書（2）のサービス内容を展開させる形になります（表4-23）。その都度，支援の進捗状況を介護支援専門員と共有し，双方の課題設定が連動するようにしておくと良いでしょう。

2）展開期のソーシャルワーク記録・終結期のソーシャルワーク記録

展開期の記録には，支援経過記録，モニタリング記録があります。支援経過記録の様式は施設によりさまざまです。支援相談員単独で記録をしている場合や，介護支援専門員と一緒に記録し情報を共有している場合もあります。支援経過記録の例として，生活支援記録法を用いて記録をする方法があります（表4-24）。生活支援記録法を用いることで，支援者による記録内容のばらつきが減り，記録しやすいだけでなく，記録の効率化や記録の統一化にもなります。また，サービス担当者会議で多職種と情報を共有する場合にも，支援相談員の支援の意図，根拠ある支援が記録されているため，わかりやすい記録となるでしょう。モニタリング記録，終結期の記録も支援経過記録に書き込む方法が多いかと思います。介護保険では介護支援専門員は月1回のモニタリングが義務づけられていますが，支援相談員の記録に関しての義務づけはありませんので，自身が設定した目標の設定期間に沿ってモニタリングを行い，支援終了時には終了に至った状況を記録します。

3．各種記録の説明
1）介護老人保健施設における支援プロセス（図4-1）

介護老人保健施設では，概ね3カ月サイクルで計画の見直しを行います。サービス担当者会議の招集メンバーや開催方法などは各施設によってさまざまだと思いますので，ここでは当施設のプロセスを例示しました。

II 実践編

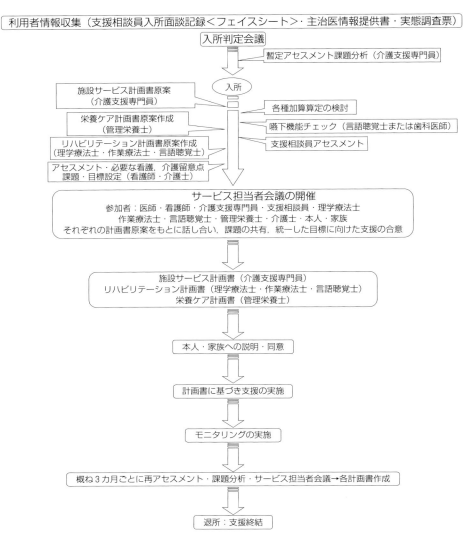

図4-1 介護老人保健施設における支援プロセス (著者作成)

2）入所面談記録・フェイスシート（表4-21）

インテーク面接で収集した情報を記入するシートで，本人の状態，本人を取り巻く環境などを総合的に聞き取れるよう，多くの項目を設けています。入所判定の情報として，また，施設サービス計画書原案作成の情報として必要な項目を網羅しておくと良いでしょう。

3）アセスメント・プランニングシート（表4-22）

主訴の聴取，本人の状態，取り巻く環境などの情報を総合的にアセスメントし，課題を設定します。その課題に対してプランニングを行います。課題には短期で解決できるもの，長期的に支援が必要なものがありますので，それぞれの支援期間を決め，期間がきたらモニタリングを行います。モニタリングの結果，達成できなかった課題，新たに出てきた課題に対し再度プランニングを行います。支援終了時には支援終了に関する経過を記録します。

4）施設サービス計画書（表4-23）

施設サービス計画書（2）は，計画担当介護支援専門員が作成します。表4-23では#3や#5の課題に対して支援相談員が介入するよう明記され，支援相談員は#3や#5のサービス内容をより具体的に展開する形でプランニングを行い，それを表4-22に記録します。

5）支援経過記録（表4-24）

支援経過記録の方法はさまざまですが，ここでは生活支援記録法を用いた記録を例示しました。支援経過記録には，いくつかの役割があります。それらは，支援相談員が行った支援の経過を残すこと，残された記録を見返して支援を振り返ること，多職種が記録から情報を得ることなどです。利用者や家族が閲覧する可能性もあります。こういった役割を考えるとよりわかりやすく，簡潔に，また膨大な記録を効率的に行える記録方法を用いることが良いでしょう。

表4-21 フェイスシート

受付日：平成 29 年 11 月 1 日（水） 面談者： 支援相談員 T

	フリガナ	エービー		性 別	男・㊛	年齢	82歳
	氏 名	A．B		生年月日	明・大・㊌ 10 年 1 月 11 日		
				要介護度	要支援（1・2）・要介護 ①・2・3・4・5		
				有効期間	平成○年○月○日～平成×年×月×日		
	現住所	〒●●●－×××× T県○市○○町1234-5			（電話番号　0287-●●-××××　）		
	居宅CM	D氏		事業所 連絡先	居宅介護支援事業所●● （　0287-×××-●●●●　）		
	主治医	E氏		病院 連絡先	○市総合病院　内科 （　0287-○○-××××　）		
相談者	フリガナ	エフ　ジーコ		関係	長女		
	氏 名	F・G子					
	現住所	〒●●●－×××× T県○市○○町678-9 （電話番号：			携帯電話：090-○○○○-●●●●）		

家族構成

（同居は線で囲む）
本人　…　□ ◎
男　…　□
女　…　○
死亡　…　■ ●
夫婦　＝
キーパーソン…K

67歳　K 59歳　独居

主介護者	フリガナ			関係	
	氏 名	同上			
	住 所	〒 （電話番号：　　　　　携帯電話：　　　　　）			

主介護者 仕事先	主介護者の仕事　あり〔　：　～　：　〕㊺（○で囲む）		
		所在地	電話

介護者の 状況	主介護者の健康状態　　　　　具体的に病歴・通院など 良好　普通　あまり良くない　悪い　（　高血圧症にて内科・腰痛症にて整形外科受診中　）

サービス利用を希望される理由
　　転倒し，腰痛があったので自宅での生活が難しくなった。入院しリハビリで回復したが，
　　自宅での独居生活の継続は高齢なので難しいと考えている。今後，安心して生活できる場を
　　探したい。
サービス利用で達成したい目標
　　安定した歩行の継続，今後の生活の場の検討と決定。

表4-21 フェイスシート（つづき①）

経済状況	居室希望	トイレ付個室・トイレなし個室・(4人部屋)・特になし（その他　　　　）			
	年金の種類	(国民年金)・厚生年金・共済年金・軍人恩給・その他（　　　　円）			
	その他収入	0　円	負担可能額	月6万　円	
	金銭管理	本人・日常生活自立支援事業	介護保険負担限度額認定	2　段階	
	金銭管理特記事項：日常生活自立支援事業支援員O氏月1回来苑予定				

既往歴	病名	発病年月	治療・入院歴	期間
	慢性心不全	（H○年・×月）	O市総合病院	（　通院　　～　　）
	腰痛症	（H○年・×月）	O市総合病院	（○月×日～○月×日）
		（　　　　）		（　　～　　）
		（　　　　）		（　　～　　）
		（　　　　）		（　　～　　）
		（　　　　）		（　　～　　）

現在の状態及びサービス内容

現在受けているサービスの頻度（回／週・月）を記入
1. (入院)・入所中（機関名　O市総合病院　）　　10. 短期入所療養介護　　（　　）
2. 通所介護　　　　　　（　　）　　　　　　　　11. 福祉用具貸与　　　　（　　）
3. 通所リハビリテーション　（　　）　　　　　　12. 福祉用具購入　　　　（　　）
4. 訪問介護　　　　　　（　　）　　　　　　　　13. 住宅改修　　　　　　（　　）
5. 訪問看護　　　　　　（　　）　　　　　　　　14. その他　　　　　　　（　　）
6. 訪問リハビリテーション　（　　）
7. 訪問入浴介護　　　　（　　）
8. 居宅療養管理指導　　（　　）
9. 短期入所生活介護　　（　　）

	月	火	水	木	金	土	日
午前							
午後							
夜間							

入院・入所先の状況	担当ソーシャルワーカー：Hソーシャルワーカー 入院後，病状回復し痛みもなく歩行器歩行できているが，キーパーソン長女より自宅での独居生活は難しいと相談あり。今後，リハビリを継続しながら低額で利用できる施設を探していきたいと希望。過去に家族による年金の搾取があったため，金銭管理は日常生活自立支援事業利用中，支援員が月1回訪問し支援している。

表4-21 フェイスシート（つづき②）

1日のスケジュール											
	0	6	8	9〜10	11 12	14〜〜16	18	20	22	24	
ご本人の生活パターン		起床	口腔ケア	朝食 口腔ケア	趣味活動	自己リハビリ	昼食 口腔ケア	おやつ	趣味活動	夕食 口腔ケア	就寝 排泄

	身長（ 135 cm）		体重（ 28 kg）
日中の様子	病室で好きな編み物や手芸を行っている。		
夜間の様子	睡眠薬内服なし　良眠できている。		
障害老人日常生活自立度	J1　J2　(A1)　A2　B1　B2　C1　C2		
痴呆老人の日常生活自立度	(無)　Ⅰ　Ⅱ　Ⅱa　Ⅱb　Ⅲ　Ⅲa　Ⅲb　Ⅳ　M		
麻痺	(無)　有　右上肢　右下肢　左上肢　左下肢　四肢		
拘縮	(無)　有　右上肢　右下肢　左上肢　左下肢　四肢		
筋力低下	無　(有)　右上肢　(右下肢)　左上肢　(左下肢)　四肢		
褥瘡	(無)　有　部位：　　　　　　　既往：		
身体状況	視力：(普通)　弱視　全盲　その他 　　　(日常生活への支障がない)　大きい字は読める　全盲または近い状態　視野狭窄 聴力：普通　(やや難聴)　難聴 　　　日常生活への支障がない　(大きい声なら聞こえる)　補聴器使用で聞こえる　ほとんど聞こえない		
意思疎通	言語：(問題なし)　意思伝達できる　意思伝達できない　（　　　　　　　　　） コミュニケーション状況：問題なし 対人関係：他者との関係は良好		
言動	認知症：(問題なし)・問題あり　（　　　　　　　　　　　　　　　　　　　） 精神症状：(問題なし)・問題あり　（　　　　　　　　　　　　　　　　　　）		
食事	動作：(自立)　見守り　一部介助　全介助　（　　　　　　　　　　　） 区分：一般食（　　　　）(療養食)（　塩分制限食　）経管栄養（　　　　） 主食：(常食)　全粥　パン　麺 副食：(普通)　一口大　きざみ　ソフト食　ペースト　禁止食品：（　　　） 道具：(はし)　スプーン　フォーク　自助具（　　　　　　　） 嚥下：(問題なし)・問題あり　（　　　　　　　　　　　　　　　　　）		
排泄	尿意：(有)　時々有　無　便意：(有)　時々有　無 行為：〈日中〉(自立)　見守り　一部介助　全介助　〈夜間〉(自立)　見守り　一部介助　全介助 方法：(トイレ)　Pトイレ　尿便器　排泄ケア用品：尿とりパッド　リハビリパンツ　オムツ		
移動	自立　見守り　一部介助（　　　　　　　　　　　　　）全介助（　　　　　　　） 道具：杖　(歩行器)　　　　オパル歩行器　　　　車椅子　リクライニング　その他（　　　） ベッド上可動性：〈寝返り動作〉(自立)　一部介助　全介助　〈起居動作〉(自立)　一部介助　全介助		
入浴	自立　(見守り)　一部介助　全介助 (個浴)　シャワー浴　機械浴　（　　　　　　　　　　　　　　　　　　　　　）		
更衣	上衣：(自立)　見守り　一部介助　全介助　下衣：(自立)　見守り　一部介助　全介助 （　　　　　　　　　　　　　　　　　　　　　　　　　　　　　　　　　　）		
生活歴：昭和10年，旧Y村にて農家の長女として生まれる。兄弟は兄，本人，妹の3人兄弟。子どものころから農業を手伝い，中学校まで進学。卒業後は呉服屋に就職，住み込みで和裁業を行った。20歳で左官職人である夫と結婚し，専業主婦となり二人の子宝に恵まれた。子どもが小学校に上がったころより知り合いの温泉旅館からの依頼で浴衣や半纏を作る仕事を自宅で行い，和裁・洋裁で収入を得て家計を助けていた。子どもたちが独立後すぐに夫が急逝し，頼まれる和裁を細々と行いながら独居生活をしていた。			
趣味：和裁，洋裁，農作業 職業：和裁・洋裁業 性格：社交的，しっかり者，面倒見がいい		特記事項（他科受診等）	

表4-21 フェイスシート（つづき③）

相談内容：	自宅で転倒し，入院していたが，経過良好で杖歩行可能，痛みなく経過している。 退院後は独居生活は難しいと施設入所を希望，リハビリを継続するため介護老人保健施設に申し込むことになった。リハビリを行いながら，低額で最期まで生活できる施設を探して入所したいので，情報提供，施設紹介をしてほしい。 入院で介護度Ⅰになったが，回復状況から要支援の認定になるかもしれないので，その場合は自宅に帰るか，要支援でも入れる施設を探していくか検討したい。
本人の希望：	娘が一人暮らしは危ないというので，施設に入ることにした。 でも，自分ではまだ自宅で生活できると思っている。 ここにずっとお世話になれないと聞いているので，自宅に帰るか，最期まで入れる施設を探すか，考えていきたい。 初めての経験なので，緊張しているが，少しずつ慣れて，お友達を作りたい。 編み物や縫物が好きなので，そういった楽しみを続けていきたい。 前に息子にお金を使われてしまったことがあるので，お金の管理は自分でやりたい。 今まで通り，日常生活自立支援事業を利用したい。
家族の希望：	転んで入院になったので，退院後一人で生活させるのは難しいと思っている。 私（長女）も体調があまり良くないので，本人宅に通って介護する自信はない。 少しくらいなら手伝えるとは思うが，ずっと続けるとなると不安。 本人の家に帰りたい思いを尊重してあげたいので，外出や外泊ならできるかと思う。今後どうしていくか，相談員さんやケアマネジャーさんにいろいろ相談しながら決めていきたい。
今後の方向性：	自宅に帰るか，最期まで入れる施設を探すか検討していきたい。

エコマップ：

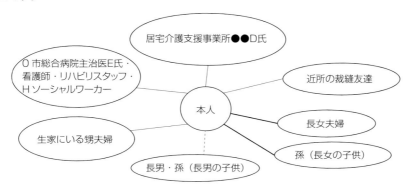

その他：

表4-22 アセスメント・プランニングシート

利用者氏名：A.B	日時：平成30年1月1日	No. 1

主訴：
① お金のことが心配。今のサービスを使って管理していきたい。
② 今後，どこで生活すればいいか，生活の場を決めていきたい。
③ 自分の子どもとはいつも喧嘩になってしまう。いろいろ相談したいが，相談できない。不安な思いを聞いてほしい，相談にのってほしい。

課題：（本人が何に困っているか，何を望んでいるか，本人の言葉で書く）
① 安心してお金の管理ができるようになりたい。利用料金や手数料，おこづかいなど必要なお金がいくらかがわかり，必要なお金がいつでも手元に届くようにしたい。
② 今後の生活の場を決めていきたい。
　（要支援の場合，要介護の場合）
③ 家族関係の不安を軽減したい。いつでも相談できる人にそばにいてほしい。

支援計画：
① 日常生活自立支援事業利用の継続。月1回施設利用料金，手数料，おこづかいなど必要な金銭の支払い，支払い後の残高の確認を行えるようにする。他者からの干渉を防ぐため，個室を用意する。
② 介護支援専門員と協働し，今後の居住の場についての情報提供を行う。国民年金，恩給額の範囲内で入所できる施設の見学や在宅訪問などを行う。
③ 不安な思いや，相談事は支援相談員にいつでも相談できることを伝えていく。家族面会時の本人の様子に注意し，面会後の精神面の支援を行う。

モニタリング：

終結記録：

第4章　機関・施設における相談援助記録

表4-23　施設サービス計画書

施設サービス計画書 (2)

利用者名　A.B　様　　　　作成年月日　平成30年 1月 1日
　　　　　　　　　　　　　作成者　介護支援専門員　C

生活全般の解決すべき課題（ニーズ）	目標				援助内容			
	長期目標	（期間）	短期目標	（期間）	サービス内容	担当者	頻度	期間
#1：全身状態の観察が必要です（慢性心不全）	心不全症状の観察と対応が受けられる	1/1～6/30	適切な観察と対応が受けられる	1/1～3/31	1-1) 血圧、脈拍、呼吸状態、浮腫、体重増加、胸部症状等の観察、異常時は速やかに医師の指示確認 1-2) 療養食の提供、塩分制限6g未満常食	看護師・介護士 医師・管理栄養士・言語聴覚士	随時 毎日	1/1～3/31
#2：歩いて移動したい	歩行が続けられる	1/1～6/30	歩行器を使用し、転倒せずに歩ける	1/1～3/31	2-1) 移動：オパル歩行補助具の提供（歩行に適した歩行補助具の提供） 2-2) 下肢痛の確認 2-3) サイズや履きき方など適切なシューズ着用の確認 2-4) リハビリの実施	理学療法士 看護師・介護士 看護師・介護士 理学療法士	歩行時 随時 随時 週2回	1/1～3/31
#3：自分のお金は自分で管理したい	金銭への不安が軽減できる	1/1～6/30	手伝ってもらいながらお金の管理が自分で行える	1/1～3/31	3-1) 日常生活自立支援事業利用、定期訪問にて必要な金銭の管理 3-2) 金銭への不安や相談の対応	本人・支援相談員・日常生活自立支援事業員 支援相談員	月1回 随時	1/1～3/31
#4：施設のなかで楽しみを見つけたい	楽しみのある生活が送れる	1/1～6/30	編み物や裁縫など好きな活動が行える	1/1～3/31	4-1) レクリエーションや施設行事への参加誘導、好きな活動の継続支援 4-2) 他者と会話ができるよう環境の配慮 4-3) 他者との行き違いがある場合はスタッフ介入	介護士 看護師・介護士 看護師・介護士	随時 随時 随時	1/1～3/31
#5：これからどこで生活するのか考えていきたい	生活の場が決定できる	1/1～6/30	自宅への外出や外泊、施設を利用して生活の場が検討できる	1/1～3/31	5-1) 自宅への外出・外泊の試み 5-2) 家屋調査の実施 5-3) 在宅で利用できる介護保険サービスの情報提供 5-4) 介護認定に合わせ入所できる施設見学の実施	本人・家族 介護支援専門員・理学療法士 介護支援専門員・支援相談員 本人・家族・介護支援専門員・支援相談員	随時 随時 随時 随時	1/1～3/31

表4-24 支援経過記録

日付/F	支援経過	A
○月○日 長女と口論への介入	居室にて S）「自分の金なんだから，何をどう使おうと勝手だろ。まだボケてないんだから，金の管理くらい自分でできるよ」 長女S）「自分のお金って言ったって，ばーちゃんが死んだ後のお葬式はどうするの？兄ちゃんはやってくれないんだから，ちゃんとお葬式代残しておいてよね」 S）長女の言葉を無視し，そっぽを向いている。 長女S）「まったく，自分がどんな状況かわかっていないんだから」 O）①家族による金銭搾取があったため，金銭管理は自分で行いたい思いが強い。 ②金銭面での不安は常にあるが，援助を長女に頼ることは考えていない。最低限の費用でできるお葬式について，情報収集をしている。 I）①「A.Bさん，今回おろしたお金の使い道はきちんと考えているんですよね。これからのことも私もいつも相談を受けているから，今度娘さんも交えて話しましょう。娘さんも心配だとは思いますが，本人もいろいろと考えていますので，金銭管理も今後のことも一緒に考えていきましょう」と，本人の考えや気持ちを代弁した。 ②長女を前に素直になれない本人と，お金の心配を常にしている長女の仲介役としてお互いの気持ちの共有を図った。 P）長女が誕生してから六十数年の生活のなかで築かれてきた親子関係の見守り，利用者の立場に立った親子関係への介入，お互いに納得のできる生活を送るため，介入していく。	①ADLは自立，認知症の診断もなく，施設生活は自立している。 ②日常生活自立支援事業を利用し，金銭搾取への不安はなくなったが，限られた年金をどのように使うか毎日相談がある。A.Bさんの毎日の生活，これからの生活，死後の葬儀に関する不安などを一緒に考え，不安が少しでも緩和できるよう支援したい。 ③長女と面会後の不安の訴え，落ち込みの様子を見ていると，面会時や面会後の介入により，本人の悩みや不安が軽減すると考えられる。 ④ラポール形成ができている支援相談員を利用し常日頃から口論をしている長女との関係改善を図れる可能性がある。

第6節　障害者施設

1．障害者施設を取り巻く制度の動向

　障害者施設は，1949年制定の身体障害者福祉法，1960年制定の精神薄弱者福祉法（現知的障害者福祉法），1950年制定の精神衛生法（現精神保健福祉法）に基づき，それぞれの事業種別や基準が示され，サービスの提供がなされてきました。

　その後，支援費制度が2003年に施行され，身体障害福祉と知的障害福祉の制度がまとめられ，さらに2006年の障害者自立支援法（現障害者総合支援法）に伴い，精神障害福祉も統合され，現在のサービス体系に整理されました。

　障害者施設において，記録のあり方への大きな変遷があったのは，支援費制度の施行でした。それまでの措置制度に基づき，利用者のニーズに対し，行政がサービス内容と事業者を特定し，事業者は行政からの受託者としてサービス，支援を提供していた形から，支援費制度の施行により，利用者からの申請に基づき，事業者と利用者が契約を通してサービスを選び，提供する仕組みとなり，その契約書類の一つとして個別支援計画が求められ，それらに基づく記録の必要性もますます高まってきました。

　さらに障害者自立支援法，総合支援法へ変わっていくなかで，障害福祉サービスを利用する障害児者に対し，セルフプランも含めた指定特定相談支援事業所によるサービス等利用計画の策定義務が2012年より示され，図4-2のようなサービス利用の流れが整理されました。強度行動障害者支援加算の対象となる事業者においては行動障害支援者研修修了者を配置し，行動障害支援計画書とそれに伴う記録等の作成が求めら

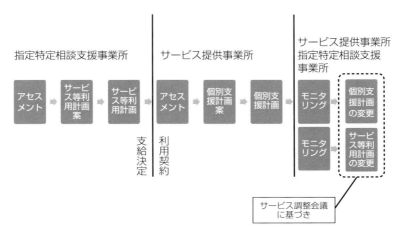

図4-2　サービス利用における一連の流れ（厚生労働省，2011をもとに著者作成）

れるようになりました。

　また，リハビリテーション加算や栄養マネジメント加算などの各種加算を取得している場合も，必要に応じた計画，記録等の書類が必要になり，自立支援給付の請求において，根拠として求められています。

2．障害者施設における記録の目的

　障害者自立支援法（現障害者総合支援法）に基づく，障害者支援施設の設備及び運営に関する基準において，個別支援計画や記録の整備について下記のように示されています。

（サービス提供の記録）
第17条　指定障害者支援施設等は，当該指定障害者支援施設等において施設入所支援を受ける者以外の者に対して施設障害福祉サービスを提供した際は，当該施設障害福祉サービスの種類ごとに，提供日，内容その他必要な事項を，当該施設障害福祉サービスの提供の都度記録しなければならない。
第2項　指定障害者支援施設等は，当該指定障害者支援施設等において施設入所支援を受ける者に対して施設障害福祉サービスを提供した際は，当該施設障害福祉サービスの種類ごとに，提供日，内容その他必要な事項を記録しなければならない。

（施設障害福祉サービス計画の作成等）
第23条　指定障害者支援施設等の管理者は，サービス管理責任者に施設障害福祉サービスに係る個別支援計画（以下「施設障害福祉サービス計画」という。）の作成に関する業務を担当させるものとする。

（記録の整備）
第55条　指定障害者支援施設等は，従事者，設備，備品及び会計に関する諸記録を整備しておかなければならない。
第2項　指定障害者支援施設等は，利用者に対する施設障害福祉サービスの提供に関する次の各号に掲げる記録を整備し，当該施設障害福祉サービスを提供した日から五年間保存しなければならない。
①第17条第1項及び第2項に規定するサービスの提供の記録

②施設障害福祉サービス計画
③第39条に規定する市町村への通知に係る記録
④第48条第2項に規定する身体拘束等の記録
⑤第52条第2項に規定する苦情の内容等の記録
⑥第54条第2項に規定する事故の状況及び事故に際して採った処置に就いての記録

　ここでは，障害者支援施設の基準に基づく条文を抜粋しましたが，他の事業においても同様に記録の整備が基準で示されています。
　上記に基づき，利用者の心身の状況や支援した事項，個別支援計画記載事項に基づく本人の経過，加算用件に基づく支援等について，詳細に記録をしなければなりません。
　また，通所系サービス事業者がサービスを提供した際には，サービスの提供日，提供したサービスの具体的内容，利用時間等をサービス提供の都度記録し，利用者への確認を得ることが求められています。
　これらのことから障害者施設における記録は，障害者総合支援法上のサービスを提供していく上での必要書類であり，介護報酬請求時の根拠としても位置づけられています。記録の漏洩や不備等が発覚した場合，介護報酬の返還請求等が発生することにもつながるため，サービス事業者は記録の管理や記載内容の確認，保管をしなければなりません。
　一方，利用者にとって事業所の記録が示す目的は，日々の生活を記すことであり，受けたサービス，支援の証明でもあります。どのようなサービスを利用し，職員のどのような支援により，どのような様子で過ごしていたのか，どのような生活を送っていたのかが記録により残されるため，自己の体験や思いを伝えることが難しい利用者の場合，そうしたことが，記録を通じて家族や知人，関係機関に伝えられます。
　サービスを提供する職員の観点からは，支援に対しての利用者の反応や，利用者の言動などを記載することで，職員間での情報や支援方法の共有や，個別支援計画における目標などへの評価ができたり，事故やトラブルなどが発生した際に再発防止策の検証材料となったりするため，利用者にとってだけでなく，職員にとっても行動の証明として機能することにつながります。
　適切な記録は，利用者の生活向上と職員の専門性向上，そして事業所のサービスの向上の双方向に作用します。

3. 障害者福祉サービス利用上の記録

本節では図4-2のサービス利用の一連の流れに基づく，各記録について説明します。

1) 指定特定相談支援事業所

(a) フェイスシートおよびアセスメント（表4-25）

利用者にとってふさわしい生活や状態を目指せるよう，本人のニーズに基づき，生活の目標，意向や身体的，精神的な状態像などを本人から聞き取り，情報を整理します。

アセスメントにおいては，上記以外に利用者の置かれている環境や日常生活の状況，現在利用しているサービスの状況や利用を希望するサービス，支援するうえで解決すべき課題などについても聞き取ります。

さらに，必要に応じ，家族への聞き取りや，医療の必要性や職業能力の程度について，外部の専門機関に状況照会を得るための，二次アセスメントや資源アセスメントを行います。

本人からの聞き取りが原則ですが，本人の意向の聞き取りが困難である場合は，家族や関係者から聞き取りを行います。ただし，安易に本人からの聞き取りが困難とせずに，意思決定のプロセスを通し，本人が自身の意思を表出しやすいよう，選択肢を用いたり，本人の示す表現の意図を引き出すことも重要です。

なお，就労支援事業等の利用を希望する場合には，就労移行支援事業所等による就労アセスメントを通して，本人の作業能力，就労意欲，集中力などを把握し，サービス等利用計画にその内容を盛り込むことが必要とされます。

(b) サービス等利用計画案の作成

アセスメントに基づく情報をもとに，総合的な援助方針や解決すべき課題を踏まえ，適切なサービスの組み合わせなどについて検討し，計画案を作成します。

また，本人の生活に対する意向や総合的な援助の方針，解決すべき課題，サービスの長期的・短期的な目標，サービス提供の留意事項なども盛り込む必要があります。

総合的な支援計画につながるよう，複数のサービスを組み合わせたり，保健医療サービス，障害福祉サービス以外のその他のサービスやインフォーマルサービスなども計画に位置づけるよう努め，共通の支援目標やそれぞれの役割，利用者の環境調整なども踏まえた計画とします。

(c) サービス等利用計画の作成（表4-26）

サービス等利用計画案に記載されている利用サービスや，本人の生活状況等につい

表4-25 フェイスシートおよびアセスメント（著者作成）

フェイスシート

1．調査実施者（記入者）

実施日	年　月　日	実施場所	自宅・自宅外（　　　　　　　　　）		
記入者	（ふりがな）	所属機関		調査時間	

2．調査対象者

対象者	（ふりがな）	男・女	生年月日 年齢	明・大・昭・平　年　月　日生（　歳）
現住所	〒		電話	－　－
家族等連絡先	〒　－　氏名（　　　　）調査対象者との関係（　　）		電話	－　－

3．認定を受けている各種の障害等級等（該当する項目に記載又は○をつけてください）

(1) 身体障害者等級	①級・2級・3級・4級・5級・6級			
(2) 身体障害の種類	視覚障害・聴覚障害・肢体不自由・内部障害・その他（　　　）			
(3) 療育手帳等級	最重度	A	Ⓐ1	1度
	重度	A	A2	2度
	中度	B	B1	3度
	軽度	C	B2	4度
(4) 精神障害者保健福祉手帳等級	1級・2級・3級			
(5) 難病等疾病名				
(6) 障害基礎年金等級	1級・2級			
(7) その他の障害年金等級	1級・2級・3級			
(8) 生活保護の受給	有（他人介護料有り）・有（他人介護料無し）・㊀			

4．現在受けているサービスの状況

	月	火	水	木	金	土	日	主な日常生活上の活動
6:00	起床	起床	起床	起床	起床	起床	起床	
8:00	朝食	朝食	朝食	朝食	朝食	朝食	朝食	
10:00	個別活動	個別活動	個別活動	個別活動	個別活動	個別活動	個別活動	
12:00	昼食	昼食	昼食	昼食	昼食	昼食	昼食	
14:00	個別活動	個別活動	個別活動	個別活動 外出	個別活動	レク	レク	
16:00	おやつ 余暇	おやつ 入浴	おやつ 余暇	おやつ 余暇	おやつ 入浴	おやつ 余暇	おやつ 入浴	
18:00	夕食	夕食	夕食	夕食	夕食	夕食	夕食	
20:00	就寝	就寝	就寝	就寝	就寝	就寝	就寝	

週単位以外のサービス	

表4-25 フェイスシートおよびアセスメント（つづき①）

5．地域生活関連（サービスの種類や量に関することを中心に記入してください）

(1) 外出の頻度（過去１カ月間の回数）　（　　　）回程度
(2) 社会活動の参加状況（　　　　　　　　　　　　　　　　　　　　　　　　　　）
(3) 過去２年間の入所歴の有無
　　　□無　☑有→入所期間　　年　　月〜　　年　　月　　施設の種類（　　　　　）
(4) 過去２年間の入院歴の有無
　　　☑無　□有→入院期間　　年　　月〜　　年　　月　　原因となった病名（　　　）
(5) その他

6．就労関連（サービスの種類や量に関することを中心に記入してください）

(1) 就労状況　　　　□一般就労　　　　　　　　□パート・アルバイト
　　　　　　　　　　☑就労していない　　　　　□その他（　　　　　　　　　　　）
(2) 就労経験の有無　一般就労やパート・アルバイトの経験　☑無　□有
　　　　　　　　　　最近１年間の就労の経験　　　　　　　☑無　□有
　　　　　　　　　　中断の有無　　　　　　　　　　　　　☑無　□有
(3) 就労希望の有無　☑無　□有　具体的に

7．日中活動関連（サービスの種類や量に関することを中心に記入してください）

主に活動している場所　　□自宅　☑施設　□病院　□その他（　　　　　　　　　）
・現在，障害者支援施設に入所している。主に個別活動やレクリエーションなどの活動を行っている。

8．介護者（支援者）関連（サービスの種類や量に関することを中心に記入してください）

(1) 介護者（支援者）の有無　　□無　☑有
(2) 介護者（支援者）の健康状況等特記すべきこと
・障害者支援施設に入所中。職員に必要な介護を受ける。

9．居住関連（サービスの種類や量に関することを中心に記入してください）

(1) 生活の場所　□自宅(単身)　□自宅（家族等と同居）　□グループホーム　□病院　☑入所施設　□その他
(2) 居住環境　現在，障害者支援施設に入所中。１階の２人部屋を使用している。

10．その他（サービスの種類や量に関することを中心に記入してください）

・生活介護，施設入所支援の継続を希望している。

アセスメントシート（一部）　　　　　　　　　　　　　　　　　　氏名

1．移動や動作等に関連する項目

	1-1	寝返り	特記事項
	1	支援が不要	脳性麻痺により，上肢の麻痺があるため自力にて行うことが困難である。
	2	見守り等の支援が必要	
	3	部分的な支援が必要	
○	4	全面的な支援が必要	

表4-25 フェイスシートおよびアセスメント（つづき②）

2．身の回りの世話や日常生活等に関連する項目

2-1		食事	特記事項
	1	支援が不要	食べやすいように滑り止めマットや食器のセッティングを行い，スプーンにて自力にて摂取している。しかし，食べこぼしてしまうこともある。また，大きいものはほぐす，または口まで運ぶ介助が必要である。
○	2	部分的な支援が必要	
	3	全面的な支援が必要	

2-3		入浴	特記事項
	1	支援が不要	機械浴で全介助にて入浴する。入浴の際も不安からか，大声を出してしまうことがあり，介助を拒むこともある。
	2	部分的な支援が必要	
○	3	全面的な支援が必要	

2-4		排尿	特記事項
	1	支援が不要	尿意や便意の訴えがあり，排尿は尿器，排便はトイレにて介助を行っている。また，本人の訴え以外にも定時で声掛けを行っている。また，失禁してしまうことも多いため，予防として尿とりパットを使用している。

3．意思疎通等に関連する項目

3-3		コミュニケーション	特記事項
	1	日常生活に支障がない	家族や施設の職員であれば本人の意向を汲み取ることができ，コミュニケーションを図ることができる。
○	2	特定の者であればコミュニケーションできる	
	3	会話以外の方法でコミュニケーションできる	
	4	独自の方法でコミュニケーションできる	
	5	コミュニケーションできない	

4．行動障害に関連する項目

4-1		被害的・拒否的	特記事項
	1	支援が不要	他者の声に過剰に反応し，被害的になり大声を出すことがある。また，感情が不安定なときなど，職員の介助を拒み，大声を出し身体をのけぞり拒否的な態度をとることがある。
	2	希に支援が必要	
	3	月に1回以上の支援が必要	
	4	週に1回以上の支援が必要	
○	5	ほぼ毎日（週に5日以上の）支援が必要	

5．特別な医療に関連する項目

5-1		点滴の管理	特記事項
○	1	ない	
	2	ある	

6．その他（認定調査の際に「調査対象者に必要とされる支援の度合い」に関することで確認できた事項）

て，本人や家族の了承が得られ，行政によるサービスの支給決定が示された後，本人や計画策定相談支援専門員，サービス事業者や関係者が集まり，サービス担当者会議が開催されます。そこでは，サービス等利用計画案の調整や，サービス事業者や利用時間の確認・調整等を行い，サービス等利用計画が作成され，その後，計画に基づき，各事業所とサービスの利用契約を結び，サービス利用へと流れます。

(d) モニタリング（表4-27）

サービスの支給決定期間内において，作成されたサービス等利用計画に基づき，サービスや本人の生活が適切に送れているか，本人に合っているか，相談支援専門員による定期的なモニタリングが行われ，必要に応じ担当者会議なども開催されます。

(e) セルフプラン

本人の意向に基づき，本人もしくは，本人に依頼された支援者等が作成するサービス等利用計画，「セルフプラン」もあります。なお，セルフプランについては，モニタリング等は該当しません。

(f) 終結

本人の意向や目標の達成により，インフォーマルサービスでの生活が成立したり，一般就労へつながったり，介護保険サービスへ完全に移行したなど，障害福祉サービスの利用が終了した際は，モニタリングを通し，これまでの評価を行ったうえで，サービス等利用計画を終結します。

2）サービス提供事業所

(a) アセスメント

サービス等利用計画に基づき，利用者とサービス利用契約を締結するうえで，サービス管理責任者を中心に個別支援計画の作成と同意が求められます。

個別支援計画を作成するうえで，行政からのサービス支給決定情報，障害の等級，年金受給等の経済状況，各種手続きの情報を確認し，必要に応じ手続きの支援を行います。

また，本人の心身の状況やサービス利用への意向，置かれている環境，他のサービス利用状況，家族やキーパーソン，インフォーマルサービスとの関係性などを聞き取り，フェイスシートへ記載します。

その他，既往歴や服薬状況，医療機関の情報，家庭や現在利用している事業所での支援・介護状況などを聞き取り，アセスメントシートに整理します。

アセスメントを行う際，本人の情報収集にとどまらず，本人の生き方や価値観などを理解し，それらを最大限尊重できるよう支援につながるための過程であり，事業者

第4章 機関・施設における相談援助記録　141

表4-26　サービス等利用計画の作成（フォーマット：厚生労働省，2013，p.44をもとに著者作成）

サービス等利用計画

利用者氏名		障害程度区分		相談支援事業者名	
障害福祉サービス受給者証番号		利用者負担上限額		計画作成担当者	
地域相談支援受給者証番号					
計画作成日		モニタリング期間（開始年月）		利用者同意署名欄	

利用者及びその家族の生活に対する意向（希望する生活）	・毎日、楽しく過ごしたい。・作業をしたい。・家族と良い関係を維持したい。（本人） ・施設での生活を安定させ、活動や外出、人とのかかわりなどを通して、楽しく生活してほしい。・自分でできることを維持してほしい。（家族）
総合的な援助の方針	・施設生活において、本人が楽しく、有意義に過ごせるよう、活動（作業）や外出、行事、人とのかかわりなどの機会を提供し、また、生活環境に配慮し、ストレスのない、落ち着いた生活を送ることができるように支援する。
長期目標	・本人が、毎日楽しみを持ち、また、できることを維持していくことで、安定した施設生活を送れるようにする。
短期目標	・活動（作業）や外出、かかわりなどを通して、毎日楽しく過ごすことができるようにする。

優先順位	解決すべき課題（本人のニーズ）	支援目標	達成時期	福祉サービス等 種類・内容・量（頻度・時間）	提供事業者名（担当者名・電話）	課題解決のための本人の役割	評価時期	その他留意事項
1	毎日、楽しく過ごしたい。（作業がしたい）	本人の特性やニーズを理解し、活動（作業）や外出、他者との関係性などを含め、さまざまな体験の機会や本人に合った生活環境を提供する。	○カ月	生活介護（月〜金）、施設入所支援（土日の日中）、施設入所支援（月〜日の夜間）		さまざまなことに興味を持ち、意欲的に取り組む。意見や要望などを施設職員へ伝える。	○カ月	本人の性格や機能、能力などに配慮したかかわりをする。さまざまな経験の機会を提供できるように意識して支援する。
2	自分でできることを維持してほしい。	施設生活において、本人の残存機能や現在できる生活動作などが維持されるよう、安全に配慮する。	○カ月	生活介護（月〜金）、施設入所支援（土日の日中）、施設入所支援（月〜日の夜間）		やりたいこと、できることを施設職員に伝える。危険の認識を持ち、安全に生活する。	○カ月	本人の能力や認識などに合わせた環境設定を行う。
3	家族と良い関係を維持したい。	本人の生活状況などについて、家族と情報共有し、良い関係を維持することで、精神面の安定を図る。	○カ月	生活介護（月〜金）、施設入所支援（土日の日中）、施設入所支援（月〜日の夜間）		家族とさまざまな話をする。困ったことや伝えたいことがあれば、施設職員へ伝える。また、家族へ伝える。	○カ月	本人の家族に対しての思いや考えを尊重する。また、家族に対して、本人に関する必要な情報を提供する。
4								
5								
6								

表4-27　モニタリング（フォーマット：厚生労働省，2013，p.46をもとに著者作成）

モニタリング報告書（継続サービス利用支援・継続障害児支援利用援助）

利用者氏名		障害程度区分		相談支援事業者名	
障害福祉サービス受給者証番号		利用者負担上限額		計画作成担当者	
地域相談支援受給者証番号					
計画作成日		モニタリング実施日		利用者同意署名欄	

総合的な援助の方針	全体の状況
・施設生活において、本人が楽しく、有意義に過ごせるよう、活動（作業）や外出、行事、人とのかかわりなどの機会を提供し、また、生活環境に配慮し、ストレスのない、落ち着いた生活を送ることができるように支援する。	・他者の言動にストレスを感じて、興奮することもあるが、徐々に落ち着いて施設生活を送れるようになっている。本人の特性を理解したうえで、本人の好きなこと、興味のあることなども行えるように環境を整えられている。

優先順位	支援目標	達成時期	サービス提供状況（事業者からの聞き取り）	本人の感想・満足度	支援目標の達成度（ニーズの充足度）	今後の課題・解決方法	計画変更の必要性 サービス種類の変更	計画変更の必要性 サービス量の変更	計画変更の必要性 週間計画の変更	その他留意事項
1	本人の特性やニーズを理解し、活動（作業）や外出、他者との関係性などを含め、さまざまな体験の機会や本人に合った生活環境を提供する。	○カ月	本人の性格や機能に合わせて、活動に取り組める環境を提供している。また、外出や行事、人とのかかわりなどは、本人にとっての楽しみでもあり、それらを通して、さまざまな体験をする機会になっている。	現在の生活環境、ペースに慣れている。楽しく過ごすことが多い。	環境の変化や他者の言動などによって、精神面に影響を受けているが、施設での生活や職員などとの関係性にも慣れ、徐々に落ち着いて過ごすことができるようになっている。	今後も継続する。	無	無	無	本人の性格や機能、能力などに配慮したかかわりをする。さまざまな経験の機会を提供できるように意識して支援する。
2	施設生活において、本人の残存機能や現在できる生活動作などが維持されるよう、安全に配慮する。	○カ月	食事動作や車いすの操作、歯磨きなど、本人のできるところを認めることで、意欲も高まる。また、繰り返し行っていることで、機能の維持につながっている。	できることは、これからもできていたい。	本人のできることを安全に配慮された環境で行えている。本人にとってもできることがあると意欲になっている。	今後も継続する。	無	無	無	本人の能力や認識などに合わせた環境設定を行う。
3	本人の生活状況などについて、家族と情報共有し、良い関係を維持することで、精神面の安定を図る。	○カ月	面会時などに、本人の様子を家族へ伝えている。また、本人の行動に対する職員の支援なども説明している。	お母さんとの外出（散歩）が楽しみ。	家族との関係性の維持は、本人の生活にとって、必要な要素であり、家族の定期的な面会などがあることで、本人の安定につながっている。	今後も継続する。	無	無	無	本人の家族に対しての思いや考えを尊重する。また、家族に対して、本人に関する必要な情報を提供する。
4										
5										

の主観や価値観を入れずに行うことが重要です。

　また，サービス等利用計画作成時のアセスメントと同様，本人からの聞き取りが原則ですが，本人の意向の聞き取りが困難な場合は，家族や関係者からの聞き取りを行います。当然，意思決定のプロセスについても丁寧なかかわりを通し，本人の意見を引き出すことが必要です。

(b) 個別支援計画案の作成

　アセスメントにより得た本人の情報，意向，課題をもとに，総合的な支援方針を立て，長期，短期の目標，期間を設定します。

　また，目標を達成するために必要な支援内容，期間を具体的に記載します。サービスの提供機関や担当者，かかわる専門職などについて記載し，支援会議に基づき各関係者や本人，家族の意見を聴取します。

(c) 個別支援計画の作成

　個別支援計画案をもとに聴取した意見を踏まえ，個別支援計画を作成します。作成した個別支援計画書の支援方針や目標，支援方法，期間，担当者等について，利用者やその家族などへわかりやすく説明し，同意を得ます。

　さらに，強度行動障害に該当する利用者（強度行動障害支援加算該当者）については，強度行動障害支援者実践研修修了者を中心に，個別支援計画とは別に「支援手順書」を作成します。

　また，栄養マネジメント加算やリハビリテーション加算などの対象となる利用者に関しては，栄養マネジメント計画，リハビリテーション計画などの作成も必要です。支援計画には利用者や事業所の取得している加算やそれに基づく支援方針も盛り込みます。

(d) 支援の提供と経過記録（表4-28）

　個別支援計画は当然ながら全職員間で共有し，設定した支援目標と方針に沿って，それぞれ支援を提供し，それらの記録を行います。

　記録には支援提供した日時や内容，それに対する利用者の反応や様子などを記載し，さらに利用者やその家族からの情報，心身の状況変化などについても記録し，支援につなげます。

　(c)に記載したように，強度行動障害支援手順書が作成された利用者に対しては，手順書に基づく支援を提供した結果についての記録を記載します。

　また，栄養マネジメント加算やリハビリテーション加算，入院や外泊，その他の必要な加算などに基づく支援についても，その都度記載しなければなりません。

表4-28 経過記録（嶌末憲子・小嶋章吾作成をもとに著者作成）

年月日/F	内容	備考
H29. 4. 23 不穏時の対応	O：にぎやかな雰囲気のなか，レクリエーション活動に参加している。 S：大声を出しはじめる。 A：周囲のにぎやかな雰囲気に反応しているが，適応できるか？ I：もう少し，様子を見てみる。 O：落ち着かず，大声を出し続ける。 I：居室に誘導し，個別対応をする。 O：静かな環境になると徐々に興奮がおさまり，笑顔が見られた。 P：活動や食事の際など，賑やかな雰囲気では不穏になることが多いため，本人の行動を予測して事前に声掛けなどの支援を行う。	
H29. 8. 3 スーパー外出時の意思決定支援	I：スーパーへ外出することを伝える S：「お寿司買えますか？」 A：外出先をイメージすることができていた。 O：職員と共に店内を見て回る。 I：衣類コーナーで二つの選択肢を提示する。 S：自ら選択する姿が見られた。 O：食品コーナーで，外出前より寿司やコーヒーなどを購入し，店内で摂取する。 O：買い物や外出先の雰囲気を感じ，満足そうな様子がうかがえた。	
H29. 8. 30 家族の面会時の対応	O：午前，母親の面会があり，共に外出される。 O：久しぶりの面会であったが，不穏になることもなく外出を楽しむことができた。 S：本人より「お父さんと外出したい」との話が聞かれる。 S（母）：「病気をし，しばらく面会に来ることができない」との話がある。 A：本人への影響を考慮し，直接的に伝えることはしない。 I：前向きに考えられるよう，声掛けを行う。	

例示では，生活支援記録法を採用していますが，これにより，今後の支援に活かすべく必要な記述ができるようになりました。職員の意図的な介入や今後の支援方針が記入されることで，他職種との共有が得られ，支援に広がりができることが期待されます。

(e) モニタリング

個別支援計画と，それに基づく支援の提供内容は定期的に評価・見直しを行います。障害者自立支援法（現障害者総合支援法）に基づく，障害者支援施設の設備及び運営に関する基準では，少なくとも6カ月に1回以上，機能訓練や自立訓練等，訓練等給付事業においては少なくとも3カ月に1回以上，個別支援計画を見直し，設定した目標に対しての支援の提供状況や，本人の心身の状態像，達成状況等を評価します。

そして，達成されない原因の分析や今後の対応，もしくは目標が達成された場合の

評価や支援の終結，新たな目標の設定や支援方針等が発生した際は，計画の変更を行い，利用者および家族に説明，同意を得ます。

また，利用者の状態像が変化した場合やサービス利用に変更などが発生した際は，個別支援計画の見直しを上記期間に限らず適宜行います。

これらのモニタリングにおける，一連の経過や，会議などについても記録を残しておきます。

(f）終結

サービス利用事業所の変更や，本人の状態像の変化に伴うサービスの終了に際しては，個別支援計画の終了とし，必要事項と要因を記載します。

また，新たにサービス事業所や他の保健医療サービスなどを利用する場合においても適切な情報の提供を図ります。

以上，各記録の概要と作成に際しての視点について記載しましたが，障害福祉サービスを提供していくためには，サービス管理責任者が中心となり，本人とかかわる専門職やインフォーマルサービスも含めた社会資源と連携した上で，個別支援計画を作成し，支援の提供，モニタリング，個別支援計画の見直し，それに基づく支援の提供といったように，図4-3の個別支援計画のPDCAサイクルを回し，管理していくことが求められます。そして，それらの一連のプロセスに基づき，より質の高いサービスを提供するためにも利用者の生活支援の記録とその共有が重要です。

また，報酬改定や制度改正など，障害福祉サービス体系の見直しにより，必要とされる記録などが検討され，新たに求められることもあるため，制度の動向についても常に把握しなければなりません。

なお，今回はサービス提供プロセスに基づく記録について解説しましたが，障害者

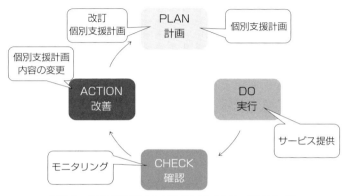

図4-3　個別支援計画のPDCAサイクル（著者作成）

施設ではこれら以外にも，通院日誌，事故報告書，排泄，入浴記録など，必要な記録もあります。利用者の個々の状態像や生活ニーズなどに基づき，組織内で情報を共有，評価しやすい書式を作成し，活用していくことが大切です。

4．これからの障害者施設

障害福祉サービスの利用者は年々増加傾向にあり，障害福祉事業所に求められる役割も多様化しています。さらに精神科病院や矯正施設等退所者の地域移行・定着の促進による受け皿としての機能，入所者の重度高齢化に伴うターミナルケアの拠点など，より専門的な支援を提供していく必要性があります。

また，2017年9月に地域力強化検討会により，とりまとめられた「地域力強化検討会最終とりまとめ——地域共生社会の実現に向けた新しいステージへ」では，共生社会の実現に向け，地域住民との連携による包括的な支援を展開していくことも重要な役割です。

より利用者のニーズや実態に即した記録や科学的根拠に基づく質の高い支援を提供していくためにも，記録のデータベース化やICTの活用なども求められるようになっています。

第5章
集団・地域援助記録

第1節 精神科病院のグループワーク

1．精神科病院におけるグループワークの記録
1）精神科病院においてグループワークを活用することの意義

　精神科病院におけるグループワークは，治療やリハビリテーションの場面において活用される，ソーシャルワークの援助方法の一つです。

　精神科病院においてグループワークはなぜ必要なのでしょうか。その理由として大きく二つのことが考えられます。

　一つには，グループ活動が人間にとって基本的なものという点です。人間は生まれたときから家族とのかかわりのなかで，人間として成長していくといわれています。二者以上の関係，すなわち自分以外の人間とのかかわりをグループとするならば，人間は人間同士のかかわりや触れ合いのなかで，生涯を通じて身体的・精神的に成長すると考えられます。

　二つめには，グループは社会と人間とを結ぶ役割をもっているということを挙げることができます。人間は常に何らかのグループに所属し，そのグループを通じて社会に参加していきます。人間は，まず家族という基本的グループに所属することによって，生命を維持し，言葉や社会のルールを覚え育てられます。そこから歳を重ねるとともに，ライフサイクルにしたがって，同年代の仲間，異世代とのかかわり，あるいはグループの大きさや物理的・質的な広がりを体験することによって，自我の確立，ものの考え方や価値観を変化させていきます。

　このように人間が成長していく過程は，さまざまなグループとの相互作用によって自分が生まれた社会の行動様式や知識，文化などとかかわりながら，個人がその社会にふさわしい存在になるという社会化を意味しています。すなわち，人間が社会に深く依存した存在であり，人が人間として発達する際に社会が重要な役割を果たしていることを示しています。

表5-1 精神障害者の生活のしづらさの障害の特徴

（藏野，2004，p.116）

生活の仕方の障害	・食事の仕方 ・身だしなみ ・金銭の扱い ・服薬の管理 ・社会資源の利用の仕方 ・新しいことに対する緊張と不安が強い
人付き合いの障害	・人付き合いが苦手 ・社会常識の不十分さ ・他人との協調困難 ・他人への気配りが下手 ・自分への判断や評価がずれている
働くことの障害	・作業能力の低下 ・集中力や持続力の低下 ・融通がきかない ・疲れやすい ・習得が遅い ・手順が悪い
まとめる力の障害	・全体がつかみにくい ・細かいことにこだわりやすい ・臨機応変に対応できない

　グループワークは，何らかの問題を抱える人びとがその解決に向けて，意図的に社会体験を行うグループを作り，そこでの人間同士のかかわりを通じて問題への対処方法を身につけ，個人として成長し抱える問題に取り組む一つの援助方法です。

　一方，精神障害はその障害特性として「疾病と障害の共存」が挙げられます。症状が障害であり，障害が症状であるという特徴を持ちます。精神病の症状には，幻覚・妄想を主とする陽性症状と，感情鈍麻や意欲・自発性の低下などをみる陰性症状があり，それらがまた障害ともなります。陽性症状は薬物療法を中心に治療が行われますが，陰性症状については，さらに「生活のしづらさ」（表5-1）という精神障害特有の障害にもつながっています。

　これは，精神病の発症年齢が比較的若年層であり，本来成長過程で体験するべきグループへの所属の機会が失われ，それが社会経験の少なさにつながることによって生じる障害です。精神科病院においては，精神障害者に対して，この障害特性への治療あるいはリハビリテーションを行う際にグループワークを活用することによって，主として個人の抱える生活のしづらさの障害に働きかけを行っています。

2）グループワークと記録

　グループワークは，グループ活動に参加するメンバーによって形成され，メンバー間には共通の目標があり，それは常にメンバーに明確に共有されていることが基本的条件となっています。個々のメンバーは，自らの目標を達成するためにグループによる援助が有効であると判断されるとき，グループ活動に参加します。すなわち，メンバー個人のためにグループがあるということが前提となります。ただ人が集まっている状態ではグループとはいえず，そこにグループワーカーとしてのソーシャルワーカーが身を置き，言葉をかけ，活動を行うことによって，メンバー間に相互作用が起こってくるとグループ化が始まります。ソーシャルワーカーは，相互に作用し合っていない集合の状態からグループへと変革していく援助を行います。

　グループワークの具体的な援助過程は，グループの構成開始から，グループの発達，解散という流れのなかで，一般的には準備期→開始期→作業期→終結期に分けられます（図5-1）。

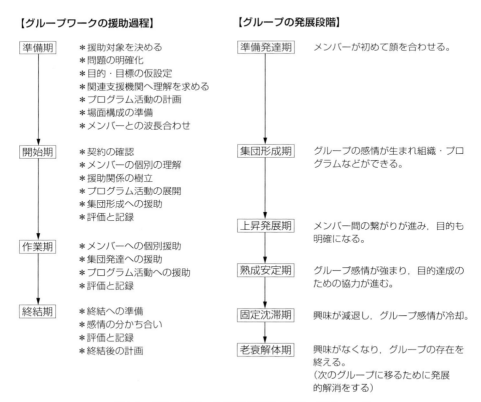

図5-1　グループワークの援助過程（藏野，2006，p.79）

グループワークの援助過程の各段階において記録を行い，グループと個々のメンバーにどのような変化が現れているか，グループワークの進め方に問題はないかについて，その都度確認を行います。

　ソーシャルワーカーは，記録を通してグループに参加していないスタッフにもグループ内で何が起きているかを知らせ，関心とサポートを得ることができます。特にグループで起きたことが別のところで波紋をもたらすこともあり，記録によってそのつながりを見い出すことも容易になります。また，複数のスタッフがグループにかかわる場合でも，グループ活動を振り返りながら記録を行うことによって，スタッフ間での気持ちやかかわりの意図を確認することができます。

　記録をつけていくと，グループの動きに敏感になり，グループを「読める」ようになります。さらに，その回だけでなく，前後の回のつながりを見い出せるようになります。たとえば，あるメンバーが今回欠席したのは前回のあの出来事が原因かもしれないとか，今回あるメンバーの口数が少ないのは，前回自分が話したことで，他のメンバーから多くの意見が出てしまい負担に思っているのではないかなど，仮説を立てることができます。また，今回の険悪な様子から，次回は互いに牽制し合い，話がはずまないだろうというような予測もつくようになります。

　このように，グループの動きが点ではなく線や立体としてつながりが見えてくると，1回ごとの様子にソーシャルワーカーは一喜一憂することがなくなり，グループの発達段階やメンバーの状況に目を向けることができます。記録はグループの生きた流れを刻むものであり，一見同じことの繰り返しのように見えても，時間の経過とともに大きな変化が起こっていることに気づきます。それは個々のメンバーの変化やグループの成長だけでなく，記録を行っていたソーシャルワーカー自身の変化も見ることができるのです。また，それぞれのグループを取り巻く病棟や病院の動き，スタッフの交代や新たな制度の導入などが，敏感にグループに反映されていることがわかります。

3）記録の種類

　記録様式はグループワークにおいてもアセスメント・プランニングシート，フェイスシート，経過記録用紙，評価記録用紙があります。また，グループの目的によって様式の詳細は異なります。ここではグループワークの経過記録用紙について，「個人」と「グループ」に関する記録の種類と内容について述べていきます。それらは，ソーシャルワーカーによる記録とメンバーによる記録に分けることもできます。

(a) ソーシャルワーカーによる記録
①グループワークにおける個人に関する記録

　フェイスシートと個人記録があります。フェイスシートは，メンバーの基本的属性と紹介経路，病状，主な問題や課題が記入されています。個人記録は，毎回の参加経過についてそのメンバーの反応を中心に記載していくものです。

②グループの記録

　グループ・フェイスシートとグループ記録があります。グループ・フェイスシートは，グループに関するさまざまな基本的属性（メンバーの氏名，性別，年齢，紹介経路など）が記されます。

　グループ記録は，1回ごとにグループ全体の様子やグループワークの過程におけるメンバーの様子を記入していきます。グループ全体の記録には，開催時間と終了時間，場所，天候，参加者（メンバー・スタッフ），活動内容，前後に大きな出来事があればそれらも記しておきます。また，欠席者についても記録しておきます。欠席したのはグループの動きと関連を意味しているかもしれないこと，あるいはその人の欠席がグループに何らかの影響を与えることもあるからです。これは，グループワークは1回限りで完結するものではないことを意味しています。グループワークの過程については，グループ活動の流れを追ってできるだけ具体的に書き，必ず全体としてのグループの雰囲気について記録します。

(b) メンバーによる記録

　個人記録としては，日記，文集などを挙げることができます。

　また，グループの記録には，活動記録，議事録，活動新聞，写真集，ビデオテープなどがあげられます。メンバーによる文集などの記録からは，グループワークのプログラムに対する参加者の評価を理解することができます。また，メンバーが自分自身をどのように思っていたのかなどを知ることができ，個人の援助計画作成に役立てることができます。

2．グループワークの記録
1）様式と記入方法説明

　グループワークの特徴から，同時に「個人」と「グループ」を焦点とする経過記録が求められるため，記録の様式を工夫する必要があります（表5-2）。

　グループ活動の基本的事項には，日時，場所，天候，参加者・欠席者，活動内容などだけでなく，メンバーの着席図や関係図を記入することによって，そのときのメン

表5-2 グループワーク経過記録（フォーマット：黒木, 2001, p.244をもとに著者作成）

第3回（街で暮らそう）グループ　　記入：H28年7月28日

H28年7月28日（金曜日）　天候：晴れ	
場　所：A病棟　集団療法室　開始時間：13時30分　終了時間：14時30分	
担当者：佐藤○美　記録者：佐藤○美	
参加者（6）名：	
田中○子，上野○男，中村△子，高橋△郎，斉藤□実，土井□香	
欠席者（2）名：欠席理由等について記載すること。	
鈴木○奈（静養），久保△彦（他科受診）	
【プログラム活動の様子】3回目（全7回）のテーマは「SOSの出し方」。 　ワーカーから，全員の顔が見られるよう円形に椅子を移動することを提案し，各自が思い思いの位置に着席した。ワーカーが司会を行い，書記は前回決めていた通り，順番で田中さんにお願いした。 　地域生活を行うとき「いつ（どのくらい困ったら），誰に，どのような手段で」助けを求めていけばよいかについて話題を提示した。土井さん，斉藤さん，上野さん，田中さんからは順に，各自が頼れる人のことについて，楽しそうに話された。そのようななか高橋さんから，助けを求めることによって「再入院」になるのではないかという不安が出された。その発言により，土井さんから家族や病院・保健所関係者との距離をもつべきであるという話題が出され，メンバーからは次々と賛否の意見が出された。土井さんは反対する他者の意見について，話の途中で割り込んで発言を続けた。ワーカーより，「再入院を食い止めるためのSOSでもあるのではないか」という見方を提示し，話し合った。そのようななか，自発的に発言せず聞き役に回っていた中村さんに対し，ワーカーから発言を促すと，言葉少ないながらも自らの再入院体験について話された。SOSの出し方のなかに，病気との付き合い方が大きな割合を占めることが話し合われた。最後に，次回からメンバー内で司会者を決めることになり，まず土井さんから担当することになった。書記は，順番として斉藤さんにお願いすることを決め，予定時刻に終了した。	
【メンバーの着席図・関係図】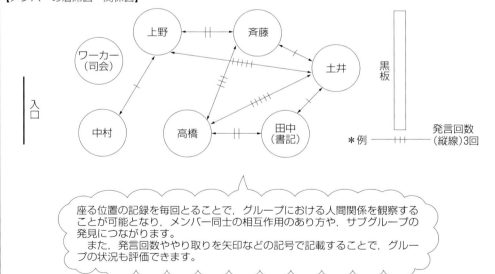	

表5-2 グループワーク経過記録（つづき）

【グループの状況】
①グループの雰囲気：自分の意見を率直に述べられる雰囲気があるが，不安感もある。
・出席率は良いが，落ち着きのない人がいる。孤立しかけているメンバーがいる。
・仲間意識が成立しつつある。

②参加度　　　　　　　　低い　　　　　普通　　　　　高い

③凝集性　　　　　　　　弱い　　　　　普通　　　　　強い
（グループのまとまり）

④相互作用　　　　　非常に悪い　　　　普通　　　　非常に良い

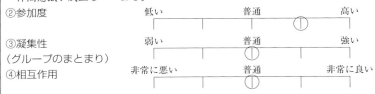

【メンバーの態度や様子】
　土井さんが，中村さんを除く他のメンバーとの会話のやり取りの回数が多い。土井さんを発信源として，高橋さん，上野さんとの応答が頻繁に行われている。中村さんは上野さんとだけしか会話がなかった。発言がない中村さんの態度が，数人のメンバーも気になっているようで，時々視線を向けていた。

【プログラム活動の影響】
　高橋さんの「再入院への不安」という発言から，それまでの「頼れる人自慢」の笑いのある明るい雰囲気から空気が重くなり，メンバーの声のトーンが低く変わった。

【メンバーのスタッフに対する態度や様子】

【今日のグループの課題点・スタッフの具体的なかかわり】
　発言のない中村さんの孤立化への懸念がある。また，発言が多く長く話し続ける土井さんの，グループの規範からの逸脱が感じられた。中村さんについては，プログラム内ではワーカーから発言の機会を意図的に振ることによって参加を促した。発言を促すと，小さな声で言葉少なくではあるが，自らの再入院体験を話され，「誰に相談してよいかわからず，苦しくて朝まで待って病院に来た」と語られた。中村さんと個別にグループワーク参加の様子について話をしていく予定である。そのうえで，個別目標の確認をしていきたい。
　次回から司会をメンバーにお願いすることとなり，協議の結果，まず土井さんから司会を行うことになった。土井さんについては，違う角度からグループの一員としての役割を果たす段階へと移行したい。

> メンバーの個人記録に詳しく書くべき事項も多いですが，グループの展開過程にもかかわるところなので，個人に対する記録であっても簡素にグループにおける個人の記録として記載します。

バー同士の相互作用や，グループの圧力などを評価することができます。また，この記録をとることで，グループにおける人間関係の変化を観察することが可能となり，サブグループを発見することもできます。

　グループの様子については，観察項目を立て，グループの動きやメンバーの言動を観察する工夫も必要です。観察項目を事前に作成することによって，グループの葛藤やメンバーの孤立等に気づくきっかけを得ることができ，ソーシャルワーカーの援助行動の判断を助け，より有効にグループ力動を活用することができます。観察項目については，参加メンバーの特性（目的，障害，発達段階など）を考慮し，作成していきます。

　プログラム活動の影響とメンバーの反応については，プログラム活動が個人とグループにどのように影響しているかを分けて記入します。

　グループ活動ごとの問題点については，グループワークの目的を念頭におき，プログラム内容，メンバーの関係性，グループの様子，ソーシャルワーカーの具体的な援助行動に視点を分け，その日の評価を行いながら問題点を簡素に記入します。その際，ソーシャルワーカーは，何を観察し，何を聴き（客観的事実），そのことをどのように受け止め解釈・判断を行い，具体的にどのような援助活動を行ったかについて記述します。それに対する個人とグループの反応はどうであったか，どのような影響を与えたかについて評価しておきます。

2）記録内容へのコメント

　グループの問題点については，グループの発達段階の時期も判断しながら，個人とグループの視点にそれぞれソーシャルワーカーの解釈を簡素に記述することが必要です。ここにはグループワーク的視点と，個々のメンバーの課題に対するケースワーク的視点が混在するところであり，同時に個人の記録を作成していくことも求められます。

第2節　社会福祉協議会のコミュニティワーク

1．地域福祉を取り巻く背景

　2000年に成立した社会福祉法の第4条は，「地域住民，社会福祉を目的とする事業を経営する者及び社会福祉に関する活動を行う者は，相互に協力し，福祉サービスを必要とする地域住民が地域社会を構成する一員として日常生活を営み，社会，経済，文化その他あらゆる分野の活動に参加する機会が与えられるように，地域福祉の推進

に努めなければならない」と地域福祉の推進を規定しています。

社会福祉協議会は、「地域福祉の推進を図ることを目的とする団体」であり、「社会福祉を目的とする事業の企画および実施、住民の社会福祉活動への参加の援助、社会福祉を目的とする事業に関する調査、普及、宣伝、連絡、調整および助成」(同法第109条)といった事業を掲げています。

2008年3月、厚生労働省社会援護局長私的研究会「これからの地域福祉に関する研究会」が発行した報告書『地域における「新たな支えあい」を求めて』では、①現行の社会福祉の仕組みでは対応しきれていない「生活課題」に対応する役割、②地域と行政の協働による「新たな支えあい」(共助)を確立する役割、③地域社会再生の軸としての役割という点から、社会福祉施策における地域福祉の新たな位置づけを行っています。また、2017年9月の厚生労働省「地域力強化検討会」の最終とりまとめのなかでは、「我が事・丸ごと」地域共生社会づくりとして、住民主体による小地域圏域での活動の重要性を述べています。これまでの現行の社会福祉の仕組みでは対応しきれていない生活課題のなかには、高齢者や子どもの貧困、孤立死、ひきこもり、ホームレス、ごみ屋敷、さまざまな虐待などと多岐にわたる新たな福祉課題が表出されてきています。2015年4月より施行された生活困窮者自立支援法は経済困窮のみならず、「社会的孤立」の解消とその支援を通じた地域づくりを目指しています。この法は「地域福祉が求めてきた理念が制度化」された(日本地域福祉研究所、2015、p.7)とされ、「社会的孤立」を地域つくりによる「つながりの再構築」で解消していくという方向性が示されました。

一方、介護保険制度も度重なる改正を経て、介護予防・日常生活総合支援事業(新しい総合事業)の実施に伴い、地域を基盤にした住民主体の生活支援サービス、助け合いの仕組みづくりの創出が求められてきています。その中心的な役割を担う生活支援コーディネーターについて、厚生労働省は「高齢者の生活支援等のサービスの体制整備を推進していくことを目的とし、地域において生活支援等サービスの提供体制構築に向けたコーディネート機能(主に資源開発やネットワーク構築の機能)を果たす者」と定義づけています。このように新たな福祉サービスの枠組みは、コミュニティづくり、地域福祉を背景に展開されてきているといえるでしょう。

2．社会福祉協議会とコミュニティソーシャルワーク

こうした背景をうけて、社会福祉協議会は地域での実践をどのように展開してきたのでしょうか。社会福祉協議会はこれまでにも、総合相談事業、介護保険事業を含む

さまざまな在宅サービス事業，ボランティアセンターでのボランティア，市民活動の推進，日常生活自立支援事業や成年後見制度の推進など権利擁護への取り組み，災害時支援，地域福祉コーディネーター（コミュニティソーシャルワーカー：Community Social Worker，以下 CSW とする）による地域支援やサロン，居場所つくりなどの小地域活動など，それぞれに特化された独立性の高い事業であるといえますが，単にこれらの事業が個別的に展開されていくだけではなく，事業相互の連携を図りながら，トータルに運営していくことが求められています。

　また，社会福祉協議会の事業は，地域住民一人ひとりに個別的な支援を行う取り組みから地域での社会資源の改善や開発，地域住民の福祉意識啓発や主体的参加への働きかけ，そして地域福祉活動計画の策定などといったように，ミクロからマクロまでさまざまなレベルでの活動をするところにその特徴があります。

　前述した，いわゆる「制度の狭間」で生活課題を抱える住民への支援アプローチとして，CSW による実践が昨今，クローズアップされてきました。大橋謙策は「地域に存在する福祉サービスを必要とする人々を発見し，信頼関係を築き，その人の意思を尊重し，その人の了解の下に必要な制度的サービスを利用することに関わり，もし制度的サービスが十分でなければ，制度的サービスを増やすことや新しいサービスを開発することがソーシャルワークの業務である」とし，「地域包括ケアが求められているこの時代には，コミュニティソーシャルワーク機能こそが重要であり，問題の鍵を握っている」と述べています（日本地域福祉研究所，2015，p.7）。①声なき声を発見し，援助する，②制度やサービスの「狭間」にインフォーマルな支援で対応する，③支えあえる地域をみんなでつくる。筆者の勤務する社会福祉協議会では CSW の役割をこの３点に整理しています。とりわけ，ひきこもりやセルフネグレクト，いわゆる「ごみ屋敷」など，社会的孤立状態にある人への地域での支援は喫緊の課題となっているといえるでしょう。

3．社会福祉協議会における記録

　社会福祉協議会におけるコミュニティワークにおいては，個人や家族，グループを対象としたソーシャルワークの記録に比べて，特定の様式があるわけではありません。多岐にわたる事業では，個別事業ごとにさまざまな記録様式があります。たとえばボランティアセンターでは，コーディネーターの相談記録用紙，ホームヘルプ事業や居宅介護支援事業などの介護保険事業，日常生活自立支援事業などでは，フェイスシート，アセスメントシート，支援計画用紙や経過記録用紙などがあります。

地域支援をベースにしたコミュニティソーシャルワークにおける記録を考えてみましょう。実際にソーシャルワーカーがかかわる地域に対する地域診断（地域アセスメント），住民への意識啓発，連絡調整，プランニング，事業の実施（あるいは社会資源，サービス，プログラムの開発，ソーシャルアクション），事業の評価など，コミュニティソーシャルワークの一連の過程をさまざまなかたちで記録していくことは一面で困難さを伴うかもしれません。地域社会全体を対象にしていて，高齢者，児童，障害者といった対象者別の支援ではくくれないこと，一個人の支援にとどまらず，支援が地区社協や団体，施設，企業，機関，学校などと幅広い領域にわたること，福祉計画などは一連の展開過程が十数年に及ぶ長い時間を要するものであることがその背景にはあるでしょう。反面，コミュニティソーシャルワークにおける記録とは，前述したように，地域社会における制度の狭間や生活問題の深刻化など，その課題は複雑，多岐にわたります。また，課題を一つの機関だけで解決することが難しく，複数の社会資源が連携して支援が行われることも重要です。だからこそ，実践を可視化し，またその実践内容を地域住民，関係機関などに伝えていくためにも，記録は重要なものになっていくのではないでしょうか。

4．コミュニティワークの記録様式について

ここでは，CSWの実践を中心に見ながら，コミュニティソーシャルワークと記録との関連を考えていきたいと思います。

1）地域をどのようにとらえているのか，地域分析のシート

コミュニティワークが地域で展開されていくためには，当該地域がどのような地域特性を持っているのかを把握する必要があります。人口動態，歴史的変遷，産業構造，社会資源の現状など，客観的に数値化できるものから，実際に当該地域で生活している住民が地域に対してどのような意識を持ち，また，課題などを感じているのかなども把握する必要があります。地域把握は，地域福祉計画の策定から個別の支援にいたるまで，支援者にとって必要不可欠のものです（表5-3）。

2）課題把握のなかから実際の事業として企画，実施した記録

例として掲げたのは，地域福祉活動計画策定のために，ある地区の地域住民を対象に行った住民懇談会の記録です（表5-4）。こうした懇談会は，地域で生活するなかでの実感，生の声が聞ける貴重な機会でもあります。建設的な意見から要望など，さまざまな意見が出てきます。短期的に解決するのが困難な意見もありますが，住民の声をベースに新たな地域支援の仕組みつくりにつながっていったような例もあります。

表5-3　A町地域資源データ

○○市　A町　地域資源　データ（H26年1月1日現在）

項目	当該地区	市全体	入手先	備考
人口	9,500人	75,492人	○○市	昨年比5％増
年少人口	1,050人	8,860人	○○市	
老齢人口（65歳以上） 高齢化率	1,900人 19％	16,589世帯 21.2％	○○市	
高齢者世帯数	1,200世帯	9,912世帯	○○市	
民生児童委員	6人	53人	○○市	
身障手帳所持者数	244人	1493人	○○市	
療育手帳所持者数	42人	472人	○○市	

社会資源

活動拠点	共同利用施設 地域利用施設	A町福祉館（ふれあいサロン，いきいき体操）
	自治会館等	A町コミュニティセンター
相談機能をもつ機関・団体等	高齢者	A町地域包括支援センター 特別養護老人ホーム　△△苑（ふれあいサロン）
	障害者	□□作業所（毎月　青空バザー実施） グループホームふれあい
	子ども	A児童館 さくら保育園（園庭開放日　月1回） いちょう保育園
福祉サービス事業所		グループホームA町 （株）○○福祉用具（無料杖の貸し出しあり）
その他の社会資源		A郵便局（ロビーに情報コーナー） A小学校 もみじ医院（内科・小児科）
商業関連		カフェ　たんぽぽ（月1回　介護サロン実施） A商店会（品物宅配サービスあり）

記入者所感

地域内に自治会はあるが，組織率は低い。ここ2～3年でマンションが数棟建てられて，新しい地域住民の方も多い（比較的若い家族層が中心）。自治会長のAさん中心に世話人の方が「まちづくりイベント」などを企画していきたいと聞いている。

158　Ⅱ　実践編

表5-4　活動記録（フォーマット：国立市社会福祉協議会作成）

○○市地域福祉活動計画　△△地区住民懇談会　記録　　　　　平成　年　月　日
　　　　　　　　　　　　　　　　　　　　　　　　　　　会　場　△△地区福祉館　大広間
　　　　　　　　　　　　　　　　　　　　　　　　　　　開催日　平成　年　月　日
　　　　　　　　　　　　　　　　　　　　　　　　　　　　　　　PM7：00～9：00

参加者団体など	△△自治会，△△地区育成会，△△小学校PTA，△△中学校PTAボランティア団体◇◇，△△地区民生委員協議会，障害者施設○○園自治会，○○商店街連絡会，○○地区医療保健連絡協議会関係者 個人参加の市民 計21名
担当職員	○○○○（社協事務局長）○○○（地域福祉推進課長）○○○（小地域地区担当主事）

内　容

- ○○通りの放置自転車がひどく，車いすの通行ができない。なんとかならないか。

- 小・中学校への福祉出前講座は大変好評である。続けてほしい。

- 社協に言うのもなんだが，JRの踏切がなかなか開かず困る。

- この地域は，大きな病院もなく，診療所も待ち時間が長い。訪問看護などのサービスが充実すると良い。

- ボランティア活動の中心は女性ばかり。中年男性や若い人も地域活動にもっと参加してほしい。

- △△通りは街灯もなく夜間の通行は不安。自治会でも見守りなどをしているがなんとかならないか。

○社協より（備考欄）
　いろいろと意見が出された。行政などに意見が出たことを報告するものもあるが，社会福祉協議会として，事業として展開できそうなこともあり，今後の地域活動に反映できるものを検討していく必要がある。

　　　　　　　　　　　　　　　　　　　　　　　　　　　　　　（記録者　　　　　　　）

3) CSWが使用している初回相談シート（アセスメントシート）（表5-5）

　前述したように，社会福祉協議会ではさまざまな事業を実施しており，その事業ごとで記録の様式は各々さまざまですが，ここではCSWが使用している初回相談シートを掲載してあります。

　初回相談では，相談経路や初回の問題把握，今後の方向性など，大枠的なところを記録しておくのが望ましいといえます。記録がその後の支援に向けての基礎となるためには，どんな点に留意したらよいのでしょうか。相談経路を例にとって考えてみましょう。地域で支援を必要としている方が自らCSWに向けて，「助けてほしい」と声をあげてくるケースは少なく，多くは民生委員や関係機関などの専門職からの相談により初回の面接，訪問などにあたることになります。周囲が感じている問題と，本人が感じている困りごとの間に乖離があることもあります。記録の際にも，その主訴や訴えはどこから寄せられたものなのか，それを本人はどのように感じているのかなどを記録に残しておくことは，大切なことです。初回相談において，本人の状態全部を把握することは難しいことです。アセスメントシートを埋めるための面接にならないようにすることが肝要です。

4) 経過記録――コミュニティソーシャルワーカー行動記録（表5-6）

　住民懇談会や，自治会など地域団体とのやりとりのような前述の2）の記録と，CSWや福祉活動専門員のような，支援者が行う個別援助実践の記録が混在して，経過として記載されています。

　経過記録は定式化された記録があるわけではなく，日付欄と経過記録欄，記入者欄だけで，罫線が引いてあるものです。地域福祉現場での実践には，支援が数年に及ぶ，長期的な実践もあります。途中で担当職員が変更するような場合もあり，どのような支援経過をたどったのかが，把握できるような記録が望ましいといえます。記録者の次の項にあるNo.欄は個別支援内容や地域支援の内容別に行った支援をコードナンバーで整理しておく欄です。

　個別支援も，地域支援も同時並行で進めていくことが必要であり，また，なかなか成果が目に見えて現れてこない事例や解決に時間のかかる事例もあります。地域での活動を可視化して，その実践内容を関係機関や住民に伝えていくためにも，記録はとても大切なものとなってくるでしょう（表5-7）。

表5-5 初回相談シート（アセスメントシート）（フォーマット：国立市社会福祉協議会作成）

初回相談シート

初回相談日： 27 年 6 月 15 日　　　　　【受付者： YH 】

対象者	山田花子　　（女性）	生年月日	昭和10年1月1日（82歳）
住所	○○市△△団地1号棟102	連絡先	自宅Tel 012-3456
ジェノグラム・エコマップ	ⓒＳＷ 地域包括支援センター 民生委員 自治会？　　⊠—○ 　　　　　　　□ ?	相談元	（　　　　　　　　　）
		相談経路	本人自ら　家族・知人・隣人から 関係機関・関係者から その他（民生委員A氏）
		相談方法	来所・電話・メール・訪問 その他（　　　　　　　）
主訴 (困りごと・希望)	銀行の通帳，印鑑がなくなってしまい，生活費が下ろせなくて困っているとの訴えを近所の民生委員に頻繁にしているとのこと。室内も片付けができておらず，「ごみ屋敷」状態になっている。民生委員からは認知症もあるようだが，介護保険などの利用はまだないとの情報あり。		

必要な支援	本人の状態
自宅内の片付けや書類整理，手続きなどができていないようである。 片付け，清掃は手伝ってくれる人がいればぜひやりたいとのこと。 介護保険申請などこれから必要になる？	①**心身の状態** 　歩行状態（不良・良好）　顔色（不良・良好） 　身だしなみ（清潔・無頓着・不潔） 　感情の起伏（落ち着いている・落ち着きがない） 　話し方（よく話す・話がかみ合わない・暴言をはく） ②**生活の状況** 　食事・栄養（良好・不良）　外出の頻度（あまりない） 　睡眠状態（良好・不眠）　被害妄想（有・無） 　就労状況（就労している・就労していない・就労予定） 　障害等（有・無【詳細：　　　　　】） ③**環境** 　室内の整理整頓（得意・苦手）　におい（有・無） 　室外周辺のゴミ（有・無・たまりつつある） ④**人間関係** 　家族（良好・不良）　　友人（良好・不良）不明 　近隣（良好・不良）　　町会（良好・不良）不明 　専門機関（良好・不良）　民生委員（良好・不良）
今後の対応・支援の方針	⑤**公的資源の利用活用（予定）** 　生活保護　介護保険　身障手帳　愛の手帳 　保健師　包括支援センター　在宅サービス　子ども家庭支援センター　その他
本人の状態については一部，把握。 民生委員Aさんとも連携をとりながら相談にあたっていく。 地域包括支援センターから介護保険申請に向けての働きかけを行っていく。 室内の片付けについては，自治会長Sさんに相談。 金銭管理の必要性は，社協日常生活自立支援事業専門員T氏に相談。	⑥**主な過去歴** 　就労　家事手伝い　学生　特になし 　その他（　　　　　　　　　　　　　） ⑦**意欲** 　希望　特技　生まれ　趣味　きっかけ　思い 　大事にしていること　職業　目標　夢　理想像 　気になっていること ⑧**特記事項**

表5-5 初回相談シート（アセスメントシート）（つづき）

本人の主訴は通帳・印鑑の紛失であるが，室内はゴミがたまっている状態である。また，息子が1人同居しているようであるが，確認はされていない。	（　　　　　　　　　　　　　）

経過記録

日付	対応者	対応・内容	気づき
27. 6. 15	YH	民生委員A氏より	
		連絡あり	
		（初回シート記入）	
		6/15訪問予定	

表5-6 経過記録,コミュニティソーシャルワーカー行動記録

コミュニティソーシャルワーカー行動記録　　　平成27年6月分

	記録者	No.	年月日	対応者	相手先	会議・事業名	内容・経過など	所感	備考
1	YH	①②	H27・6・1	YH	A氏㊞		民生委員A氏より。近所のB氏についての相談。独居女性,80代。屋外に最近,ゴミ袋がたまっている。訪問したところ,室内も書類や新聞が散乱しており,通帳,印鑑の紛失も複数回あるようだ。息子が1人同居しているようだが詳細は不明。近隣からも,ゴミの匂いが気になるとのこと。一度,A氏と様子を見に行ってほしいとの依頼。		地域包括Cにも情報確認
2	YH	①②	H27・6・7	YH SY	A氏㊞	S地区民協	民生委員A氏,先日のB氏,CSWの訪問可能とのこと。来週,地域包括支援Cスタッフと訪問。民協〜D団地では朝のゴミだしできない一人暮しの方が複数いるとのこと。対応策を検討したい。→CSW,ボラセン		ボランティアセンターに相談
3	YH	③④	H27・6・15	YH	B氏宅		B氏宅を地域包括C,E氏と訪問。玄関先で話す(詳細は個別記録)。ゴミの片付け,手伝ってくれる人がいるならやりたいと思っていたとのこと。民生委員,自治会にも相談。		

表5-7 個別支援の内容例

1.連絡調整　2.相談　3.関係つくり　4.安否確認,見守り　5.同行支援　6.環境整備 7.公的機関への繋ぎ　8.ケース会議　9.その他

第6章 運営管理記録

第1節 業務管理記録

1．業務管理記録の種類

業務管理記録とは，運営管理記録の一つであり，日誌や日報，登録台帳などの記録をいいます。

社会福祉施設などの運営管理には，人事管理，事業管理，財務管理，危機管理があります。たとえば，「特別養護老人ホームの設備及び運営に関する基準」の第9条（記録の整備）には，「設備，職員及び会計に関する諸記録を整備」するとともに，「入所者の処遇の状況」に関する記録として，①入所者の処遇に関する計画，②行った具体的な処遇の内容等の記録，③身体的拘束等の様態及び時間，その際の入所者の心身の状況並びに緊急やむを得ない理由の記録，④苦情の内容等の記録，⑤事故の状況及び事故に際して採った処置についての記録，を整備し，その完結の日から2年間保存しなければならないと規定しています。前者の規定は，人事管理および財務管理に関する記録に相当します。後者のうち①②③は，支援記録そのものであると同時に，事業管理に相当する記録であり，④⑤は，危機管理に関する記録に相当します。

ソーシャルワーク部門における業務管理記録の具体例としては，利用者台帳，提供サービス一覧表，ボランティア活動申込票，ボランティア活動受付簿，ボランティア活動予定表，ボランティア活動記録票，行事・会議予定表，行事報告書，会議録など，その都度記録するものと，業務日誌，月報用紙，年報用紙など，日・月・年単位で記録するものがあります。

1）利用者台帳

利用者（個別，集団，地域など）ごとに，通し番号，日時，対応者，主たる内容といった基本的情報を一覧にしたものです。利用者の検索のために活用されます。

2）提供サービス一覧表

ソーシャルワーク部門で提供するサービスを一覧にしたものです。サービスの提供

状況の確認と評価に活用されます。

3）ボランティア活動に関する記録

ソーシャルワーク部門が組織外のボランティア活動の窓口になっている場合，ソーシャルワーク部門に備え付けられるものです。

4）行事や会議に関する記録

ソーシャルワーク部門内外の行事や会議だけでなく，ソーシャルワーカーがかかわる組織の内外の行事や会議についても，確認と評価のために活用されます。

5）業務日誌，月報，年報

ソーシャルワーク部門の活動の全体を確認し，評価するために活用されます。本節では，業務日誌，月報，年報を中心にとりあげます。

2．業務管理記録の具体例

ソーシャルワーク部門で作成される業務管理記録の一例として，A病院の電子カルテのサブシステムとして導入しているソーシャルワーク記録を紹介します。

1）業務日誌

A病院では，相談支援の基礎データを集約する業務日誌のフォーマットを「相談支援記録」と呼んでいます（表6-1）。ちなみに経過記録は，「相談支援記録」とリンクする別のフォーマットを用いています。「相談支援記録」はクライエントごとに入力します。

相談支援の基礎データの入力は，東京都福祉保健局が作成した「医療社会事業実績調査における記入要綱」に基づき，1行為1カウントという入力規則となっています。

以下，いくつかの項目について説明補足します。

①疾病：医療機関によっては，拠点病院の機能を有しており，事業ごとに報告が必要です。A病院はがん診療拠点病院および神経難病拠点病院となっているため，疾病区分を，一般，がん，難病としてチェックするようになっています。

②職種：最近では，ワンストップサービスやチーム医療を目標として，療養・退院支援部門は，他職種が同部署に所属することが多いです。そのため，支援記録はソーシャルワーカー以外にも看護師や事務も利用するため，職種分類の項目が設けられています。

③相談経路：院内または院外と，入院または外来の入力があります。

④診療科／病棟：どの科や病棟の依頼や支援が多いのか，分析に役立てます。必要な支援が，必要なクライエントに行き届いているかの点検にも役立ちます。

表6-1　業務日誌

```
                    相談支援記録Ⅲ
① ☑一般  □がん  □難病        ② ☑MSW  □保健師・看護師
  担当者 [          ▼]
④ 診療科 [          ▼] [          ▼]  病棟 [          ▼]
  ┌─────────────────────────────────────┐
  │ ③       □院外            ⑤ ☑新規  □再介入  │
  │ 相談経路                                     │
  │         ☑院内 □入院 ☑外来   □継続          │
  └─────────────────────────────────────┘
⑥・時間 [10▼]時[10▼]分～[11▼]時[00▼]分  ⑦ [50    ]分間
⑧・転帰 [          ▼]
 ・方法
```

	面談	TEL	文書	訪問	カンファレンス	その他
・本人	1 ▼	▼	▼	▼	▼	▼
・家族	▼	▼	▼	▼	▼	▼
・関係機関	▼	▼	▼	▼	▼	▼
・院内職員	▼	1 ▼	▼	▼	▼	▼
・その他	1 ▼	▼	▼	▼	▼	▼

⑨・援助内容

受診	入院	退院	療養上	経済	就労	住宅
▼	▼	▼	1 ▼	▼	▼	▼

教育	家族	日常生活	心理	人権	直接看護	医療処置
▼	▼	1 ▼	1 ▼	▼	▼	▼

☑確認

⑤介入歴：新規・再介入・継続の選択肢があります。

⑥時間：面談・電話・他機関との連携など，支援に要した時間を入力できます。

⑦支援所要時間：支援に要した時間を入力しておくことで，そのクライエントに要した総支援時間の分析に役立ちます。

⑧転帰：終結時のみ帳票に転帰先を入力します。転帰先はドラムで選択方式となっています。選択内容は，自宅・回復期リハビリ・医療療養型病院・介護施設・有料ホーム・死亡です。

⑨援助内容：基本は医療ソーシャルワーカー業務指針に沿った内容になっていますが，療養・退院支援部門として，他職種も活用できるよう，直接看護，医療処置の項目が加えられています。

2）月報・年報

クライエントごとに入力した業務日誌（相談支援記録）は抽出条件に集計したい期間を入力すると（表6-2），CSVデータとしてエクセル表が作成され，月報または年報

表6-2 業務日誌・月報・年報のための統計項目（例示は月報の場合）

```
統計項目、抽出条件を選択して集計ボタンをクリックして下さい
統計項目
－－－－－総合相談支援センター　集計表－－－－－
Ⅰ　総件数（月報）
Ⅱ　援助内容別件数（月報）延べ数
Ⅲ　科別援助集計（月報）延べ数
Ⅳ　方法・対象別援助件数（月報）延べ数
－－－－－－－－－在宅診療－－－－－－－－－
診療科月別依頼数（月報）新規（依頼数）
診療科月別依頼数（月報）再介入（依頼数）
診療科月別依頼数（月報）延べ数
病棟月別依頼数（月報）新規（依頼数）
病棟月別依頼数（月報）再介入（依頼数）
病棟月別依頼数（月報）延べ数
転帰別依頼数（月報）新規（依頼数）
転帰別依頼数（月報）再介入（依頼数）
転帰別依頼数（月報）延べ数
－－－－－－－－がん相談関連－－－－－－－－
がん相談集計表　担当者毎（月報）延べ数
がん相談集計表1（月報）延べ数
がん相談集計表2（月報）延べ数
がん相談一覧
－－－－－－－－－周産期－－－－－－－－－
入院72時間～　NICU＋GCU（月報）延べ数
入院72時間～　NICU（月報）延べ数
入院72時間～　GCU（月報）延べ数
－－－－－－－－－その他－－－－－－－－－
高齢者機能評価　シート作成一覧
高齢者機能評価　結果作成一覧
周産期スクリーニングシート一覧（新生児）
センター日報集計表
機能評価作成一覧
－－－－－－修正前　誤抽出版－－－－－－
×がん相談一覧（誤抽出）
```

として集計することができます。

　月報・年報は，業務量が可視化されるため，所属機関や他部署へソーシャルワーク業務の実績を示すものとして活用できます。また，スーパービジョンの管理的機能（①能力を発揮できる職場環境を整える，②組織の一員として活動できるようにする）として所属部署内の業務分配の平準化などにも役立ちます。

3）報告書

　業務日誌の説明の際，疾病を区分するチェック欄があることを紹介しました。前述の通り，所属機関が有している機能によって，その事業内容を，国や都道府県等に報告する義務をともなう場合があります。そのような場合，国や都道府県から統計項目が指定されているため，その要件を満たすフォーマットが必要となります。ここでは，がん診療拠点病院の統計報告用に作成された帳票を紹介します（表6-3）。がん相談記入用紙は，がん診療拠点病院として国，都道府県への報告を目的とした帳票です。

表6-3 がん診療拠点病院における報告書

がん相談記入用紙

更新日： 年 月 日
担当：

	ID 生年月日 年 月 日 年齢 歳 カ月 性別		
氏名 住所 〒			

項目	該当する□に✓または下線に記入		
受付日	相談時間： 分 ○午前／○午後 時 分		
相談員 勤務形態	□専従　□専従以外　□事務職		
対応方法	□1）面談		
	□2）電話		
	□3）その他		
相談者	・年齢	□0）不明 □　　　歳	
	・性別	□1）男	
		□2）女	
	・相談者の カテゴリ	□0）不明	
		□1）患者本人	
		□2）家族	
		□3）知人・友人	
		□4）医療・福祉関係者	
		□5）その他	
	・利用回数	□0）不明	
		□1）初めて	
		□2）2回目以上	
患者自身の状況	・がんの状況	□0）不明	
		□1）初発	
		□2）再発・転移	
	・病期	□0）不明	
		□1）診断なし	
		□2）治療前	
		□3）治療中	
		□4）治療後／経過観察中	
		□5）ターミナル	
	・がんの種類	□1）眼・脳・神経	□11）小児がん
		□2）頭頸部	□12）食道がん
		□3）乳がん	□13）すい臓がん
		□4）肺がん	□14）前立腺がん
		□5）胃がん	□15）甲状腺がん
		□6）大腸がん	□16）骨
		□7）肝臓がん	□17）皮膚がん
		□8）子宮がん・卵巣がん	□18）中皮腫・軟部腫瘍
		□9）腎・膀胱がん	□19）原発不明がん
		□10）リンパ・血液	□その他（　　　　　□複数）

表6-3 がん診療拠点病院における報告書（つづき）

相談内容／対応内容			実施したすべてに✓	最比重の高いものに✓	備考（紹介先・連絡先）
相談内容	がんの治療	治療内容	☐	☐	
		がんの検査	☐		
		症状・副作用・後遺症	☐		
		治療実績	☐		
		臨床試験・検診	☐		
		補完代替療法	☐		
	療養上の課題	セカンド・オピニオン（一般）	☐	☐	
		セカンド・オピニオン（受入）	☐		
		セカンド・オピニオン（他へ紹介）	☐		（　　　　　）
		受診方法・入院	☐		
		転院	☐		（　　　　　）
		在宅医療	☐		（　　　　　）
		医療機関の紹介	☐		（　　　　　）
		ホスピス緩和ケア	☐		（　　　　　）
	ケア	介護・看護	☐	☐	
		食事・栄養・服薬（日常生活）	☐		
	経済的課題	医療費・生活費	☐	☐	
		身障手帳・介護保険等の社会資源	☐		
	心理的課題	告知	☐	☐	
		受容	☐		
		漠然とした不安	☐		
	社会的課題	医療者との関係・コミュニケーション	☐	☐	
		患者・家族間の関係・コミュニケーション	☐		
		友人・職場の人間関係・コミュニケーション	☐		
		子供の養育・子育て	☐		
		就労・学業・仕事	☐		
		患者会・家族会・ピア情報	☐		
	その他　（　　　　　　　）		☐	☐	
対応内容	傾聴・語りの促進		☐	☐	
	助言・提案		☐	☐	
	情報提供		☐	☐	
	自院受診の説明		☐	☐	
	他院受診の説明		☐	☐	
	自院の他部門への連携		☐	☐	
	他の医療機関等への連携		☐	☐	
	その他　（　　　　　　　　　　）		☐	☐	
経路	・この相談センターをどのように知りましたか 　（1）院内のスタッフからの説明，紹介 　（2）パンフレットを見た 　（3）家族・友人・知人から聞いた 　（4）インターネットで見つけた 　（5）その他（　　　　　　　　　）		☐ ☐ ☐ ☐ ☐		
患者ID 患者氏名					

4）業務分析

　A病院において，ソーシャルワーク記録システムを構築するにあたり，フォーマットとして最もこだわったのは，日常業務で作成する記録をもとに，業務分析や研究に必要なデータが取れるようにすることでした。そのためには，少なくともクロス集計ができるだけの情報が必要です。ケース終結時には，業務日誌のコメント欄に病名・医療処置・転帰・転退院先・活用した社会資源や課題となったキーワードなどを入力しておくことで，知りたい情報を抽出作業することが可能になりました。

第2節　ケースカンファレンスの進め方と記録

1．ケースカンファレンスの記録

　ソーシャルワーカーが所属する組織では，事業運営のために多くのカンファレンスを行い，その記録を管理し保管しています。人事異動があり，担当者が変わった場合でも，事業や支援を円滑に継続していくためにも，記録は不可欠です。特に近年は，事業実施において多機関との連携，協働が欠かせなくなっていますので，支援の連続性を保つためにますます記録の保管と共有は重要になっています。

　そこで，本章ではソーシャルワーカーが多機関の多職種とともに行うケースカンファレンスについて概観し，その運営と記録について例を挙げて紹介します。

1）ケースマネジメントとカンファレンス

　ケースマネジメント，つまり利用者への支援が滞りなく提供され続けるように進行を管理していくために，適宜カンファレンスが欠かせません。介護保険制度や障害福祉サービス制度を利用するためには，ケアプランを立案し，サービス担当者会議で情報を共有しながら進めていくでしょう。それぞれの事業所では，サービス提供責任者やサービス管理責任者が，本人や家族と相談して立てた，個別支援計画の内容をスタッフと共有していく会議も必要です。これらの会議は半年に1回などの頻度で定期的に開催し，利用者の現状や支援の成果などを振り返り，本人や家族の望んでいる生活の実現につながるような支援が滞りなく提供されるように調整する場とします。

　サービス利用に限らず，さまざまな領域で日々ソーシャルワーク実践を展開するなかで，関係機関での支援方針にずれが生じたり，他職種の価値観との相違で連携にこじれが生じたりすることもあります。そのような場合にも，随時カンファレンスを開催して，協調的な関係を再構築することが必要になります。むしろ，ソーシャルワークのダイナミックな展開を実感するためには，このような状況に即したケースカン

ファレンスを活用できるかどうかが問われているといえるでしょう。

2）カンファレンスの開き方

　サービス利用に関する会議では，カンファレンスの開催をするのは比較的容易かもしれません。ケアマネジメントを担当する人が，本人や家族から意向を聞き，それに沿ったサービス提供を行える事業所と交渉し，内諾がとれたところで関係者を集めて，お互いに顔を合わせて，個別に合意した支援方針を全体で共有するという手続きがとられることが多いからです。

　支援に困難を感じているときのカンファレンスの場合には，困っている人が助けを求めたい人に声をかけることから始まるでしょう。原則的にはクライエントや家族に入っていただくことが重要です。より多くの関係者に協力を仰ぐ際には，「要保護児童対策地域協議会の個別ケース検討会議」（厚生労働省雇用均等・児童家庭局，2017）や，障害者の地域移行支援のための「計画作成会議」（厚生労働省社会・援護局，2012）などの，法令などを論拠にして，会議への参加を求めるというやり方もあります。

3）所定様式を使って記録する際の配慮点

　介護保険サービスや障害福祉サービスを利用するためのサービス担当者会議など，法制度に位置づけられたカンファレンス記録としては，「ケア計画書」や「サービス等利用計画書」などの所定様式がそのまま使えるでしょう。これらの記録用紙は，情報を収集してアセスメントを行い，アセスメントに基づく計画を立てるという，ソーシャルワークの基本のプロセスを踏まえて作成することができるように，設計されているからです。

　とはいえ，これらの様式にはたくさんの記入欄があります。多忙な日々のなかで欄を埋めるのに必死で丁寧な分析ができないまま，なんとなく良さそうなプランを先に立ててから，後つけでアセスメント欄を埋めるようなことが起こるかもしれません。たとえば「リハビリで歩行訓練」というプランを先に想定してから，生活課題に「現状は筋力が低下していてほとんど歩けない」と書き，長期目標は「一人で散歩できるようになる」，短期目標に「歩けるようになる」と書くようなものです。一見，問題がないように見えるかもしれませんが，これでは課題（ニーズ）も目標も事実上同じようなことを書いているだけで，ソーシャルワークの基本プロセスに準拠したものではありません。いわば，提供する予定のサービスに合わせて本人の困っている状態の一部を切り取って記載しただけです。これではソーシャルワーク記録とはなりえないでしょう。

ソーシャルワークの記録にしていくためには何が必要なのでしょうか。情報収集とアセスメントが先であり，プランはあくまで目標の実現のために位置づけられていることがわかるように記録することが重要です。では，何が違うのでしょうか。本人や家族を中心とした視点で，その人独自の人となりを映すような言葉で記録を残すことが大切です。先ほどの例でいうなら，確かにご本人は歩けるようになりたいのかもしれません。では，何のために？　ご本人は歩けるようになって，何をしたいのでしょうか。「歩ける」とか「筋力をつける」といった言葉では，機能回復を目的とするリハビリ計画の記録としては良いのかもしれませんが，ソーシャルワークの視点では，さらにその先を考えるのです。かけがえのないその人自身が浮かび上がるような文言を，きちんと記しておくことです。「孫の運動会を見に行きたい」とか，「近所の公園まで桜を見に行きたい」など，ご本人が叶えたい具体的な夢まで聴きとっているでしょうか。「歩けるようになりましょう」と支援するのと「近所の桜を見に行けると良いですね」と支援するのとでは，支援者の想いも自ずから変わってきますし，その後のリハビリの進行状況に合わせて支援プランを柔軟に変えることもできます（たとえば，仮にリハビリでは十分に歩行能力が回復しなかったとしても，別の桜を見に行く方策を考えたり，デイサービスでサポートしながら花見の企画を立てたりすることができるかもしれません）。「もうしばらく自分の足で何歩も歩いていないからそんなの想像がつかない。でも自分の足で歩けるんだ，という実感が欲しい」と仰るならどうでしょうか。「何ができていたら自分の足で歩けたと思えるか，そう思えると生活はどのように変わるか」などと，さらに質問を重ねることができるでしょうし，それで答えが出てこない場合には，目標は「自分の足で歩けるという実感を持つ」という言葉になるでしょう。可能な限り，かけがえのないその人自身を表す言葉を記録に織り込めるように丁寧に話を聴くのです。制度上やるべきことが決まっているからこそ，逆に丁寧に「その人らしさ」を掘り下げるように意識しましょう。

4）所定様式がない場合のカンファレンス記録の例

さて，法令に位置づけられていない会議の場合にはどうでしょうか。既存の様式を記入しても，困難状況が改善される見通しが立たない場合や，込み入った具体的な支援の課題について話し合いたいときなどは，もう少し自由な枠組みで話し合えるほうが良いかもしれません。とはいえ，問題点を掘り下げるだけ掘り下げると，それだけで多くの時間が必要になり，支援方針を共有するための十分な時間がとれなくなるかもしれません。

ここでは一例として，筆者がターネル（Turnell, A.）とエドワーズ（Edwards, S.）

の「サインズ・オブ・セーフティ・アプローチ」（Turnell & Edwards, 1999）などを参考にしながら，スクールソーシャルワーカーとしてケース会議を進行していたときの記録の例をお示ししたいと思います（事例は創作事例です）。

　ある小学校の教頭から連絡がありました。小学校1年生の不登校の女の子と保護者とのかかわりで担任が困っており，スクールソーシャルワーカーに家庭訪問などのタイミングを相談したい，ということでした。学校に訪問して詳細を確認したところ，現在は通学が増えているということで，授業参観をしても，衝動的な行動は目立っていましたが楽しそうに授業には参加している様子が見られました。学校では担任だけではなく養護教諭やスクールカウンセラーも個別にかかわっていましたが，それぞれが忙しく情報共有ができていないこと，また，この家族は，本児の年長きょうだいのことで市の相談員の支援を受けていたという情報があるので，もしそちらにも協力を得られるなら協力を得たい，という話も語られました。そこで，ケースカンファレンスを提案しました。保護者への連絡ができないことが課題なので，保護者の参加は望めない，保護者が参加できない場に子どもを招くことはできない，ということで，残念ながら本人や家族の同席はかないませんでした。

　当日はホワイトボードと黒板を活用して，それらを取り囲むように座席を配置していただき，スクールソーシャルワーカーが司会と記録を兼任しました。各項目の記録の意図について説明しながらご紹介しましょう。

(a) 基本情報

　まずは表6-4「ホワイトボード記録1枚目」をご覧ください。最初に日時を書き，順に自己紹介をお願いしながら参加者名を書き込みました。ついで，今日集まっていただいた理由，どういうことを相談したいのかをお聞きしました。呼ばれたから来たという方や，特に付け加えることはありません，という方については記載していません。

　ついで，ジェノグラムを書き込みました。既往歴，家族歴，家族の生活歴，職業や経済状況など，わかる場合には記入します。未確認情報についても「？」つきで書くこともありました。図では核家族しか記載されていませんが，三世代まで情報がわかっている場合には書き込み，その関係性（仲の良しあしなど）も可能なら欄外にどんどん書き込むことができます。また関係機関が他にもある場合には，エコマップを描き込み，どのようなつながりか，どのような関係かなども記載できるかもしれません。ジェノグラムやエコマップの欄には，その後の話し合いのなかでもさらに加筆することがあるので，スペースにゆとりをもって記載していくといいでしょう。この欄の情報が豊かになれば，過去から現在に至るまでのケースを取り巻く状況を想像しや

表6-4　ホワイトボード記録1枚目（著者作成）

○○さんケース会議　20XX/06/20	良いこと・できていること	困ったこと・気がかりなこと
参加者　担任，教頭，養護教諭，スクールカウンセラー，市子ども課支援員，スクールソーシャルワーカー	担任：△△さんや◇◇さんと仲良し ・カウンセラーとの個別支援は楽しんで参加 ・本人に役割を与えるようにすると積極的に取り組んではくれる ・欠席日数は4月から全部で10日ほどで最近はちょっと減ってきている 教頭：クラスに入ると，こちらにもいろいろ話しかけてくるようになった。 養護教諭：パニックになった後にしばらく保健室で一緒に過ごしたりしているが，だんだん落ち着くまでの時間が短くなってきた。絵が上手で，保健室の飾りなど手伝ってくれる。 スクールカウンセラー：「約束事」の概念が分かっていなかったが，理解して，徐々に身につけている様子である。発達面で凸凹した部分はあり，個別支援を組み合わせたほうがより伸びるタイプ。	担任：授業中でも何かのきっかけで大声をあげたり，癇癪を起こして教室を飛び出して走りまわったりする。探しに行く間授業が止まる。 ＊校外に飛び出してしまったら事故が心配 ＊欠席の際に連絡がないので登校中の事故などが心配である ・特別な支援の必要性などを検討するために受診の相談などを母としたいが，なかなか連絡がつかないので勧められない 教頭：諸費の未納で立て替え分がたまっており困っている。就学援助を提案したい。 市：小学校入学前は閉庁間際の時間に窓口にふらっとやってきて家計や子育ての悩みを相談されることが多かったが，最近はなかったので落ち着いたのかと思っていた。今日の話を聴いて気になった。
今日話し合いたいこと 担任：○○さんが欠席がちである。学校に来れば楽しく過ごしているようだが，母には学校がつらいと言っているそうだ。○○さんは授業中に立ち歩いて騒いだり，指示を聞けなかったりすることもあり，特別な配慮が必要なのではないかと懸念している。 教頭：母に連絡が取りづらい。無断欠席や諸費の未納もあるので電話連絡をしてもつながらないことも多い。		
○○さんご家族 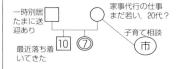		

すくなります。実際，この事例でも，若くして結婚し出産した母親が，やんちゃな兄と，3歳しか離れていない妹の子育てに悩みながら，行政に相談しつつ何とか子育てを続けてきて，兄が徐々に落ち着いてきたということがうかがえます。父と以前別居したことがあるが，現在は一緒に暮らしていることや，母が家事代行の仕事をしていることからは，父の年齢や職業はどうなのか，家族の経済状況はどうなのか，と疑問がどんどん膨らみます。まだわかっていないことが明らかになるように記録していきましょう。

（b）現在の情報を共有する――良いことと困ったこと・気がかりに分けて記載する

続いて，「今の状況を教えてください」と投げかけました。ソーシャルワークの基本の視点は，状況のなかの人を考えることです。事例提供者があらかじめ情報を整理し，アセスメントした結果をまとめているものの報告から始まるケースカンファレンスもありますが，ここでは担任らに事前のアセスメントは求めませんでした。多忙な参加者の負担を避けつつ，情報を共有していくことを優先したからです。ただし，雑

多に情報が語られると，整理して理解するのが大変になりますので，ボードには見出しとして「良いこと・できていること」という欄と，「困ったことや気がかり」の欄を設けました。そして，「どんなことでもいいので現状についてまずはお聞かせください」と参加者にお願いしました。担任からはできていること，困ったことの順に語られました。担任が積極的にできていることを語ったので，他の人も同じように最近起きている良い変化について報告してくれました。その結果，まだ無断欠席は見られるが，全体的な傾向としては欠席が減少しており，不登校に向かう恐れが減ってきているということが共有されました。また，クラスでの担任の取り組みだけではなく，養護教諭やスクールカウンセラーからもさまざまな取り組みが報告され，学校全体としてこの児童が通いやすくなるように工夫を重ねており，それぞれが手ごたえや良い変化を実感していることも共有されました。こうして現状の良い変化が見えてくることで，現在困っていることが具体的に絞り込まれていきました。

　参加者がほとほと困り果てていて，「良いこと・できていること」を聞いても思いつかないときがあります。そのようなときには「良い」という言葉を使わずに「悪くないこと・このまま続けてほしいこと」という表現に見出しを変えることもあります。こうすることで，優れた点や素晴らしい点でなくても，本人や家族の日常生活を支えるさまざまなストレングスを拾い上げることができるでしょう。

　本人や家族が参加している場面では，ストレングスの話し合いが支援者と本人や家族との関係をより強固にするのに寄与しますし，状況の改善に向けて本人や家族のモチベーションを高めるうえでも役立ちます。本人も家族も参加していない場合でさえ，支援者が今後の支援を考えるうえでストレングス情報は多くの示唆を与えてくれます。ごくごく当たり前と思われること，取り立てて素晴らしいわけではないことも含めて，ストレングスを意識の俎上に載せていくことで，利用者や家族の状況をより多層的に理解できるでしょう。そうすることで，困難をひたすら掘り下げて手の打ちようがないような無力感に圧倒されることを防ぎ，現実的に対応できる困難を見きわめていくことができるようになるでしょう。

　困りごとに関しては，「困っていること・気がかり」という表現になっています。困っていることを尋ねたら，すでに実際に繰り返し起こっていることだけではなく，これまでの行動から今後こういう問題が起こるかもしれない，という未来の予測をまぜこぜにして語られるということがあります。本来は，すでに起こっていることと，今後起こりうると気にかけていることは別の話です。欄を分けることができるなら「すでに起こっている困りごと」と「今後起こるかもしれない気がかり」と二つの欄

を設けたほうがより良いでしょう。この記入例ではそこまで分離せず，気がかりに「＊」をつけるようにしています。

　こうして本人や家族を取り巻く状況について羅列していくと，なんとなく現状が見えてきます。同時に何がわかっていないかもよくわかるでしょう。本人のパニックというのは，発達面での凸凹と関連があるのでしょうか，それは発達障害なのでしょうか，それとも家庭の養育環境に問題があってのことなのでしょうか。なぜ，どういうきっかけのときにパニックになるのでしょうか。パニックは自分で抑えられるのでしょうか。まだわからないことはたくさんありますので，深く掘り下げて問題を理解しようとしたら，もっとみんなで頭を悩ませなければいけません。でも，さしあたって一番困っていることは，パニックのときに教室を飛び出した際の対応と，母に対してたくさん相談したいことがあるという概ね2点に絞られました。限られた時間ですから，この今一番困っていることにとりあえず向き合うことが大切でしょう。

　(c) どうなったら良いのか，何が起きたら良いのか

　気がかりや心配ごとが語られるということは，すでに未来の予想を始めているということです。その思考の流れに沿って「では，どうなっていたら良いのか，何が起きたら安心できるのか」と問いかけ，表6-5「ホワイトボード記録2枚目」の見出しを書きました。

　保護者がいつでも欠かさずに電話連絡をくれて，本人は欠席しなくなり，パニックを起こさなくなってほしい，という大きな希望が語られましたが，語った担任自身もまだそれは無理ですよね，という表情で苦笑しています。その大きな希望を否定せずに記録してから，「ではそのために何が起きたら良いですか」と尋ねると，教頭から「まずは本人に，いまは学校が楽しいのかとか改めて聞けたらいいですね。休んだ理由を聞いてもモゴモゴしてるけど」と意見が出て，皆がうなずきました。他の心配ごとについても一つずつとりあげて「何が起きたら安心でしょうね」と問いかけると，少しずつ答えが広がっていきました。「パニックの予防のために，アンガーマネジメントのような感情をコントロールするためのプログラムはどうですか」などと提案も出始めました。

　(d) 何ができそうか，誰がいつ何をやるか

　提案が出てきたので，「何ができそうか」という見出しを書きました。「できそうなことはこちらの欄に書いていこうと思いますが…『感情コントロールのプログラム』は誰ができそうでしょうか」と尋ねてみました。参加者の視線がスクールカウンセラーに向けられましたが，カウンセラーは苦笑し，「個別支援を継続するなかで状況

表6-5 ホワイトボード記録2枚目（著者作成）

どうなったら良いか	そのために何ができそうか	誰がいつ何をやるか
・○○さんが休む場合にはきちんと欠席の連絡が欲しい。 ・○○さんは最近学校になじんでいるのか、学校のことをどう思っているのかを聴く。 ・パニックになっても校外に飛び出さず、できるだけ教室で、それが無理なら保健室にいるなど、誰かの目の届くところで過ごせるようになってほしい。 ・パニック対策の感情コントロール方法を学べたらどうか。 ・母はなぜ連絡しないのか知りたい。 ・母は○○さんの現状をどう思っているのか知りたい。今でも家では学校がつらいと言っているのか、何がつらいというのか。特別な支援の必要性についての考えはあるのか。子育ての大変さは軽減されたのか、生活状況も気になる。	・担任が時間をとって○○さんに最近学校で頑張れていることを褒めながら、どう思っているかを尋ねてみる。 ・教室にいられないときは保健室で過ごしていいと本人に伝える。養護教諭はパニックの後落ち着いたときに、○○さんの気持ちについて尋ねてみる。 ・スクールカウンセラーは引き続き個別支援。個別支援での見立てや本人の成長ぶりについて例を挙げて母に伝えたい。 ・諸費の催促は教頭が行い、担任から母へ連絡するときは学校での最近の頑張りを伝えながら母の気持ちを汲取るための面談を提案する。 ・無断欠席が続いたら、スクールソーシャルワーカーが家庭訪問を調整する。 ・市からは、役所の近くで見かけたら声をかけ、最近の子育ての様子や生活状況などを尋ねてみる。	・担任や養護教諭、教頭、スクールカウンセラーの関わりは日常的にすぐできる。 ・担任から母へ7月の定期面談のときに、最近の頑張りを伝え、カウンセラーからも面談希望があると提案して日程調整を行う。 ・教頭の諸費の督促は定期面談の後まで待つ。 ・無断欠席が1週間以上続いたら、教頭からスクールソーシャルワーカーに相談をする。 ・市役所では機会があったら面談。 次回　7月2X日　14：00～

が整えばできると思いますが、今はまだその段階ではないと思います。さしあたっては、本人が学校に居たいと思えるようにすることを目標にしつつ、個別的なかかわりで本人のスキルのアセスメントと、どのような介入方法が向いているかを検討して、クラスで落ち着いて過ごせる方法を見つけることに注意を向けたいです」と言われました。カウンセラーの話を「何ができそうか」の欄に書き込み終えると、また（3）に戻って、何が起きたら良いのかについて全員に聞きました。このように、話の流れが行ったり来たりすることは十分にあります。記録をする際には、柔軟にいろいろな意見を書きとどめることが大切です。「今は提案をする段階ではないから言わないでください」などというと、意見が出しにくくなります。早くから提案が出たら、それを「提案の欄に書いても良いですか」と投げかけて、すぐにでもできそうな提案なら記録に残しましょう。まだ先の話だというなら、「何が起きたら良いか」の欄に記録しておきましょう。そして、改めて元の話題に戻れば良いでしょう。

聴き終わったところで改めて、「何が起きたら良いのか」に挙げられた望ましい未

来の状態に向けて，できそうなことを参加者一人ひとりに順々に聞いていきました。今かかわりがない市の相談員は，保護者が相談に来てくれたらもちろん応じるつもりだが，虐待などが起こっているわけではないので今すぐ何かができるわけではない，と言われましたが，それでも「たまに見かけるので，何気なく声をかけてみて，可能なら生活状況について聞いてみましょうか」と提案くださいました。

ここまでで終わっても良いのですが，できそうなことがとてもたくさん上がりすぎてしまってちょっと整理したくなったので，具体的な日時を意識したプランに落とし込むため，「誰がいつ何をやるか」という見出しをつけました。すると，来週から定期個人面談期間であるという話が出され，それに合わせた形で具体的なプランを立てていくことができました。そして，プランが実際に円滑に進んだかモニタリングするための会議を提案し，定期面談期間の少し後にスケジュールを調整して，そこまで記録しました。

最後に記録の写真を撮影してこの日のカンファレンスはお開きになりました。写真はすぐに印刷して，各担当者で記録として共有しました。

カンファレンスの進行役と記録者は別にいたほうが進めやすいですが，進行役が記録を気にせずにカンファレンスの話し合いをどんどん進めていってしまうと，記録と会話内容がずれてしまいます。記録は随時読み返したり，振り返りながら次の見出しに進んだりすることで，じっくり十分に考えを深めて，まとめる時間が持てます。過去を深く掘り下げた利用者理解ができなくても，現状の限られた情報で当面の方針を立てることができるのが，このやり方のメリットだと思います。

ただし，写真記録は必ず早い段階でプリントアウトして共有しましょう。読みづらい場合にはデータ入力し直すこともできますが，できるだけきれいに書いてそのまま写真で共有できれば負担の軽減にもつながります。参加者の全員が，同じ情報を共有することはチームでかかわるときの基本ですので，会議が終わっておしまいではなく，同じ記録を確実に共有するところまでは，しっかり決めておきましょう。

第3節　教育訓練用記録

1．教育訓練用記録の種類

教育訓練用記録とは，ソーシャルワーカーの養成教育や現任者訓練で用いられる記録の総称です。具体的には，事例検討会やスーパービジョンのための記録が挙げられます。教育訓練用記録は，ソーシャルワーク記録の個人情報を伏せてそのまま活用さ

れる場合もあれば，支援記録の場合，それを再構成して活用することもあります。

近年，地域包括支援センターが主催する地域ケア会議や，社会福祉協議会や社会福祉法人などが地域貢献の一環として運営するコミュニティカフェなどでは，クライエントや地域住民，民生委員なども交え，個別支援を踏まえた個別課題から，地域課題を検討するプロセスを多職種・多機関で共有し，合意形成を図ることが求められるようになりました。一方，社会福祉士養成過程のカリキュラムの見直しに関する報告書（厚生労働省社会保障審議会福祉部会福祉人材確保専門委員会，2008）では，ソーシャルワーカーにこれらの役割を期待する一方，必ずしもその方法論は十分に確立されていないことが示唆されています。つまり，ソーシャルワーカーの実践過程が十分に記録されていないばかりか，多職種・多機関間で十分に共有されていない現状においては，ソーシャルワーク記録のなかで，特に実践過程の記録法が，養成教育や現任者研修において，訓練されることが求められています。

教育訓練用記録には，逐語記録，事例記録，援助場面再構成記録のほか，養成教育で用いられる実習記録や現任者訓練で用いられるスーパービジョンのための記録があります。本節では，これらのうち逐語記録，事例記録，援助場面再構成記録を紹介するとともに，特に教育訓練段階で重要な，実践のリフレクションのための記録のあり方について詳説します。

1）逐語記録

逐語記録とは，逐語体を用いてソーシャルワーカーとクライエントとの相互作用をありのまま記録化したものです。ケーグル（Kagle, 1991）は，逐語記録を教育訓練にとって根幹的な記録と位置づけ，次のような段階を経て作成することを提案しています。

①クライエントに面接を録音・録画する許可を得る。
②録音・録画により面接を記録する。
③録音・録画をもとに逐語記録を作成する。
④逐語記録をもとに要約記録を作成する。
⑤スーパーバイザーのもとで，逐語記録および要約記録をもとに検討する。
⑥実際の業務で使われる様式を用いて叙述記録を作成する。

この①〜⑤の逐語体または要約体による叙述記録の作成により，学習者は事例の本質を理解するとともに，それをもとに，⑥のような実践で使われる様式に記録することにより，実践的な記録の技術を上達させることができます。

2）事例記録

ソーシャルワークにおける事例とは，問題像，対象像，支援関係像という3層構造からなり，問題像は対象像に含まれ，対象像は支援関係像に含まれるという関係にあります。このうち対象像は，個人のみならず，家族，小集団，組織，地域社会，社会全体という入れ子構造にありますが（米本，2004，pp.17-23），これらは総称してクライエントシステムとも呼ばれています。つまり，事例はソーシャルワーカーとクライエントシステムとの支援関係像ということになります。

事例記録は，ある事例の支援記録を第一次資料源とし（根本，2000，pp.11-18），一定の書式に沿って再構成したものとなります（小嶋，2005，p.42）。事例記録の書式は，本節では省略しますが，事例の全体が網羅されたものとなっています。事例はこのような事例記録としての形式をなしてはじめて事例研究，事例検討，事例教育，事例報告の素材となります。

3）援助場面再構成記録

（a）生活場面面接ワークシートの活用

援助場面再構成記録は，学生や現任者とクライエントとの対面的な場面の一部を，記憶をもとに再現したものです。逐語的なやりとりとともに，それに伴う学生や実践者自身の観察内容や思いを詳細に再現することにより，とりあげた場面を客観視し，自己覚知やそこで用いられた技術，価値，知識といった専門性の再検討に役立てることができます。援助場面再構成記録は，もともと看護教育において，特に自己覚知を主たる目的として開発され，教材として用いられるワークシートは改訂が重ねられてきました（宮本，1995）。看護教育では，もっぱら看護学生と患者との二者関係に限定され，学生が「考えたこと感じたこと」に焦点を当てて検討できるよう，3列の様式となっています（表6-6）。ソーシャルワーカーの教育訓練でもこのような「看護場面再構成シート」がそのまま用いられている場合もありますが（社会福祉実習研究会，2000，pp.102-106），3列からなる「看護場面再構成シート」をソーシャルワークの教育訓練用記録として用いるには，次の2点の難点があります。一つは，ソーシャルワークでは人と環境との相互作用に焦点を当てているにもかかわらず，環境面を記録する欄がないことです。もう一つは，ソーシャルワークにとって自己覚知が重視され

表6-6　看護場面再構成シート

見たこと聞いたこと	考えたこと感じたこと	言ったこと行なったこと

表6-7 援助場面再構成シート

周囲の様子	クライエントの言動や状態	援助者の思い	援助者の言動	意味づけ
ICFや多職種連携の観点から		援助中のリフレクション		援助後のリフレクション

表6-8 実習場面再構成シート（その1）記入要領

実習場面再構成シートの記入要領
1．目　的
　援助者が，援助場面における利用者との関わりについて再構成することによって，ソーシャルワークの価値，技術，理論などについて考察と自己覚知を深める。
2．記載の方法
　援助場面で，上手く対応できた場面や，悔いの残った場面のように，印象に残った場面を選択する。事例検討のためではないので，覚えている範囲（数分間）について，できるだけ忠実に再現する。
　「項目1～8」までを，事前に記入し持参する。「項目9」は，レポート終了後に記入するので空欄のままにしておく。
　以下，「項目6経過」（「実習場面再構成シート」）についての記載方法について説明する。具体的には記入例（表6-10）を参照されたい。
　A～Dについては，時間的経過がわかるよう，冒頭に①②…と連番を付す。
　とりあげた場面中，時間の間隔が空く場合には，記入例のように横線で区切るとよい。

　A．周囲の様子：援助場面では，利用者と援助者との二者関係にとどまらない場合が多い。そこで，周囲の様子（たとえば，他の利用者や職員，家族，近隣などの人的環境，飾り物，家具調度品，スイッチの入ったテレビで放送されている番組内容，ペット，その他の様子などの物的環境）などについて記載する。利用者と援助者とのコミュニケーションに影響を与えるような第三者の話し言葉については，「　」書きで記載する。
　B．利用者の言動：利用者の言葉の他，動作，表情，態度，言葉のニュアンスなどを記載する。話し言葉については，「　」書きで記載する。
　C．援助者の思い：援助者自身のその場の感情や思考について記載する。
　D．援助者の言動や状態：援助者の言葉の他，動作，表情，態度，言葉のニュアンスなどを記載する。話し言葉については，「　」書きで記載する。
　E．意味づけ：A～Dを記入後，利用者とのコミュニケーションについて，どのような意味があったのかについて，現時点での振り返りをもとに記載する。その場面で用いられていた「価値，原則，技術」などをとりあげてみるのもよい。また，それだけにとどまらず，援助者自身の意味づけを記載しておくことが望ましい。

3．活用法
(1) 実習指導（事後指導）や実習後の相談援助演習などでとり扱う。
(2) レポートの方法
　　①「項目1～8」までについて説明し，他の学生や教員からの質問を受ける。
　　②「項目6」は，まずA～Dについて，時間的経過に沿って説明する。次いでEについて説明し，他の学生や教員からの質問や意見を受ける。
　　③項目7および8について説明し，他の学生や教員からコメントを受ける。
(3) レポート後の課題として，項目9を記載し提出する。

表6-9 実習場面再構成シート（その２）フェイスシート

（小嶋章吾作成を著者一部改変）

「実習場面再構成シート」用フェイスシート	
とりあげた場面の日付： 年 月 日／記入日： 年 月 日	
1．タイトル	
2．施設種別	
3．事例の概要	
4．とりあげた場面	
5．とりあげた場面に至った経過	
6．経過	（別紙「実習場面再構成シート」に記入する。）
7．その後の経過	
8．考察	
9．再考察	

ますが，ショーン（Schön, D. A.）のいう（Schön, 1983），援助中のリフレクションを記録することはできても，援助後のリフレクションを記録する欄がないことです。そこで，ソーシャルワークの教育訓練用に考案されたのが，5列からなる「援助場面再構成シート」です（表6-7）。表6-7では，1・3・5列目の理論的根拠を補記しています。これは，もともと生活場面面接を分析・検討するための「生活場面面接ワークシート」として開発したものを活用しています（小嶋，2003, pp.125-131，小嶋，2015, pp.25-33）。表6-8，表6-9，表6-10の「実習場面再構成シート」は，社会福祉士養成課程の相談援助実習指導における応用例です。

(b)「援助場面再構成シート」の効果的な活用法

援助場面再構成シートには，学生やソーシャルワーカーと，クライエントとの相互作用とともに，環境との相互作用をも記載することができます。また，瞬時の情報収集やアセスメント，対応の連続的な展開を再現することができます。

このような援助場面では，なぜ上手く展開できたのか，上手く対応できなかったのかをリフレクションすることにより，その根拠を考察し，より質の高い実践へとつなげていくことができます。援助場面再構成シートに記入するだけでも，上手くできたか否かの要因に気づくこともできますが，ロールプレイをすることにより，援助困難と思われていた場面であっても，クライエントや観察者の役割体験とグループワークによる体験の共有を通じて，その要因や今後の方向性を検討することができます。

182　Ⅱ　実践編

表6-10　実習場面再構成シート（その3）

所属 ○○　　　氏名 ○○　　　記入日 ○年 ○月 ○日

タイトル：誕生日カードを話題としたコミュニケーションのきっかけに家族の思いと利用者の笑顔を引き出すことができた場面 Ⓕ

※話し言葉は「　」書きとする。A〜Dについては、時間的経過がわかるよう、冒頭に①②…と連番を付す。

A周囲の様子 Ⓞ	B利用者等の言動や状態 Ⓢ/Ⓞ	C援助者の思い Ⓐ/Ⓟ	D援助者の言動 Ⓘ	E意味づけ
①デイサービスセンターから誕生日カードが送られてきていた。	②まったく感情表出や意欲を示さない。	③Aさんが興味のありそうなことを話題にしてみよう。	④「デイサービスの様子はどうですか？」	Aさんとのコミュニケーションのきっかけを作りたかった。→開かれた質問
⑤夫は「どうせ、おまえなんかにわからないと思って黙っていたんだけど」とバツが悪そうな様子。	⑥わずかながら表情が和らいだ。	⑦デイサービスは楽しいのかもしれない。夫が正直に話してくれたことを喜んでいらっしゃるのかもしれない。Aさん自身、読めないかもしれないので、お見せしながら声に出して読んでさしあげたい。	⑧「Aさんと一緒に拝見させていただくことはできますか？」	誕生日カードを使って、Aさんの感情表出を促すことができた。→提案
⑨夫はすぐに誕生日カードを見せてくれた。			⑩カードを読み上げながら、「デイサービスのみなさんは、Aさんを大切に思っていらっしゃるんですね」と話しかけた。	Aさんのこと気にかけてくれている人たちがいることを伝え、励みにしてほしかった。→共感的理解
⑫普段は怖い顔をしている夫の目も潤んできた。	⑪Aさんの顔がほころび、カードを握っていたAさんの手に、少し力が入った様子。Aさんの目が少し潤んできた。	⑬Aさんの気持ちに応えられたかもしれない。夫との関係をとり持つことができないだろうか。	⑭「Aさんはいろいろとわかっていらっしゃって、ご主人とお話されたかったのかもしれませんね」と、Aさんの手を握り返した。	Aさんと夫との関係をとり持つことができたかもしれない。→家族間調整
⑯夫が、Aさんに「学生さんに手を振らないの？」と勧めた。	⑰普段ほとんど動作のないAさんだが、手を振り上げた。	⑱Aさんの笑顔や動き、夫の配慮が嬉しかった。	⑮退出時、「Aさんの笑顔が見られたのでとても嬉しかったです。私も元気が出ました」と、手紙を見せてくれた夫に感謝した。 ⑲Aさんに手を振った。	夫婦間の感情交流に、援助者として素直な感情を表現してみた。→Iメッセージ

注：本シートのタイトルおよび表頭に付した○で囲んだアルファベット（F, S, O, A, I, P）は、生活支援記録法（第3章）で用いる6項目であり、タイトルおよび表頭のA〜Dがこれらに相当することを示しています。つまり、経過記録に生活支援記録法が採用されている場合、生活場面面接ワークシート、援助場面再構成シート、実習場面再構成シートの作成が容易であることを示すものです。

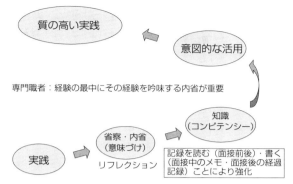

図6-1　リフレクション（省察・内省・熟考）
（Schön, 1983をもとに著者作成）

　ロールプレイでは，まずはクライエントのことを最もわかっている，場面を再構成した者自身（以下，場面提供者とする）がクライエント役を担い，次に観察者役となって場面全体を客観的に捉え，最後にソーシャルワーカー役を担うことが望ましいでしょう。この順序で進めていくことにより，場面提供者はソーシャルワーカー役を担う段階から，本来はどのように対応すべきだったかを再認識することができます。

　ショーンは，援助中のリフレクションと援助後のリフレクションに分けていますが，「援助場面再構成シート」を活用することにより，図6-1のように，援助後のリフレクションを効果的に行うことによって，援助中のリフレクションをより高めることにつなげることができるようになるでしょう。

　しかしながら，援助場面再構成シートは，教育訓練用記録の教材として活用することは有効ですが，日々の実践のなかで作成したり活用することは必ずしも容易ではありません。そこで，支援記録でありながら，教育訓練用記録としても活用できる記録法として，生活支援記録法（第3章）が開発されています。

2．ソーシャルワーク記録の教育法

1）体系的な記録教育カリキュラム

　学生や現任者が記録の技術を効果的に習得するためには，記録に関する教育訓練のあり方が重要です。ケーグルによれば，第一に養成教育の段階で記録に関する教育が十分でなければ，実習や初歩的な実践の支障をきたすことになります。第二に記録に関する教育は，養成教育で一般的な内容を学び，そのうえで実習や初歩的な実践で特殊な内容を学ぶという順序立てた教育が必要です。特に，養成教育や初歩的な実践では教育訓練用に開発された記録様式（たとえば，「援助場面再構成シート」など）の活

表6-11 記録教育のカリキュラム
(Kagle, 1991＝久保・佐藤, 2006, p.103, 表3-2をもとに著者作成)

	一般的な内容（養成教育段階）	特殊な内容（実践現場）
核となる内容	記録の目的 記録の種類 記録の方法	記録の活用 記録の保管 記録に関するガイドライン
特殊な内容	各実践分野における標準化された記録 責任体制	記録の作成 記録の分析 責任体制の分析

用が有用です。第三に養成の段階で、記録が実践の一部であることの理解が重要です。

具体的な記録教育のカリキュラムは、表6-11が参考になります。

2）ソーシャルワークの新たな領域やアプローチの記録化
——効果的なリフレクションによる実践過程の記録化

(a) リフレクションの理解

リフレクションに共通の要素は表6-12のようにまとめられます。生活支援記録法（第3章）には、これらの要素が項目として設定されていることから、生活支援記録法はリフレクティブな経過記録法であるということができます。つまり、日々の経過記録に生活支援記録法を導入することにより、自らの実践過程をリフレクションでき、他者と相互に学びあうことができ、OJT（現任訓練：On-the-Job Training）に活用できることから、スーパービジョンや事例検討などの教育訓練にも有効なものです。

また、生活支援記録法を用いた援助場面について、リフレクションに焦点化すると、表6-13のようになります。

社会福祉士のカリキュラム改定では、新たな社会資源の開発や、多職種連携が提示されていますが、これらを推進するにあたっても、リフレクションは実践において基盤となるため、多職種連携の要であるソーシャルワーカーには、カンファレンスや事例検討などと同様に、リフレクションの重要性が位置づけられることが望まれます。

とりわけ、新しいサービスの創出・統合では、葛藤が生じることが多く、途中に問題が生じることも多々あります。サービスの統合過程では、葛藤が生じた場合でも、多職種連携のコミュニケーションスキルを活用し、葛藤を解消しようとするプロセスにおいて、互いの専門性を理解し、創造的で斬新なアイデアが生まれます。このような多職種連携実践過程をチームで成功体験を蓄積して、エンパワメントを図っていくためにも、リフレクションの記録化が求められます。クライエントの面接とアセスメ

表6-12 リフレクションに共通の要素
（髙谷，2014，東・野川，2016，河野，2016，嶌末，2016，田村・池西，2017）

①自己への気づき：リフレクションの中核概念。自己への気づきを広げ，深めていくためには自己開示が重要。
②表現・描写・記述（可視化・構造化の重要性）：自身が実践したその「経験」を他者にもわかるように全体的・具体的に話す，書くなどして，「経験の全体像を認識する」こと。疑問や違和感を，自身で考えて終わりにせず，カンファレンスしたり，支援・実践記録に書いたり，勉強会に提示したり，「形あるもの」に変えていく。
③評価（物事の価値判断）：自身が実践したこと，対象の理解などがどのようなことを意味しているのか，判断をするなどのプロセスを経て評価しなければならない。⇒ 適切な目標設定や計画立案につながる。
④批判的分析：自身の実践およびその評価について，他者へ状況を説明したり対話したりする一方で，相互にクリティカルな吟味が重要になる。実践の質を高めたり，対象理解を促したりなどの効果が見込まれる。⇒ 自己開示することが重要
⑤総合から統合へ：批判的分析を経て，重要な要素や概念を関連づけ組み立てるプロセスが「総合」。今日では，さらにそれらを「統合」するスキルが求められている。
⑥全体を客観的に俯瞰する：多職種連携の考え方やリフレクションのサイクルなどの全体を客観的に俯瞰するスキルが重要。⇒ 個人とチームでのリフレクションを時と場に応じて繰り返し，活用していくことが必要。経験に対する新しい見方・考え方（認識），行動の変容，適用への準備，行動への参加が成果として挙げられる。

表6-13 生活支援記録法による個別援助のリフレクション（嶌末他，2015の成果の一部）

①前回の面接記録による期間を空けた後のリフレクションを行う
　訪問前 に経過記録を確認し，本日の意図的な面接（質問や観察項目）を考え，イメージする。

②訪問時 のメモをとりながら援助中のリフレクションを行う
　「F」をイメージしていたが，そのときの「S」「O」により「A」による「I」を試行しながら，「S」「O」を確認し，「P」を考える。

③メモを見ながら経過記録をまとめるにあたり 援助後 のリフレクションを行う
　面接中の「F」や「A」「P」に着目しながら，「F」や「P」をより適したものにすることもできる。また，生活支援記録法にて経過記録としてまとめる過程では，自らの面接スキルなどの自己覚知を図ることができる。簡単なプランであればほぼ作成でき，モニタリングや再アセスメントが容易になる。

事例検討前 など多職種がこのような記録を読むことにより，利用者理解や他職種理解が進む他，アセスメント向上などのOJTとなる。

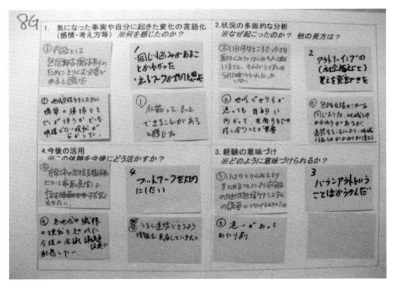

図6-2 リフレクション（気づき・言語化・構造化）

①気になった事実や自分に起きた変化の言語化（感情・考え方等）何を感じたのか？◆他職種の状況知り，協力したいと感じた。●自分が利用者の状況を伝えていなかったと反省した。	②状況の多面的な分析なぜ起こったのか？　他の見方は？◆困っている状況は，情報共有の不足であると理解できた。●他職種に根拠を説明する自信がなかった。
④今後の活用この体験を今後にどう活かすか？◆他職種の力量を理解した上で取り組みたい。●援助へのアセスメントを明確にし，援助内容をリフレクションした上で，事例検討などに参加したい。	③経験の意味づけどのように意味づけられるか？◆困っていることも，多職種の状況を相互理解することにより変化が起きるかも？●多職種より自分が求められている援助や，アセスメントが十分でないと分かった。

図6-3 リフレクション（気づき・言語化・構造化）（図6-2の一部）
（埼玉県立大学大学院　IPW論のリフレクション資料をもとに著者作成）
凡例：①において，◆印は肯定的な場合，●印は否定的な場合，を意味している。

ントと記録が一体的なスキルであると同様，クライエントや住民との協働実践の要であるソーシャルワーカーにとって，その過程でのアセスメントや記録化のスキルが重要となるのです。リフレクションは，一連のプログラムを評価する際にも活用されています。

(b) 効果的なリフレクションの記録化

「リフレクション」を通じた自己・他者・チームに対する「深い理解」の方法を考えることが，専門職としてだけではなく，いきいきとした自己を形成すること，自己の本質の発見にもつながります。個人のリフレクションを共有することは，個人のチームに対する考え方に広がりと深まりをもたらします。他のチームメンバーの話す内容に共感することにより，自分の気づかないことに気づくことができ，チーム活動全体のプロセスやメンバー間の関係性を俯瞰できるのです。

ソーシャルワーカーにとっては，多機関多職種で活動すべきテーマは山積しており，継続したグループワークにより，新たな社会資源を創出していく必要があります。そのようなプログラムにおいては，集まっている多職種がどのような変化を得たのか。それにどのような意味があり，次につなげていくのかといったことを認識し，言語化するとともに，チームで可視化できるよう，付箋に簡潔にまとめ，共有化していくことが大多数の合意形成につながっていきます（図6-2，図6-3）。

引用・参考文献（アルファベット順）

秋山薊二（2011）「エビデンスに基づく実践（EBP）からエビデンス情報に基づく実践（EIP）へ――ソーシャルワーク（社会福祉実践）と教育実践に通底する視点から」『国立教育政策研究所紀要』第140集

荒井浩道（2015）「ナラティヴ・アプローチにもとづく観察と記録の方法」『ソーシャルワーク研究』41巻1号

浅野正嗣（2005）「医療ソーシャルワーク記録の現状と課題　電子カルテ化の検討に向けて」『金城学院大学論集　社会科学編　第1巻第1・2合併号』金城学院大学

Beaulieu, E. M. (2001) *A Guide for Nursing Home Social Workers.* Springer. 硯川眞旬監訳（2003）『介護福祉施設ソーシャルワーカー・ガイドブック』中央法規出版

Challis, D. & Davies, B. (1986) *Case Management in Community Care: An Evaluated Experiment in the Home Care of the Elderly.* Gower. 窪田暁子・谷口政隆・田端光美訳（1991）『地域ケアにおけるケースマネジメント』光生館

ちょんせいこ（2010）『元気になる会議――ホワイトボード・ミーティングのすすめ方』解放出版社

Epstein, I. (2001) Using Available Clinical Information in Practice-Based Research: Mining for Silver While Dreaming of Gold. *Social Work in Health Care*, 33. 秋元樹訳（2006）「"実践に基づいた調査研究"における既存臨床情報の利用――金を夢見つつ銀を掘る」『ソーシャルワーク研究』31巻3号

福永英彦（1997）「ソーシャルワーカーと利用者との記録共有政策――情報公開とプライバシーをめぐって」『ソーシャルワーク研究』23巻1号

福祉関係文書研究会編（2004）『高齢者福祉介護事業モデル文例・書式集』新日本法規出版

福山和女（2009）「相談援助演習教員テキスト」社団法人日本社会福祉士養成校協会編『相談援助演習　教員テキスト』中央法規出版

Hamilton, G. (1946) *Principles of Social Case Recording.* Columbia University Press.

長谷川眞人・神戸賢次・小川英彦編著（2001）『子どもの援助と子育て支援――児童福祉の事例研究』ミネルヴァ書房

八王子市（2016）「八王子市ケアプラン自己点検マニュアル」http://www.city.hachioji.tokyo.jp/jigyosha/010/p003134.html　2017年11月30日確認

早樫一男（2016）『対人援助職のためのジェノグラム入門：家族理解と相談援助に役立つツールの活かし方』中央法規出版

林茂（1991）『わかりやすいPOS――ナースのための使いやすいPOS：患者中心に医療を行う考え方』照林社

狭間香代子（2004）「社会福祉実践における記録の方法――質的方法と量的方法」『社会福祉研究』第92号

東めぐみ・野川道子編（2016）『看護実践に活かす中範囲理論　第2版』メヂカルフレンド社

平山尚・武田丈・藤井美和（2002）『ソーシャルワーク実践の評価方法――シングル・システム・デザインによる理論と技法』中央法規出版

広井良典編著（1999）『医療改革とマネジドケア――選択と競争原理の導入』東洋経済新報社

菱川愛・渡邉直・鈴木浩之編著（2017）『子ども虐待対応におけるサインズ・オブ・セーフティ・アプローチ実践ガイド：子どもの安全（セーフティ）を家族とつくる道すじ』明石書店

樋渡貴晴・大羽基貴・藤井祥代（2008）「支援相談員業務データベース開発の現状と今後の課題」『医療ソーシャルワーク2008』愛知県医療ソーシャルワーカー協会

岩間文雄編著（2006）『ソーシャルワーク記録の研究と実際』相川書房

井上直美・井上薫編著（2008）『子ども虐待防止のための家族支援ガイド：サインズ・オブ・セイフティ・アプローチ入門』明石書店

井上千似子（2004）「どのように書く力・考える力を育てるか」井上千似子・井下理・柴原宣幸・中村真澄・山下香枝子『思考を育てる看護記録教育――グループ・インタビューの分析をもとに』日本看護協会出版会

石川広巳（2016）「日本医師会のICT戦略――医療・介護連携における個人情報保護の重要性――について　石川理事に聞く」日医on-line，日医ニュース http://www.med.or.jp/nichiionline/article/004673.html　2017年9月22日確認

石川澄，奥原義保ら（2012）「患者情報の信憑性を阻害する要因の検証に基づく病院情報システムの再構築」『平成23年度大学病院情報マネジメント部門連絡会議抄録集』大学病院情報マネジメント部門連絡会議

岩間伸之（2005）「ジェネラリスト・ソーシャルワーク――No.1」『ソーシャルワーク研究』31巻1号

株式会社日本総合研究所（2013）『平成24年度介護支援専門員研修改善事業報告書――事業実施結果及び今後の取組について』https://www.jri.co.jp/MediaLibrary/file/pdf/company/release/2013/130620/jri_130620-1.pdf　2018年9月27日確認

Kagle, J. D.（1984）*Social Work Records*. Dorsey Press.

Kagle, J. D.（1991）*Social Work Records, Second Edition*. Waveland Press. 久保紘章・佐藤豊道監訳（2006）『ソーシャルワーク記録』相川書房

Kagle, J. D.（1993）Record Keeping: Directions for the 1990s, *Social Work*, 38(2)

Kagle, J. D.（1995）*Recording, in E encyclopedia of Social Work 19th*. NASW

Karls, J. M. & Wandrei, K. E.（1994）*PIE manual: Person-in-environment system: the PIE classification system for social functioning problems.* NASW Press. 宮岡京子訳（2001）「訳者あとがき」『PIE マニュアル——社会生活機能における問題を記述，分類，コード化するための手引き』相川書房

川上英一郎（2003）「集団援助技術の記録および評価技法」澤伊三男・小嶋章吾・高橋幸三郎・保正友子編『社会福祉援助技術演習ワークブック——社会福祉士による実践と教育をつなぐ試み』相川書房

河野秀一（2016）『看護マネジメントリフレクション＋概念化スキル——プロセスレコードでもっと実践』メディカ出版

川島ゆり子（2015）「コミュニティソーシャルワークにおける観察と記録の方法」『ソーシャルワーク研究』41巻1号

経済産業省「紙文書保存の規制を緩和するe-文書法」『文書の電子化活用ガイド』経済産業省　http://www.meti.go.jp/policy/it_policy/e-doc/guide/index.html　2017年9月5日確認

木原活信（2006）「自分史と福祉実践——対抗文章としての記録（ナラティブ・リコード）について」『ソーシャルワーク研究』31巻3号

木全和巳・NPO あいち障害センター編（2005）『実践が活きる個別支援計画——発達保障と豊かな地域生活のために』クリエイツかもがわ

喜多紘一監修（2005）『個人情報の保護と活用の手引き——医療介護：医療・介護関係者必読！』法研

橘高通泰（1997）『医療ソーシャルワーカーの業務と実践　援助内容のデータベースの構築』ミネルヴァ書房

子ども家庭問題ケースマネジメント研究委員会編（2001）『子ども家庭問題におけるケースマネジメントとアセスメントシートの開発事業報告書』『子ども家庭支援センターアセスメントシート活用の手引き』東京都社会福祉協議会

小嶋章吾（2002）「ソーシャルワーク実践における記録」北島英治・副田あけみ・高橋重宏・渡部律子編『ソーシャルワーク実践の基礎理論』有斐閣

小嶋章吾（2003）「生活場面面接技法」澤伊三男・小嶋章吾・高橋幸三郎・保正友子編『社会福祉援助技術演習——社会福祉士による実践と教育をつなぐ試み』相川書房

小嶋章吾（2004a）「社会福祉援助技術の技法Ⅰ　記録」岡本民夫監修『社会福祉援助技術論　上』川島書店

小嶋章吾（2004b）「事例記録の書式（フォーマット）」米本秀仁・志村健一・高橋信行他編集『事例研究・教育法——理論と実践力の向上を目指して』川島書店

小嶋章吾（2005）「ソーシャルワーク研究・養成教育における事例研究の方法」『社会福祉専門職国家資格化後におけるソーシャルワーク実践事例の収集・評価による実践方法の標準化に関する研究（厚生労働科学研究費補助金　政策科学推進研究事業　平成16年度総

括研究報告書）』

小嶋章吾（2010）「ソーシャルワーク実践における記録」北島英治・副田あけみ・高橋重宏・渡部律子編『ソーシャルワーク実践の基礎理論［改訂版］』有斐閣

小嶋章吾他（2013）「地域包括ケアを指向するソーシャルケアの職能団体基盤型IPWのモデル構築」『文部科学省科学研究費基盤研究（C）』https://kaken.nii.ac.jp/grant/KAKENHI-PROJECT-25380763/　2018年9月27日確認

小嶋章吾（2015）「生活場面面接における観察と記録の方法」『ソーシャルワーク研究』41巻1号

小嶋章吾・嶌末憲子（2018）「ソーシャルワーク記録における経過記録法〜生活支援記録法（F-SOAIP）の一考察〜」『社会福祉士』25

Konopka, G. (1963) *Social Group Work: A Helping Process*. Englewood Cliffs: Prentice-Hall.　前田ケイ訳（1967）『ソーシャル・グループワーク援助の過程』全国社会福祉協議会

厚生労働省（2006）『障害者の日常生活及び社会生活を総合的に支援するための法律に基づく指定地域相談支援の事業の人員及び運営に関する基準』http://elaws.e-gov.go.jp/search/elawsSearch/elaws_search/lsg0500/detail?lawId=424M60000100027　2018年9月26日確認

厚生労働省（2011）『平成23年10月31日実施：障害保健福祉関係主管課長会議資料』

厚生労働省（2012）『介護予防マニュアル　改訂版』https://www.mhlw.go.jp/topics/2009/05/dl/tp0501-1_1.pdf　2018年9月26日確認

厚生労働省（2013）『サービス等利用計画作成サポートブック　改訂第2版』

厚生労働省（2016a）『平成28年介護サービス施設・事業所調査の概況』https://www.mhlw.go.jp/toukei/saikin/hw/kaigo/service16/dl/tyosa.pdf　2018年9月26日確認

厚生労働省（2016b）『社会保障審議会介護給付費分科会提出資料』https://www.mhlw.go.jp/stf/shingi2/0000118700.html　2018年9月27日確認

厚生労働省（2017）「医療・介護関係事業者における個人情報の適切な取扱いのためのガイダンス」https://www.mhlw.go.jp/file/06-Seisakujouhou-12600000-Seisakutoukatsukan/0000194232.pdf　2018年9月26日確認

厚生省老人保健福祉局（1999）『厚生省老人保健福祉局企画課長通知　指定居宅介護支援等の事業の人員及び運営に関する基準について』https://www.mhlw.go.jp/web/t_doc?dataId=00ta4366&dataType=1&pageNo=1　2018年9月26日確認

厚生労働省介護支援専門員（ケアマネジャー）の資質向上と今後のあり方に関する検討会（2012）『制度的に位置づけられた介護支援専門員の業務等について』https://www.mhlw.go.jp/stf/shingi/2r9852000002lhiz-att/2r9852000002lhlo.pdf　2018年9月26日確認

厚生労働省健康局（2002）『医療ソーシャルワーカー業務指針』http://www.jaswhs.or.jp/upload/Img_PDF/183_Img_PDF.pdf?id　2018年9月26日確認

厚生労働省雇用均等・児童家庭局（2017）『要保護児童対策地域協議会設置・運営指針』http://www.pref.kochi.lg.jp/soshiki/060403/files/2017080700322/file_2017871195439_1.pdf　2018年9月26日確認

厚生労働省老健局（2021）『介護保険最新情報 Vol. 958』

厚生労働省老健局（2014）『課題整理総括表・評価表の活用の手引き』http://www.pref.okayama.jp/uploaded/life/380650_2263931_misc.pdf　2018年9月26日確認

厚生労働省社会保障審議会福祉部会福祉人材確保専門委員会（2008）『ソーシャルワーク専門職である社会福祉士に求められる役割等について』https://www.mhlw.go.jp/file/05-Shingikai-12601000-Seisakutoukatsukan-Sanjikanshitsu_Shakaihoshoutantou/0000199560.pdf　2018年9月27日確認

厚生省（1999）『指定居宅介護支援等の事業の人員及び運営に関する基準』http://elaws.e-gov.go.jp/search/elawsSearch/elaws_search/lsg0500/detail?lawId=411M50000100038　2018年9月27日確認

厚生省老人保健福祉局（1999）『介護サービス計画書の様式及び課題分析標準項目の提示について』

厚生省社会局庶務課監修（1971）『新福祉事務所運営指針』全国社会福祉協議会

久保紘章（1985）「ソーシャルワークにおける記録」『ソーシャルワーク研究』11巻2号

藏野ともみ（2004）「精神障害者の介護」西田一・勝山広子編『学びやすい形態別介護技術』金芳堂

藏野ともみ（2006）「保育における直接援助技術の実際」桐野由美子編著『保育者のための社会福祉援助技術』樹村房

黒木保博・横山穣・水野良也・岩間伸之（2001）『グループワークの専門技術――対人援助のための77の方法』中央法規出版

Lampe, S.（1994）*Focus Charting(R): Documentation for Patient Centered Care 6th Edition.* Creative Nursing Management. 岩井郁子監訳（1997）『フォーカスチャーティング――患者中心の看護記録』医学書院

間嶋健（2014）「MSWの各種記録が統合された電子記録システムの構築における研究」『ソーシャルワーク研究』40巻1号

Margolin, L.（1997）*Under the Cover of Kindness: The Intervention of Social Work.* University Press of Verginia. 中河伸俊・上野加代子・足立佳美訳（2003）『ソーシャルワークの社会的構築――優しさの名のもとに』明石書房

三菱UFJリサーチ＆コンサルティング（2013）『地域包括ケア研究会　報告書』http://www.murc.jp/uploads/2013/04/koukai130423_01.pdf　2018年9月28日確認

宮本真巳（1995）『看護場面の再構成』日本看護協会出版会

Moxley, D.（1989）*The Practice of Case Management.* SAGE. 野中猛・加瀬裕子監訳（1994）『ケアマネジメント入門』中央法規出版

長江弘子・柳澤尚代（2004）『保健師必携──こう書けばわかる！保健師記録』医学書院

内閣府（2016）『平成28年度版高齢社会白書』http://www8.cao.go.jp/kourei/whitepaper/w-2016/zenbun/28pdf_index.html　2018年9月27日確認

中村佐織（2002）『ソーシャルワーク・アセスメント　コンピュータ教育支援ツールの研究』相川書房

仲村優一（2003）『仲村優一社会福祉著作集第3巻　社会福祉の方法──ケースワーク編』旬報社

根本博司（2000）「理論構築のための事例研究の方法」『ソーシャルワーク研究』26巻1号

根本博司（2005）「実践記録の現状と課題」『ソーシャルワーク研究』31巻3号

日本医療社会事業協会（2006）「ソーシャルワーク記録様式一式」『医療機関における社会福祉援助を促進するために──医療ソーシャルワーカーを配置するに当たっての手引き』日本医療社会事業協会

日本経済新聞（2017年9月15日）「100歳以上最多6.7万人47年連続増女性87％最高齢117歳」

日本社会福祉実践理論学会監修（2004）『事例研究・教育法──理論と実践力の向上を目指して』川島書店

日本社会福祉弘済会編（2003）『サポート2──利用者支援のための記録活用ツール』日本社会福祉弘済会

日本社会福祉士会編集（1998）『ケアマネジメント実践記録様式ハンドブック──利用者主体の専門的ケアマネジメントをめざして』中央法規出版

日本社会福祉士会編（2009）『改訂　社会福祉士の倫理　倫理綱領実践ガイドブック』中央法規出版

日本社会福祉士会（2011）『高齢者虐待受付票』日本社会福祉士会

日本地域福祉研究所監修（2015）『コミュニティソーシャルワークの理論と実践』中央法規出版

日本知的障害者福祉協会調査・研究委員会編（2006）『知的障害者のためのアセスメントと個別支援計画の手引き──一人ひとりの支援ニーズと支援サービス　2006年版』日本知的障害者福祉協会

二木立（1998）『保健・医療・福祉複合体──全国調査と将来予測』医学書院

認知症介護研究・研修センター「ひもときねっと」https://www.dcnet.gr.jp/retrieve/　2018年7月14日確認

認知症介護研究・研修東京センター／認知症介護研究・研修大阪府センター／認知症介護研究・研修仙台センター編（2005）『センター方式の使い方・活かし方──認知症の人のためのケアマネジメント』中央法規出版

西川康男（2011）「電子記録マネジメント基盤の確立を目指して──「電子記録マネジメントコンソーシアムの設立」とアプローチ」『レコード・マネジメント』60巻

野田文隆・寺田久子（2003）『精神科リハビリテーション・ケースブック──back to the

community!』医学書院

野中猛・上原久（2013）『ケア会議で学ぶケアマネジメントの本質』中央法規出版

小川恭子（2006）「ケースマネジメント試案の作成に向けて」『ソーシャルワーク研究』32巻1号

岡本民夫監修（2004）『社会福祉援助技術論　下』川島書店

岡村重夫（1965）『ケースワーク記録法——その原則と応用』誠信書房

沖倉智美（2005）「当事者中心アプローチと記録」『ソーシャルワーク記録』31巻3号

大瀧敦子（2005）「視覚に訴える記録を書く——"当事者"との記録の共有化を促進するツールとして」『ソーシャルワーク研究』31巻3号

大田原市（2017）『平成29年度介護保険サービスガイドブック』東京法規出版

大塚美和子（2017）「スクールソーシャルワークの実践過程［2］　アセスメントとプランニング」『ソーシャルワーク研究』43巻2号

Rossi, P. H., Freeman, H. E., & Lipsey, M. W.（2004）*Evaluation: A Systematic Approach Seventh Edition.* SAGE Pub. 大島巌ほか監訳（2005）『プログラム評価の理論と方法——システマティックな対人サービス・政策評価の実践ガイド』日本評論社

Rubenfeld, M. G. & Scheffer, B. K.（1995）*Critical Thinking in Nursing: An Interactive Approach.* Lippincott-Raven. 中木高夫・石黒彩子・水渓雅子監訳（1997）『クリティカルシンキング：看護における思考能力の開発』南江堂

佐藤豊道（1985）「ソーシャル・ワークにおける記録の構造と様式」『ソーシャルワーク研究』11巻2号

佐藤豊道（1998）『介護福祉のための記録15講』中央法規出版

澤伊三男・小嶋章吾・高橋幸三郎・保正友子編（2003）『社会福祉援助技術演習ワークブック——社会福祉士による実践と教育をつなぐ試み』相川書房

澤智博（2017）「先端技術で「生きる」をデザインするIT，IoT，AIを最大限に活かすために」『病院』76巻9号

Schön, D. A.（1983）*Reflective Practitioner: How Professionals Think In Action.* Basic Books. 柳沢昌一・三輪建二監訳（2007）『省察（せいさつ）的実践とは何か：プロフェッショナルの行為と思考』鳳書房

生命保険協会企画開発室（2000）「米国におけるマネジドケアの動向」広井良典編著『医療改革とマネジドケア——選択と競争原理の導入』東洋経済新報社

Shemmings, D.（1991）*Client Access to Records: Participation in Social Work.* Avebury. 小田兼三・福永英彦訳（1997）『参加と協働のソーシャルワーク——社会福祉サービスにおける情報と記録の共有政策』相川書房

渋谷哲（2013）『福祉事務所における相談援助実習の理解と演習』みらい発行

嶌末憲子他（2011）「多職種協働に有用な高齢者福祉実践の向上を促進する「生活支援記録法」の開発と検証」『科学研究費助成事業研究成果報告書』https://kaken.nii.ac.jp/grant/

KAKENHI-PROJECT-23530728/　2018年9月27日確認

嶌末憲子他（2015）「地域包括ケア時代のソーシャルケア発信型IPWに好循環を生む生活支援記録法実証研究」『文部科学省科学研究費基盤研究（C）』https://kaken.nii.ac.jp/grant/KAKENHI-PROJECT-15K03926/　2018年9月27日確認

嶌末憲子（2016）「埼玉県立大学　専門職連携講座資料」

嶌末憲子（2018）「埼玉県立大学大学院　IPW論　リフレクション講義資料」

副田あけみ（2005）『社会福祉援助技術論――ジェネラリスト・アプローチの視点から』誠信書房

副田あけみ（2006）「社会福祉援助の評価システム」福祉士養成講座編集委員会編『社会福祉原論Ⅰ』中央法規出版

副田あけみ・小嶋章吾編（2006）『ソーシャルワーク記録――理論と技法』誠信書房

副田あけみ・土屋典子・長沼葉月（2012）『高齢者虐待防止のための家族支援――安心づくり安全探しアプローチ（AAA）ガイドブック』誠信書房

総務省（2015）『平成27年版　情報通信白書』http://www.soumu.go.jp/johotsusintokei/whitepaper/ja/h27/pdf/index.html　2018年9月27日確認

総務省（2017）『平成29年版　情報通信白書』http://www.soumu.go.jp/johotsusintokei/whitepaper/ja/h29/pdf/index.html　2018年9月27日確認

総務省未来投資会議構造改革徹底推進会合医療・介護―生活者の暮らしを豊かに会合（2016）『総務省における医療等分野のICT利活用について』https://www.kantei.go.jp/jp/singi/keizaisaisei/miraitoshikaigi/suishinkaigo_iryokaigo_dai1/siryou5.pdf　2018年9月27日確認

Spath, R. & Pine, B. A.（2004）Using the case study approach improved programme evaluations, *Child and Family Social Work*, 9

Springhouse Corporation（1995）*Mastering Documentation*. Springhouse Publishing．黒江ゆり子訳（1998）『看護記録をマスターする』医学書院

社会福祉実習研究会編（2000）『社会福祉実習サブノート　初めて実習生となるあなたへ』中央法規出版

高谷修（2014）『看護グループワークは楽しい，おもしろい――「ジョハリの窓」理論』金芳堂

武田信子・金井香里・横須賀聡子編（2016）『教員のためのリフレクション・ワークブック　往還する理論と実践』学事出版

武井麻子（2002）『「グループ」という方法』医学書院

田村由美・池西悦子（2017）『看護のためのリフレクションスキルトレーニング』看護の科学社

Timms, N.（1972）*Recording in Social Work*. Routledge & Kegan Paul PLC．久保紘章・佐藤豊道・佐藤あや子訳（1989）『ソーシャル・ワークの記録』相川書房

東京都（2005）『子ども家庭支援センターガイドライン』http://www.fukushihoken.metro.tokyo.jp/kodomo/kosodate/ouen_navi/guideline.files/centerguide.pdf　2018年9月27日確認

坪上宏（2003）「Ⅰ　実践記録研究会の歩み　2. 実践記録——その方法についての一考察」実践記録研究会編『方法としての実践記録　医療ソーシャルワークの立場から』相川書房

津田祐子（2006）『介護記録の教科書——書く技術と観察力の養成』日総研出版

Turnell, A. & Edwards, S. (1999) *Signs of Safety A Solution and Safety Oriented Approach to Child Protection Casework.* New York Norton. 白木孝二・井上薫・井上直美訳（2004）『安全のサインを求めて——子ども虐待防止のためのサインズ・オブ・セイフティ・アプローチ』金剛出版

和田敏明・渋谷篤男（2015）『概説　社会福祉協議会』全国社会福祉協議会

渡部律子（2005）「社会福祉実践における評価の視点——実践を科学化するためには」『社会福祉研究』92号

八木亜紀子（2015）「ソーシャルワーク実践における観察と記録をめぐる特質」『ソーシャルワーク研究』41巻1号

矢原隆行（2016）『リフレクティング：会話についての会話という方法』ナカニシヤ出版

やまだようこ（2013）「三項関係ナラティヴ・ミーディアムの開発——糖尿病患者と医師の支援と教育」『科学研究費助成事業（科学研究費補助金）研究成果報告書』https://kaken.nii.ac.jp/file/KAKENHI-PROJECT-22653079/22653079seika.pdf　2018年9月27日確認

山懸文治・村井美紀・鈴木力ほか（2003-2004）「子どもが語る自分史」『季刊児童養護』34巻1号，2号，3号，4号

山崎道子（1985）「ソーシャルワークと記録」『ソーシャルワーク研究』11巻2号

横浜市福祉局保護課（1996）『生活保護実務集』横浜市福祉局保護課

米本秀仁（2004）「事例の三層構造」日本社会福祉実践理論学会監修『事例研究・教育法』川島書店

財団法人日本情報処理開発協会文書の電磁的保存等に関する検討委員会

全国マイケアプラン・ネットワーク　http://www.mycareplan-net.com/　2018年9月27日確認

「全老健版ケアマネジメント方式 R4システム　改訂版」www.roken.or.jp　2018年9月27日確認

索　引

あ　行

IoT　*26*
ICT の活用　*24, 145*
IT 基本法（高度情報通信ネットワーク社会形成基本法）　*27*
アカウンタビリティ　*i , 3, 26*
アクセス権　*3, 9*
アセスメントシート　*42, 43, 49, 52, 65, 80, 94, 140, 155, 159, 160, 161*
アセスメント・プランニングシート　*ii , 72, 73, 125, 130, 149*
新たな支えあい　*154*
EHR　*28*
e-文書法（電子文書法）　*27*
インテーク記録　*113, 121, 122*
インフォーマルサービス　*122, 136, 140, 144*
運営管理記録　*2, 42, 163*
AI　*26*
エコマップ　*9, 13, 49, 50, 51, 69, 77, 78, 94, 172*
SOAIGP　*55*
SOAP　*13, 54, 55*
　　──ノート　*54, 55*
エバリュエーションシート　*42, 43, 65*
エプスタイン（Epstein, A.）　*41*
MSE　*13*
援助場面再構成記録　*178, 179*
援助場面再構成シート　*180, 181, 183*
岡村重夫　*2, 10*
オプトアウト　*16, 22*

か　行

会議記録　*2*
介護サービス計画書　*101, 102*
介護予防・日常生活総合支援事業　*154*
介護老人保健施設　*120, 121, 122, 123, 124*
介入アプローチ　*40, 41*
課題整理総括表　*103*
活動記録　*150, 158*
管理型医療　*4*
危機管理　*44, 163*
基本事項用紙　*42*
教育訓練　*178, 179, 181, 183, 184*
　　──用記録　*2, 177, 178, 179, 183*
強度行動障害支援手順書　*142*
業務管理記録　*2, 32, 44, 163, 164*
業務日誌　*44, 163, 164, 165, 166, 169*
共有記録　*8, 35*
居宅介護支援事業所　*100, 101*
居宅サービス計画書　*104, 105, 110*
記録管理　*i , 5*
記録教育　*183, 184*
記録共有　*i , 8, 10*
記録作成　*ii , 27, 31*
記録の閲覧　*21*
記録の開示　*13, 20, 21, 23, 24, 31*
記録の共有　*13, 20, 24, 25, 62*
記録の構造　*12, 51, 60*
記録の効率化　*123*
記録の電子化　*26, 27, 28, 29, 30, 55*
記録の保管　*62, 169*
記録の様式　*64, 65, 104, 150, 159*
記録方法　*4, 125*
記録様式　*i , ii , 3, 7, 9, 10, 11, 14, 52, 80, 121, 122, 149, 155, 156, 183*
記録を読む権利　*8*
クライエントとの共有　*24*
グループ記録　*150*
グループ・フェイスシート　*150*
グループワーク経過記録　*151, 152*
クロージングシート　*42, 43, 65*
ケアカンファレンス　*33, 40, 62*
ケアマネジャー　*32, 44, 45, 101*
経過観察用紙　*42, 65*
経過記録　*ii , 32, 43, 45, 52, 53, 54, 55, 57, 66, 80, 98, 99, 113, 114, 116, 117, 118, 119, 120, 142, 143, 150, 159, 162, 164, 184*
　　──用紙　*65, 74, 75, 76, 77, 149, 155*
契約用紙　*65*
ケーグル（Kagle, J.D.）　*3, 11, 38, 40, 51, 55, 56, 178, 183*
ケースカンファレンス　*2, 10, 33, 34, 36, 44, 64, 169, 172, 173*
ケース記録　*2, 3, 8, 11, 19, 21, 42, 104, 105, 113, 114, 115, 116, 117, 118, 119, 120*
ケーススタディ　*38, 40*
ケース評価　*2, 8*

ケースファイル　　8, 113
月報　　32, 44, 163, 164, 165, 166
権利擁護　　6, 93, 94, 155
交互作用　　13
公式記録　　42, 45, 46
公式文書　　8
公的な文書　　61
行動障害支援計画書　　133
個人記録　　35, 150
個人情報　　15, 16, 17, 18, 19, 20, 21, 23, 26, 34, 46, 60, 62, 66, 81, 94, 177
　　──保護　　18, 25, 26, 62
　　──保護法　　5, 15, 16, 18, 19, 20, 22, 23
　　要配慮──　　16, 18, 22
個人データ　　17, 18, 19, 22
　　保有──　　18
個人ファイルアクセス法　　8
個別援助実践評価　　37, 38
個別支援　　162
個別支援計画　　133, 134, 135, 140, 142, 143, 144, 169
　　──書　　142
コミュニティソーシャルワーカー（CSW）　　155, 156, 159
コミュニティソーシャルワーク　　154, 155, 156
コミュニティワーク　　155, 156

さ 行

サインズ・オブ・セーフティ・アプローチ　　36, 172
サービス管理責任者　　134, 140, 144, 169
サービス担当者会議　　102, 123, 140, 169, 170
　　──録　　105
サービス等利用計画　　133, 136, 140, 141, 142
　　──書　　170
ジェノグラム　　9, 49, 50, 69, 77, 78, 84, 94, 172
支援過程用紙　　42
支援記録　　2, 32, 42, 44, 163, 178, 179, 183
支援経過記録　　52, 94, 98, 99, 104, 105, 111, 122, 123, 125, 132
支援計画用紙　　42, 65, 155
支援費制度　　133
事後評価用紙　　42, 65
施設サービス計画書　　121, 123, 125, 131
事前評価用紙　　42, 65
実践記録　　12, 42, 46
指定特定相談支援事業所　　133, 136
児童家庭支援センター　　80, 81, 82

社会生活機能　　3, 4
社会的孤立　　154, 155
社会福祉基礎構造改革　　4
社会福祉協議会　　153, 154, 155, 159, 178
社会福祉士の倫理綱領　　17, 21, 22, 23
終結時用紙　　42, 65
集団援助記録　　2
手記　　46
守秘義務　　19
紹介状　　45
承諾書　　62
情報開示　　24, 44
情報共有　　i, 6, 9, 10, 21, 25, 32, 44, 53, 62, 172
情報交換　　9, 45, 66
情報処理・情報通信技術　　12
情報提供　　16, 20, 25, 29, 32, 69, 84
処遇記録　　3, 6, 42
叙述体　　47, 48, 58, 59, 99
　　圧縮──　　47, 48, 115
　　過程──　　47, 115
叙述方式　　9
事例記録　　13, 42, 44, 45, 178, 179
事例研究　　38, 44, 179
事例検討会　　2, 44, 177
シングル・システム・デザイン　　38, 49
スクールソーシャルワーカー　　49, 172
スケーリング・クエスチョン　　84
スケール　　9, 74
ストレングス　　i, 6, 7, 56, 74, 81, 84, 96, 98, 123, 174
スーパーバイザー　　3
図表を用いた記録様式　　69
生活支援アセスメントシート　　81
生活支援記録法（F-SOAIP）　　ii, 56, 57, 58, 59, 60, 74, 90, 99, 105, 123, 125, 143, 183, 184, 185
生活支援コーディネーター　　154
生活場面面接ワークシート　　181
静態の情報　　52
説明責任　　i, 3, 6, 7, 8, 9, 10, 13, 26, 31, 38, 41, 44
説明体　　47, 48
セルフプラン　　133, 140
全米ソーシャルワーカー協会　　3, 13
相談依頼・報告書　　66, 67
相談受付票　　80, 81, 82, 83, 85, 90
相談援助記録　　ii, 2, 6, 7, 41, 80
相談記録　　19
　　──票　　113
ソーシャルハイリスク（SHR）シート　　68, 69

た 行

対抗文章　*46*
第三者評価　*37*
第三者への情報提供　*17*
多職種協働　*56, 77*
ターネル（Turnell, A.）　*171*
地域援助記録　*2*
地域共生社会　*i, 5, 28, 145, 154*
地域診断（地域アセスメント）　*156*
地域包括ケアシステム　*5, 93*
地域包括支援センター　*93, 94, 96, 98, 100, 178*
地域力強化検討会　*154*
チェックリスト　*9, 10*
逐語記録　*48, 178*
逐語体　*47, 48, 57, 58, 59, 178*
逐語録　*61*
チーム医療　*164*
通信文　*45*
訂正を求める権利　*8*
ティムズ（Timms, N.）　*11*
電子カルテ　*6, 29, 164*
電子記録　*27, 30, 31, 32, 57, 58, 60*
当事者記録　*46*

な 行

仲村優一　*3*
日記　*46, 150*
日報　*32, 44, 163*
年報　*44, 163, 164, 165, 166*

は 行

ハミルトン（Hamilton, G.）　*3, 10, 11*
非公式記録　*42, 46*
PDCA サイクル　*144*
秘密（の）保持　*12, 17, 62*
秘密保持義務　*16, 17*
ひもときシート　*33*
評価記録用紙　*149*
標準化　*13, 52, 53, 65*
ファミリーマップ　*49*
フェイスシート　*ii, 11, 42, 52, 65, 66, 69, 70, 71,*
　94, 113, 122, 125, 126, 127, 128, 129, 136, 137, 138,
　139, 140, 149, 150, 155
フォーカスケアノート©　*55, 58*
フォーカスチャーティング©（Focus Charting©）
　54, 55, 56
福祉事務所　*112, 113, 114*
プライバシー　*13, 15, 17, 18, 20, 29, 30, 60*
　――権　*17, 20, 23*
　――の自己コントロール権　*20, 24*
　――の尊重　*16, 17*
　――保護　*17*
　連邦――法　*3*
プランニングシート　*42, 43, 65, 81, 82, 89, 94*
プログラム評価　*37, 38, 40*
プロセスシート　*42, 43, 52, 53, 55, 57, 58, 65*
プロセスレコード　*52*
文体　*11, 47, 48, 51, 53, 60, 115*
保護台帳　*113*

ま 行

マーゴリン（Margolin, L.）　*7, 8, 9, 10*
マネージドケア　*4*
文字情報　*8, 34*
モニタリング　*4, 43, 82, 89, 102, 103, 104, 122,*
　123, 125, 140, 141, 143, 144, 177
　――シート　*42, 43, 65*
　――・評価票　*82, 89, 90, 92*
問題指向型記録（Problem Oriented Record: POR）
　54, 55, 56

や 行

ユビキタスネットワーク社会　*27*
要約記録　*178*
要約体　*47, 48, 58, 59, 72, 178*

ら 行

リスクアセスメント　*90*
リフレクション　*181, 183, 184, 185, 186, 187*
利用者基本情報　*94*
臨床情報　*41*
連絡ノート　*45*

■執筆者紹介（50音順）

浅野　正嗣（あさの　まさし）
　　現　　在　ソーシャルワーカーサポートセンター名古屋代表
　　執筆分担　第2章第3節

岩間　文雄（いわま　ふみお）
　　現　　在　関西福祉大学社会福祉学部教授
　　執筆分担　第1章第3節

臼倉　幹枝（うすくら　まさえ）
　　現　　在　東京海上日動メディカルサービス（株）第一医療部
　　執筆分担　コラム1

大竹口　幸子（おおたけぐち　こうこ）
　　現　　在　東京医科大学病院
　　執筆分担　第6章第1節

大塚　理加（おおつか　りか）
　　現　　在　株式会社政策基礎研究所主任研究員
　　執筆分担　第3章第1節

片桐　洋史（かたぎり　ひろし）
　　現　　在　（社福）養徳園　児童家庭支援センターちゅうりっぷ主任相談支援職員
　　執筆分担　第4章第1節

菊地　月香（きくち　らぎか）
　　現　　在　（社福）同愛会理事長
　　執筆分担　第4章第6節

木谷　雅彦（きたに　まさひこ）
　　現　　在　元国立精神・神経センター精神保健研究所
　　執筆分担　第3章第2節

藏野　ともみ（くらの　ともみ）
　　現　　在　大妻女子大学人間関係学部教授
　　執筆分担　第3章第4節，第5章第1節

小嶋　章吾（こじま　しょうご）
　　執筆分担　コラム2，第3章第3節・第5節1・第4章第3節・第6章第3節
　　　　　　　（編著者紹介〈奥付〉参照）

小島　好子（こじま　よしこ）
　　現　　在　自治医科大学附属病院患者サポートセンター医療福祉相談室長
　　執筆分担　第3章第5節2〜6

渋谷　哲（しぶや　さとし）
　　現　　在　淑徳大学総合福祉学部教授
　　執筆分担　第4章第4節

嶌末　憲子（しますえ　のりこ）
　　現　　在　埼玉県立大学保健医療福祉学部准教授
　　執筆分担　第6章第3節

副田　あけみ（そえだ　あけみ）
　　執筆分担　はじめに，第1章第1節・第2節，第2章第5節
　　　　　　　（編著者紹介〈奥付〉参照）

立川　正史（たちかわ　まさし）
　　現　　在　那珂川町役場健康福祉課社会福祉士
　　執筆分担　第4章第2節

辻　紀江（つじ　のりえ）
　　現　　在　医療法人社団亮仁会那須中央病院　介護老人保健施設同仁苑医療福祉部
　　執筆分担　第4章第5節

長沼　葉月（ながぬま　はづき）
　　現　　在　東京都立大学人文社会学部人間社会学科准教授
　　第2章第4節，コラム4，第6章第2節

廣瀬　豊（ひろせ　ゆたか）
　　現　　在　松本大学松商短期大学部准教授
　　執筆分担　第2章第1節・第2節，コラム3

松浦　明美（まつうら　あけみ）
　　現　　在　地域まるごと家族株式会社居宅介護支援事業所　いっけ
　　執筆分担　第4章第3節図版

山地　晴義（やまじ　はるよし）
　　現　　在　国立市社会福祉協議会福祉事業課長
　　執筆分担　第5章第2節

■編著者紹介

副田　あけみ（そえだ　あけみ）
現　在　東京都立大学・首都大学東京名誉教授
主著書　『ソーシャルワークの研究法』（共著，相川書房，2010），『高齢者虐待防止のための家族支援』（共著，誠信書房，2012），『高齢者虐待にどう向き合うか』（編著，瀬谷出版，2013），『多機関協働の時代』（単著，関東学院大学出版会，2018），『介護職・相談援助職への暴力とハラスメント』（共著，勁草書房，2022）ほか

小嶋　章吾（こじま　しょうご）
現　在　国際医療福祉大学大学院医療福祉学研究科医療福祉学分野特任教授
主著書　『新・社会福祉援助の共通基盤（上）』（共著，中央法規，2004），『分野別実践編　グラウンデッド・セオリー・アプローチ』（共著，弘文堂，2005），『M-GTAによる生活場面面接研究の応用』（共著，ハーベスト社，2015），『地域包括ケア時代の医療ソーシャルワーク実践テキスト』（共編，日総研出版，2018）ほか

ソーシャルワーク記録──理論と技法［改訂版］

2006年12月15日　初　版第1刷発行
2012年 3 月 5 日　初　版第4刷発行
2018年11月30日　改訂版第1刷発行
2022年 6 月30日　改訂版第2刷発行

編著者　副田あけみ
　　　　小嶋章吾
発行者　柴田敏樹
印刷者　田中雅博

発行所　株式会社　誠信書房
〒112-0012　東京都文京区大塚3-20-6
電話　03(3946)5666(代)
https://www.seishinshobo.co.jp/

© Akemi Soeda & Shogo Kojima, 2006, 2018
検印省略　　落丁・乱丁本はお取り替えいたします
ISBN978-4-414-61012-3 C2036　　Printed in Japan

印刷／製本　創栄図書印刷㈱

JCOPY 〈出版者著作権管理機構　委託出版物〉
本書の無断複製は著作権法上での例外を除き禁じられています。複製される場合は，そのつど事前に，出版者著作権管理機構（電話03-5244-5088，FAX 03-5244-5089，e-mail : info@jcopy.or.jp）の許諾を得てください。